李零考古艺术史文集

李零考古艺术史文集

# 万　变

李零　著

生活·讀書·新知 三联书店

**图书在版编目（CIP）数据**

　　万变：李零考古艺术史文集 / 李零著 .—北京：
生活·读书·新知三联书店，2016.10（2017.3 重印）
　　ISBN 978-7-108-05350-3

　　Ⅰ．①万… Ⅱ．①李… Ⅲ．①美术考古- 中国-
文集 Ⅳ．① K879.04-53

　　中国版本图书馆 CIP 数据核字 (2015) 第 106963 号

责任编辑　杨　乐

装帧设计　李猛工作室

责任校对　张　睿

责任印制　卢　岳

出版发行　生活·读书·新知三联书店
　　　　　北京市东城区美术馆东街 22 号　100010

网　　址　www.sdxjpc.com

经　　销　新华书店

印　　刷　北京图文天地制版印刷有限公司

版　　次　2016 年 10 月北京第 1 版
　　　　　2017 年 3 月北京第 2 次印刷

开　　本　720 毫米 ×889 毫米 ¹⁄₁₆　印张 30.5

字　　数　215 千字　图 793 幅

印　　数　08,001–13,000 册

定　　价　128.00 元

印装查询 010-64002715　邮购查询 010-84010542

作者在卢浮宫观看亚述石刻（吴昊 摄）

# 目次

# 自 序

用考古资料研究艺术史，我有三个集子。第一个叫《入山与出塞》（文物出版社，2004年），第二个叫《铄古铸今》（香港中文大学出版社，2005年；北京三联书店，2007年），《万变》是刚刚结集的第三个集子。相关话题，今后还会写。只要我还健在，还有时间，还有精力，我会继续玩下去。中国的考古资料层出不穷，文章是做不完的。

"考古"是中国固有的词汇，泛指古代研究。"艺术"也是中国固有的词汇，泛指各种技能（如方术、技术）。原来的含义比较宽泛也比较模糊，近代才被赋予新的含义。前者被用来翻译西方的Archaeology，后者被用来翻译西方的Art。这两个以A开头的词有什么关系吗？我说有。

子曰："志于道，据于德，依于仁，游于艺。"
道是志之所之，你得如萤赴火，一门心思往上扑，虽不能至，心向往之。德呢，那是行事所本，你得老老实实遵循道，得道之得是谓德。仁呢，拿人当人，将心比心，更是德的最高境界，一切追求，最后得落在这上面。前三句，死心塌地，执着，只有最后一句用了个游字。这个游字用得好。

中文所谓"艺"，本义是树艺，字像双手捧个树苗往土里栽，意思是

1

种花种草种树种庄稼，类似英文的cultivate（动词）或cultivation（名词），意思是栽种培育。但孔子不喜欢种庄稼，他喜欢的是树人。他说的"艺"不是跟种庄稼有关的agriculture（农业），而是跟教书育人有关的culture（文化）。这两个词的本义都是培育。

孔子所谓"艺"是培养贵族的古典教育，比如识文断字能读能写能算啦，庙堂之上鼓瑟吹笙、登高赋诗、打躬作揖、行礼如仪啦，还有战阵之间披坚执锐会射箭驾马车啦，这其中并不包括手艺。手艺，包括绘事，也就是画画，那是匠人的事，本来附丽于建筑。

士农工商的士是在农、工、商之上，既不是农，也不是工，更不是商。

西人所谓艺术，现在分美术（fine arts）和工艺美术（crafts）。工艺美术是匠人的活。纯粹的手艺活，现在已经不多了。现代工艺，除今之所谓非遗的各种绝活，归了包堆儿，差不多都入了工厂艺术（industrial art）。其实，就连美术界腾云驾雾最最前卫也最最赚钱的现代艺术，很多也是工厂一类的干活。

考古挖出的东西，有些漂亮，有些不漂亮。无论漂亮不漂亮，万变不离其宗。它们压根儿就不是什么fine arts。雷德侯（Lothar Ledderose）教授的《万物》，从书法开头，一直讲到青铜铸造、秦俑大军、斗拱飞檐、雕版印刷，以及壁画等等，这是讲什么？

中国有诗书画印一体的文人画，跟匠人划清界线。文人艺术，写字是看家本事。写字就是写字，本来也不是什么fine arts，而是读书人千篇一律的日常工作，跟秦俑坑中的那些陶俑没什么两样。

钟王之法、颜柳欧赵，那都是千挑万选，最后剩下的东西。

美术是像选美那样选出来的东西。

地下出土物，千篇一律的陶器、陶片留在考古队的标本室，漂亮的，贵重的，有重要历史价值的，千挑万选，才放在博物馆展览。

我国的博物馆多为历史博物馆，展品以考古材料为主，按历史线索陈列，这是我们的优点。西方的博物馆多半是艺术博物馆，展品是抢来的，或由富豪买下，转存转售或捐给博物馆。这些东西，来路不明，要编展览图录，只好"死马当作活马医"。怎么医？全靠查考古资料，拿考古资料比。这是艺术史和考古结缘的根本原因。

有人以为，改革开放，与国际接轨，就是把博物馆办成美术馆，那是倒退，肯定不对。

西方的很多艺术史系都是考古艺术史系。

现在，研究艺术史的人都很重视考古，渴望考古。考古界的人应该做点什么？

过去，我是学考古的。老一辈的教导是：考古是个自我满足的体系，与艺术无关，艺术考古根本就不是一门学问。这话对吗？

任何学术追求，在本质上都是艺术。任何艺术都是艺术史的研究对象，同时也是学术。

艺术史的研究仰赖考古，考古研究也需要艺术史的眼光。

我们还是把两者结合起来吧。

2016 年 5 月 9 日写于北京蓝旗营寓所

传莒县出土的"裸人铜方奁"(盖)局部

# 器物丛考

## （上）

图 1　司母戊大方鼎及铭文

# 说 鼎

9月27日，河南省博物院和北京大学考古文博学院，联合国内近20家文博单位在河南省博物院举办了一个"鼎盛中国——中国鼎文化展"。这个展览本来是为了向中共十八大献礼，没赶上。筹办过程中，我受邀参加展览大纲的审定，在北京大学开过会。会上，我有个发言，短到不能再短，这里展开说几句，讲一点感想。

## 一、中国最大的四个鼎，大名鼎鼎

商代：司母戊大鼎 [图1]，高133厘米，重832.84公斤，1939年河南安阳武官村的农民把它挖出来，因为怕日本人抢，埋在地下，1945年日本投降后，才又挖出来。抗战胜利是大喜事。1946年，当地驻军把大鼎运到南京，准备给蒋介石当寿礼。1947年是他六十大寿。蒋介石批示，交中央博物院，即南京博物院的前身。1948年，大鼎在南京展出，蒋介石跟这个大鼎合过影 [图2]，但一年后，时移世易，天下鼎革，蒋介石走了，大鼎仍留在南京。1959年，大鼎从南京博物院调拨中国历史博物馆（现在叫中国国家博物馆），放在新首都。这

图2 蒋介石与司母戊鼎合影

事很有象征意义。司母戊，有人读后母戊，学术界有不同意见。我认为，这件大鼎还是该叫司母戊大鼎。司母就是司母，不必读后母。

西周：淳化大鼎[图3]，高122厘米，重226公斤，1979年陕西淳化史家原出土，现藏陕西历史博物馆。这个大鼎，耳朵特别长，因此在西周大鼎中，个头最高，过去认为是西周最大的鼎。但2005年，国家文物局从香港买回一件子龙鼎[图4]，个头也不小。此器传说是上世纪20年代河南辉县出土，出土后被日本山中商会买走，旧藏日本，现藏中国国家博物馆。它高103厘米，没有淳化大鼎高，但重230公斤，超过淳化大鼎。

东周：铸客大鼎[图5]，高113厘米，重400公斤，1933年安徽寿县朱家集李三孤堆楚幽王大墓（现属长丰县）出土，安徽省博物馆收藏，高度不及淳化大鼎，但重量超过淳化大鼎和子龙鼎，仅次于司母戊大鼎。战国末年，楚国行将灭亡，楚王还做这么大的鼎，耐人寻味。1958年，毛泽东到安徽视察，在省委书记曾希圣陪同下，他看过这件大鼎，也留下一张照片[图6]。这件大鼎，确实惊人，当时他说，"里面能煮一头牛"。


## 二、鼎是个吃饭家伙，是从吃饭家伙演变成的一种高级礼器

鼎是王者之器，至尊至贵，但原来却是普普通通的东西。人类的吃饭家伙，不外锅碗瓢盆，这类东西自古就有。新石器时代就有陶鼎。青铜鼎只是一种比较高级的吃饭家伙。三代是青铜时代。我们的祖先，喜欢用青铜做吃饭家伙，做工非常讲究，就像欧洲人喜欢用银制餐具一样。

当年，我在内蒙古临河县插队，当地老乡有句话，很有意思，"请客吃饭是个礼，锅中没你的米"。我在老家那阵儿，一到晌午了，村上的人就纥蹴（意思是蹲）在路边，端着大碗，稀里呼噜。你从路上过，他们会热情地问，吃了没那？吃上些俺的饭吧。我呢，必须左顾右盼，一路回

图 3 淳化大鼎

图 4 子龙鼎

图 5 铸客大鼎

图 6 曾希圣陪毛泽东看铸客大鼎

答，吃哇吃哇。这一问一答，只是客套。礼是个象征，是个符号，象征意义大于实际意义。

送礼，礼物往往是吃喝。孔子49岁那年，阳货请他出山，不是提个点心匣子，而是抱个小乳猪，孔子躲着不见，但人家送礼，出于礼貌，他得回拜。他想瞅阳货不在，门口通报一声，留个姓名也就得了，不想在路上撞个正着。阳货说，你再不从政，可就晚了。孔子拗不过，只好说，好好，我会出来做官（《论语·阳货》）。

俗话说，当官不打送礼的，礼多人不怪。在礼物面前，大家总是说，却之不恭，受之有愧，半推半就一番，最后还是收下了。

拉拉扯扯的风气跟礼物分不开。


## 三、中国最重要的礼是跟吃饭有关的礼

礼是社交手段。吃饭是非常重要的社交活动。我们中国，吃饭跟礼仪有不解之缘。乡即飨的本字，字象两个人，面对面跪坐，中间搁个簋，在一块吃饭。

吃饭是一种交流。不光人与人交流，要靠吃喝，跟神鬼交流，也靠吃喝。人吃饭，神鬼也吃。神鬼吃饭，只是闻闻它的气，古人叫"歆享"。

古代礼仪有乡饮酒礼，一块吃饭的人都是老乡（乡党、乡亲）。六乡之长曰卿。卿大夫的卿字与乡字本来是同一字。卿者，古之乡长之谓也。


## 四、中国的青铜礼器分四大类，都跟吃喝有关

第一类是鼎、鬲，属于吃肉的家伙。鼎的功能是煮肉，相当炖肉的大

锅。鬲是用来放肉羹、肉酱，不是白煮白切的肉，而是七滋八味，放进各种作料和菜。这一类，鼎最基本。个头最大的鼎可以煮半扇的牛、羊、猪。

第二类是甗、簋、瑚、盨，属于吃饭的家伙。甗的功能是蒸饭，其他是用来盛饭。这一类，簋最基本。台北故宫办过一个青铜簋展览，他们嫌读音不吉利（簋与鬼同音），改称粢（zī）盛器展览。

第三类是尊、罍、壶、卣、瓿、觯、爵、角，属于喝酒的家伙。有些用来盛酒，有些用来喝酒。这一类，壶最基本。酒是饮料。人类最基本的饮料是水。古人把水叫玄酒。

第四类是盘、匜、盉、鉴，属于盥洗用具。这一类，盘、匜最基本。古人吃饭前，要洗手、洗脸。匜是水舀子，用来浇水。盘在手下，用来承水。盉是水壶，也可以浇水。鉴是洗脸盆。


五、肉食的重要性


鼎和肉有关。恩格斯说，劳动创造人，现在说法变了，改成吃肉创造人。肉和大脑进化有关。

动物有食肉、食草之分，人也有。上世纪80年代，有人抱怨说，中国文明太落后，原因是吃粮食太多，吃肉太少，好像咱们跟兔子一样。所以闹到后来，有人说我们要当狼，要当海上的狼（海上哪有狼？海上的狼是帝国主义）。

鼎是吃肉的家伙，在礼器当中排第一。中国古代，只有贵族才配吃肉。大家都说，吃肉才聪明。

但曹刿说，肉食者鄙，未能远谋。

## 六、山西人爱吃面

　　山西人爱吃面，五谷杂粮，各种各样的面，白面、玉米面、高粱面、莜面、荞麦面、豆面，甚至榆皮面（当黏合剂），菜吃得少，肉也吃得少。吃面，不能没有醋。人家晋北，挨着牧区，自古就是农牧过渡带。他们喜欢养羊，喜欢吃羊肉。咱们这里不太一样。我们爱吃面，但不怎么吃羊肉。过去，吃肉不容易。我在老家那阵儿，养口猪，卖了；喂个鸡，也卖了；鸡下了蛋，拿到供销社换针线，什么也舍不得吃。鱼鳖虾蟹，水库里都成了精，人又不敢吃。他们说，那可léngshēng了（那读wài。léngshēng，指一看之下，心里发毛，有生理反应）。过去，温饱解决不了，吃饭最重要，吃肉喝酒很奢侈。但我觉得，就是现在，也是咥上碗面（"咥"音dié，意思是吃）最好。

　　现在的饭局，日怪得很，只喝酒，不吃菜，或只吃菜，不吃饭。人，好像屁股上安着弹簧，根本坐不住，不是围着桌子转圈有如圆舞曲，就是一个家接一个家（山西人管屋子、房间叫"家"），瞎纪窜，根本吃不成个安生饭。

　　人是铁，饭是钢，一顿不吃饿得慌。老子说，"虚其心，实其腹"（《老子》第三章）。吃饱肚子，离不开吃饭。现在的人，饭不吃，菜不想，光往肚里灌白酒，这叫舍本逐末，忘记了吃饭的重要性。

## 七、礼贵简

　　古代，大家有个印象，儒家喜欢讲老礼儿。大家给儒家定位，是"繁礼君子"。其实孔子重礼，他重的是简。关于吃饭，他老人家有一句名言，叫"食不厌精，脍不厌细"（《论语·乡党》），意思是米要舂得尽量精，肉要切得尽量细，这个要求，并不过分。"不厌"就是"不厌其烦"的"不厌"，不烦改读。脍炙人口，脍是生鱼，炙是烤肉，一生一熟，最好吃。这两样都是比较原始的吃法。中国后来的美食，煎炒烹炸，几两几钱，选材配料简直跟抓药似的，有人考证，是明清以来才大行其道，放辣椒也晚得很，孔子根本见不着。

我有一个谬论，礼是外国的好。我不认为，外国什么都好，但礼是外国的好。他们不光比我们守秩序，讲礼貌，懂得尊重人，就是吃喝也有人家的优点。他们的饭菜太简单，不是生菜、水果，就是烤肉、奶品，中国人吃不惯，但好处是原生态，古风犹存。他们的饭桌不像咱们，中间有个"懒苏珊"（lazy Susan）。"懒苏珊"是什么？我一说，你们就明白，就是大圆桌上摆个转盘。据说，这是咱们海外侨胞的一大发明。我们的席，总是七碟子八碗，不转够不着。这样吃饭，最容易超量，七滋八味，互相打架，肚子里闹得慌。西餐，一人一个盘子，自己吃自己的，中国人觉得别扭，其实很健康。胡耀邦提倡分餐制，我很赞同。

人的胃，几乎都有幽门螺杆菌，混吃容易传染。有两个澳大利亚人发明一种药，获诺贝尔生物医学奖，从此胃溃疡不用切胃。他们中的一位做客中央电视台。他开玩笑说，他应该得的是经济学奖。


## 八、古代吃饭，有音乐助兴

古代，老百姓一天只吃两顿饭，但天子一天吃四顿饭。

钟鸣鼎食之家，除了吃饭家伙，还有青铜乐器。

现在吃饭，喜欢划拳行令，不是吵，就是闹，还有专门陪酒劝酒的，又唱又跳，美女帅哥，打情骂俏，满嘴荤段子。

《论语·微子》提到四个乐官，大师挚、亚饭干、三饭缭、四饭缺，四种乐官负责给四顿饭伴奏。外国吃饭，也有唱歌、弹琴的，但不像咱们这么闹。

## 九、西周对喝酒有限制，喝酒要合于礼

商代亡国，周人历数其罪行，有些可能是夸大。但商人酗酒，肯定没错。《尚书》和西周金文都这么讲，反复告诫后人。

孔子推崇周礼，包括喝酒的礼。他老人家教导我们说，"唯酒无量，不及于乱"（《论语·乡党》）。酒，喝多少，虽然没有数量规定，每个人的酒量不一样，但有一条红线摆在那里，就是你别喝到"乱"，借酒撒疯，丢人现眼。现在倒好，喝不到胡言乱语、上吐下泻、手脚抽筋，不叫喝好。

西周的美酒叫秬鬯，不是茅台、五粮液，不是汾酒、竹叶青。古代的酒是糜子酒，所谓秬鬯，是用黑壳的软糜子酿造，加了种香料，名叫郁金（中药铺里有，跟郁金香无关），不是现在的白酒。古人喝酒，都是三杯两盏淡酒，温热了，慢慢喝。高兴了，浮一大白，不是喝一大碗白酒，只是说杯子大点儿，酒还是米酒。

## 十、鼎不仅是贵族身份的象征，还是国家权力的象征

古人有九鼎传说，传说是大禹铸造。九个鼎代表九州。文武克商，周公营建洛邑，据说就是定鼎于洛阳王城。那里至今有定鼎路。九个鼎一摆，就把整个国家都镇住了。这批鼎什么模样？谁也没见过，大家有各种猜测，越说越神。楚王问鼎中原，九鼎对它很神秘。出土发现，楚国的鼎

很大，一摆一大排，所谓升鼎，其实是学西周中期的鼎。

周亡，九鼎不知所终。秦代、汉代，大家找呀找，谁也没找着，据说有一件掉在了泗水里。汉画像石上经常有"泗水捞鼎图"，可以反映大家的想象。人们甚至相信，掉在水里的鼎会逆流而上，不定在哪儿出现。有一回，古代的汾阴，也就是山西万荣县的后土祠（原来是魏国的墓地），河水冲刷河岸，滚出一个大鼎，汉武帝说是祥瑞，把年号都改了，叫元鼎元年（前116年）。

王莽喜欢复古。西安博物院的展柜里有2007年西安市张家堡新莽墓出土的九鼎 [图7]，包括铜鼎五、陶鼎四。现在也有复古风，到处铸大鼎，比王莽那阵儿还热闹。


## 十一、《周易》有革、鼎二卦


革是革除，把原有秩序推翻，改地换天，重建合法性。什么叫合法性？古人说，老天承认谁合法，谁就合法，这叫受命于天，就像美国总统登基，总把一句话挂在嘴边：God bless America（上帝保佑美国）。天命是古人所谓的合法性。革命就是替天行道，把命运从对方手里夺过来，攥在自己手心里。

《易传》说："天地革而万物成，汤武革命，顺乎天而应乎人，革之时大矣哉。"（《革卦》象辞）日本人用"革命"这个词翻译西方的revolution，非常贴切。阿伦特考证，revolution这个词，原指天体运行，循环往复（《论革命》），很有"天地革而万物成"的味道。它跟"造反"（rebellion）有关，但又不太一样。造反是不成功的革命，革命是成功的造反。古人说得好，革命的要义是"顺天应人"，上合天道，下合人心。用现在的话讲，就是顺乎时代潮流，合乎人心向背。表面是逆，其实是顺。

图 7　新莽九鼎（铜鼎五件，陶鼎四件）

鼎卦和革卦是一对，含义正好相反。鼎可训定，有安定、稳定之义。鼎有三条腿。三足鼎立，从力学角度讲，最稳定。革是破旧，鼎是立新。革命不是为颠覆而颠覆，而是要建立新秩序，把社会稳定下来。社会也有三条腿，经济、政治、思想，一样不能少。鼎卦初六至九四讲"鼎颠趾"、"鼎耳革，其行塞"、"鼎折足，覆公餗"，不但鼎腿朝天（俗语把头足倒立叫"拿大鼎"），把鼎里盛的肉块肉汤（"鼎实"）扣一地，而且鼎耳掉了，鼎腿折了，想搬搬不动，想挪挪不开，怎么办？第一，你得把它重新扶正，让它三条腿着地，稳稳当当，立在地上；第二，你得把弄坏的地方重新修理一下，换上"黄耳金铉"或"玉铉"，能够用杠子穿鼎耳，随时搬动它。

总之，革故是为了鼎新。


## 十二、毛泽东帮蒋介石完成了统一大业


中国靠皇帝统治，统治了两千多年，老百姓习惯了，根本无法想象，皇帝不在，生活会怎么样。民国初年，脑筋急转弯，很多人转不过来。他们寻思，皇帝没了，这还得了，那不天下大乱了吗。您还别说，民国时期，真是天下大乱。"走向共和"在中国是什么意思？"民主自由"在中国是什么意思？人们看到的是国家分裂、军阀割据、党派林立，谁都靠枪杆子说话，有枪才有发言权。比如咱们山西就是由国民党的老同志阎锡山割据。

于是，孙中山说，"革命尚未成功，同志仍须努力"。他说的革命，主要是民族独立，国家统一。现在，大家怕谈革命，主要是怕法国革命，怕俄国革命，怕暴力革命，怕共产党革命。他们说，革命还是英国的好，不流血；美国革命更好，纯自由。其实，"自由"（liberty）和"解放"

（liberation）本来是同源词。不解放，哪来的自由。英国神话，我就不说了。美国革命，独立战争，求民族独立，南北战争，求国家统一，不正是以这两条立国吗？如果他们不摆脱英国统治，不统一南北方，不解放黑奴，不打仗，不流血，哪有今天。

当时的中国四分五裂，蒋介石一辈子都想统一中国，但除江、浙、皖、赣，一直统一不了。毛泽东说，革命不是请客吃饭。最后，还是毛泽东帮他完成了统一大业。中国的割据势力，非叛即降，不叛不降者，如李宗仁、白崇禧、阎锡山、马步芳、马鸿逵等等，全都去了台湾，从此没有军队。民国的问题，至此才有了局。大陆是大一统，台湾是小一统。躲进小岛成一统。


## 十三、蒋介石的献鼎闹剧


1943年，借抗战的东风，中国终于废除了西方列强强加给我们的不平等条约，值得庆祝，但怎么庆祝是大问题。当时，蒋介石如日中天，大家对他寄托了很大的希望。

1944年，借这个势，朱家骅（国民党的组织部长）给蒋介石拍马屁，导演了一出献九鼎的闹剧。鼎是金石学家马衡设计，铭文是历史学家顾颉刚和刘起釪起草，他们都是赫赫有名的大学者。蒋介石初闻窃喜，但不明确表态。不表态就是默许，默许就一定有人拍。这个道理，大家都熟悉。

有人批评说，九鼎是王权象征，难道蒋介石要学袁世凯。袁世凯称帝，就是有一帮人劝进。

有人批评说，顾颉刚，你不是说大禹是虫不是人，怎么又把传说当信史。

当时，中国还在抗战中，如此靡费公帑，于心何忍，幸亏有人敢说话。

蒋介石终于大怒，斥之为无耻。

## 十四、历史教训，不要忘记

中国现代史，党是关键词。

党，甭管一党、两党，还是多党，都是现代政治的产物，跟皇权专制无关。中国历史上只有"乡党"、"朋党"，没有这种党。清代有"会党"，朝廷说，那是"乱党"。革命党，甭管国民党，还是共产党，从王朝正统看，都是"乱党"。但中国的"乱"，没有"党"还治不了。

1924年，孙中山跟蒋介石说："我党今后之革命非以俄为师，断无成就。"（孙中山《致蒋介石函五件》）中国革命的老师是苏联，国共两党都曾师事之。

苏联，吹党拍党——吃党喝党——亡党灭党。这是大家谁都知道的三步曲。吹党拍党才能吃党喝党。等把党吃光喝尽，还是这拨人，干脆挖个坑，把党埋了，摇身一变，照样代表"先进"——国未因此强，民未因此富，好处全让他们捞走了。咱们山西话怎么说？就剩丝些些了，sāgā了吧（意思是就剩一点点了，干脆吃光了吧）。

殷鉴不远，中国需要的是一场"墨吏花革命"吗？

我说NO。

2013 年 9 月 21 日在山西长治学院演讲
10 月 3 日根据演讲稿改订于北京蓝旗营寓所

（原刊《读书》2014 年第 1 期）

闻喜上郭村墓地 49 号墓出土的铜匜

# 说匲
## ——中国早期的妇女用品：首饰盒、化妆盒和香盒

### 一、两组罕见的小铜器

出土发现，有一类铜器，比较轻巧，比较小，如：

（一）1995年山东长清县仙人台邿国墓地5号墓（邿公典的夫人姜首的墓）出土的三件小铜器，现藏山东大学博物馆：[1]

1. "异形器" [图1]，高仅9.2厘米，从器形看，是一件上盘下鼎的双层器物，功用可能类似火锅。[2]

2. "带流鼎" [图2]，高仅7.4厘米，这件鼎，从器形看，属于带盖的匜鼎。[3] 这种小匜鼎，曾在山西闻喜县上

图1 长清仙人台邿国墓地5号墓出土的"异形器"（带柱盘的圆鼎）

〔1〕山东大学历史文化学院考古系《长清仙人台五号墓发掘简报》，《文物》1998年9期，18—30页。案：据发掘者任相宏介绍，仙人台的六座大墓，2号墓、1号墓是夫妻墓，6号墓、4号墓是夫妻墓。1、2号墓未见人骨，3、4、5号墓是女性墓，6号墓是男性墓，参看任相宏《山东长清县仙人台周代墓地及相关问题初探》，《考古》1998年9期，26—35页。

〔2〕山东大学考古学系等《山东大学文物精品选》，济南：齐鲁书社，2002年，图版70。

〔3〕《山东大学文物精品选》，图版71。关于匜鼎，参看李零《入山与出塞》，北京：文物出版社，2004年，267页。

图 2  长清仙人台邿国墓地 5 号墓出土的"带流鼎"（匜鼎）　　图 3  长清仙人台邿国墓地 5 号墓出土的"舟形器"（锅）

郭村墓地出土过11件，高度与此接近，低可低到6.3厘米，高可高到9.5厘米，全都在6厘米以上，10厘米以下。[1]

3. "舟形器"[图3]，高仅6.5厘米，从器形看，是一件带足锅。这种器物，根据自名，应该叫"锅"。学者沿袭宋代的定名，常把这种铜器称为"舟"。[2]

另外，此墓还出土了一对"骨雕香熏"[图4]，非常珍贵。[3]如果这个判断不错，它是目前发现年代最早的香盒。[4]

熏炉和香盒往往是女性的器物。

（二）2005年陕西韩城县梁带村26号墓（芮桓公的夫人仲姜的墓）出

---

[1] 朱华《闻喜上郭村古墓群试掘》、山西省考古研究所《闻喜县上郭村 1989 年发掘简报》，收入山西省考古研究所编《三晋考古》第一辑，太原：山西人民出版社，1994 年，95—122 页，139—153 页。案：后文说，这种小鼎是上郭墓地的特色。
[2]《山东大学文物精品选》，图版 72。
[3]《山东大学文物精品选》，图版 64。
[4] 这件器物，盖、身、底可拆，原物是骨雕，恐怕不是香炉，而是类似晚期香盒的东西。参看扬之水《古诗文名物新证》（一），北京：紫禁城出版社，2004 年，26—39 页。该文图 [2—15] 竹雕香合（台北故宫博物院藏）与此类似。

图 4　长清仙人台邿国墓地 5 号墓出土的"骨雕香熏"

土的六件小铜器：[1]

1."镂空方盒"[图5]，高仅 10.6 厘米，器盖和器身锈死，下面没有底，估计里面还套着一个木盒，现已朽灭。[2]

2."贯耳罐"，尺寸不详。

3."双层方鼎"[图6]，高仅 10.4 厘米，是由一大一小两个方鼎套接在一起。[3]

4."圈足匜"[图7]，高仅 10.3 厘米，带流，不用时，可以用盖把流口封死。[4]

5."鍑"[图8]，高仅 6.6 厘米。[5]

6."单把罐"，尺寸不详。

[1] 陕西省考古研究院等《芮国金玉选粹——陕西韩城春秋宝藏》，西安：三秦出版社，2007 年，图版 89。案：梁带村的三座大墓，19、26、27 号墓是一组夫妻异穴合葬墓，27 号墓的墓主是芮桓公，19、26 号墓是其夫人的墓。
[2]《芮国金玉选粹——陕西韩城春秋宝藏》，图版 90。
[3] 同上书，图版 91。
[4] 同上书，图版 92。
[5] 同上书，图版 93。

图 5 韩城梁带村 26 号墓出土的"镂空方盒"(匵)

图 6 韩城梁带村 26 号墓出土的"双层方鼎"

图 7 韩城梁带村 26 号墓出土的"圈足匜"

图 8 韩城梁带村 26 号墓出土的"镀"

这些器物，都很小，可以拿在手里，放在手边，伴人起居，时时玩赏。它们各自的用途是什么，是个有待开发的研究领域。

　　仙人台5号墓是春秋中期的墓葬，梁带村26号墓是春秋早期的墓葬。

　　值得注意的是，这两座墓都是女性墓，上述器物都是女性的器物。[1]


## 二、所谓"弄器"


　　上述器物，梁带村所出，发掘者叫"弄器"；仙人台所出，发掘者叫"杂器"。所谓"杂器"，习惯上是指不好归类的铜器。

　　这些铜器，向我们提出一个问题：现已发现的铜器，除最最普通的日用铜器和专门用于祭祀宴享的青铜礼器，是不是还有一个类别，我们没有给予足够的重视。

　　上述器物就是值得注意的一类。

　　这类铜器是"弄器"吗？是个值得考虑的问题。

　　什么是"弄器"？我们最好看一下自铭带"弄"字的器物：

　　1. 王作妸卣 [图9]，殷墟四期，旧藏美国纽约的收藏家Dr. Armold Knapp，高20.2厘米，铭文作"王乍（作）妸弄"（盖器同铭）。[2]

　　2. 王作妸器盖 [图10、11]，殷墟四期，1975年河南安阳小屯村北一座殷代地穴式房子的遗址（F11）出土，长宽6.3厘米×5.2厘米，两旁带缺口，

<hr />

[1] 这两组器物，好像有某种对应关系，如梁带村的"双层方鼎"是对应于仙人台的"异形器"；梁带村的"圈足匜"是对应于仙人台的"带流鼎"。

[2] 器形：陈梦家《美帝国主义劫掠的我国殷周铜器集录》，北京：科学出版社，1962年，156页，A560。铭文：中国社会科学院考古研究所《殷周金文集成》（修订增补本），北京：中华书局，2007年，第四册：5102。

铭文同上。[1]

3. 天尹铃之一 [图12]，春秋早期，传出河南洛阳，现藏上海博物馆（孙鼎捐献），高18.1厘米，铭文作"天尹乍（作）元弄"。[2]

4. 天尹铃之二 [图13]，春秋早期，传出河南洛阳，器形未见，只有拓本，高15厘米，铭文同上。[3]

5. 枎氏壶 [图14]。春秋晚期，现藏德国国家博物馆，高37.8厘米，铭文提到"虘（吾）台（以）为弄壶"。[4]

6. 君子（＝智君子）鼎 [图15]，春秋战国间，传出河南辉县，现藏吉林大学，高22厘米，铭文作"君子之弄鼎"，字体同下智君子鉴，"君子"是"智君子"的省略。[5]

[1] 中国科学院考古研究所安阳发掘队《1975年安阳殷墟的新发现》，《考古》1976年4期，264—272转263页。器形：中国社会科学院考古研究所《殷墟青铜器》，北京：文物出版社，1985年，图版244、245。铭文：《殷周金文集成》（修订增补本），第七册：10347。
[2] 器形：陈佩芬《夏商周青铜器研究》，上海古籍出版社，2004年，《东周篇上》，图版478。铭文：《殷周金文集成》（修订增补本），第一册：5。
[3] 器形：未见，从铭文拓本看，与前器相似，略小。《殷周金文集成》（修订增补本），第一册：6。
[4] 器形：梅原末治《欧米蒐储支那古铜精华》，大阪：山中商会，昭和八年（1933年），第3函：3·207；容庚《商周彝器通考》，北平：燕京大学燕京学社，1941年，下册，图版769。铭文：《殷周金文集成》（修订增补本），第六册：9715。
[5] 器形：未著录。铭文：《殷周金文集成》（修订增补本），第二册：2086。

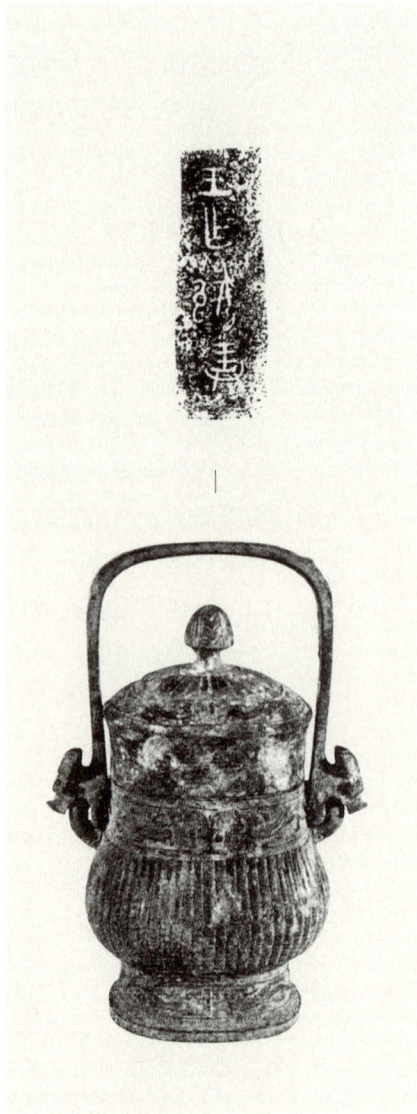

图9 现藏美国的王作妢卣

图 10　安阳小屯村出土的王作姛器盖

图 11　安阳小屯村出土的王作姛器盖的铭文

图 12　上海博物馆藏天尹铃（传出洛阳）

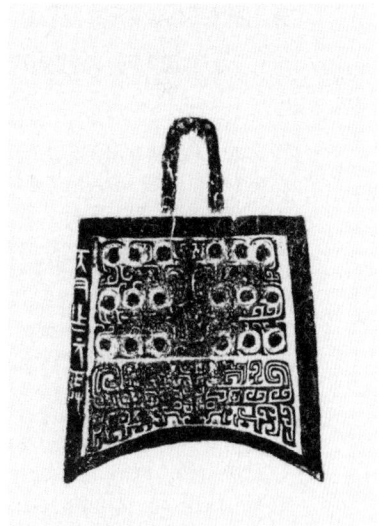

图 13　另一件天尹铃（传出洛阳）

7.君子（＝智君子）鬲 [图16]，春秋战国间，现藏故宫博物院，高14厘米，铭文作"君子之弄鬲"，字体同下智君子鉴，"君子"也是"智君子"的省略。[1]

8.智君子鉴之一 [图17]，春秋战国之际，1938年河南辉县出土，现藏美国弗利尔美术馆，高22.8厘米，径51.7厘米，铭文作"智君子之弄鉴"。"智君子"是"智君之子"的意思。[2]

9.智君子鉴之二，春秋战国间，1938年河南辉县出土，现藏美国明尼阿波利斯美术馆，高22.2厘米、径51.5厘米，器形、铭文同上。[3]

10.子（＝智君子）鸟 [图18]，春秋战国间，传出山西太原，现藏美国弗利尔美术馆，高26.5厘米，铭文作"子之弄鸟"，字体同上四器，"子"是"智君子"的省略。[4]

---

〔1〕器形、铭文：故宫博物院《故宫青铜器》，北京：紫禁城出版社，1999年，图版269。案：鬲字，见于《说文·臼部》，是"所以枝鬲者"，读音不同于"鬲"，但我们从古文字的用法看，这个字很可能就是"鬲"字的异体。容庚《金文编》（北京：中华书局，1985年）把这种写法的字收在"鬲"字（0434）下。

〔2〕器形：《中国青铜器全集》第八卷，北京：文物出版社，1995年，图版九六。铭文：《殷周金文集成》（修订增补本），第七册：10288。案：尺寸，各书所记不同，这里是据 The Freer Chinese Bronzes, edited by J. A. Pope, R. J. Gettens, J. Cahill, N. Barnard, Vol. I, Meriden: Meriden Gravure Company, 1967, p. 478.

〔3〕器形：陈梦家《美帝国主义劫掠的我国殷周铜器集录》，北京：科学出版社，1962年，156页，A841。铭文：《殷周金文集成》（修订增补本），第七册：10289。

〔4〕器形：《中国青铜器全集》第八卷，图版五四。铭文：《殷周金文集成》（修订增补本），第五册：5761。

图14　德国国家博物馆藏杕氏壶

图 15 吉林大学藏君子鼎（传出河南辉县）

图 16 故宫博物院藏君子鬲

图 17 美国弗利尔美术馆藏智君子鉴（河南辉县出土）

图 18 美国弗利尔美术馆藏子之弄鸟（传出山西太原）

这十件器物，可以归纳为四组：

1、2是殷墟所出，器盖比较小，卣大一点。铭文"王"是商王，"如"是女子名，器是商王为某女子作。

3、4是洛阳所出，和一般的铃大小相似。铭文"天尹"，可能是东周的官员。

5是鲜虞（铭文作"鲜于"）的器物，镶嵌兽纹，做工考究，在铜壶中，属于正常尺寸，不算大，也不算小。铭文提到"罘（弋）猎（？）毋后，隽（纂）在我车"，说明它是拴在田车上，供田猎游乐的壶。[1]

6-10是知氏（晋六卿中的知氏）之子的器物，除鬲小一点，其他几件，都在正常尺寸的范围内，也不算太小。

"弄"字，古代训诂，解释很一致，不是"玩"，就是"戏"。弄器，当与吃喝玩乐等奢侈享受有关。它的特点是什么？一是常在手边把玩，不是供在祠庙；二是赏心悦目，观赏性强，有时胜于实用性。

弄器可能包括很多小器物，但小不一定是绝对标准。


## 三、盛玉器的小铜盒（方盒）


出土发现，有一类器物值得重视，就是上面提到的铜方盒。台湾学者陈芳妹和陈耘专门讨论过这类器物。[2]

铜方盒分两种：

一种带盖门（器口有枢，可以转动；器口有卡，可以承托），装饰繁缛，常以裸人或动物（以虎为多）为盖纽，以爬兽为器耳（四个或六个），以裸人、伏虎、车轮为器足。

一种是比较简单的方盒。

我们先说第一种。

---

〔1〕第二字，从字形看，似非"猎"字，而与"猪"接近，待考。第五字，"宀"下所从的算，原来是草字头。

〔2〕陈芳妹《晋侯墓地青铜器所见性别研究的新线索》，收入上海博物馆编《晋侯墓地出土青铜器国际学术研讨会》，上海：上海书画出版社，2002年，157–196页；陈耘《三门峡虢季夫人墓出土青铜罐》，《典藏》2006年2期，84–88页。案：前文论及第一种方盒的例（1）（3）（5）（7）和第二种方盒的例（1）；后文除这五个例子，还补充了第一种方盒的例（8）和第二种方盒的例（1）（2）（3）（4）；这里，第一种方盒的例（2）（4）（6），第二种方盒的例（5）是新增。另外，陈芳妹还把晋侯墓63号墓出土的方座筒形器也归入女性器物。

图 19　传莒县出土的"裸人铜方奁"（匜）

这类发现，主要集中在西周末年到春秋早期这一段，主要是两周之际的器物。

下面是八个比较典型的例子：

1. 19世纪20—30年代传山东莒县出土的"裸人铜方奁"[图19]，盖门双开（朝窄面开），以男女对坐的裸人为盖纽（双纽），四裸人为器足，器壁饰垂鳞纹，下有箭镞形几何纹 [同下（7）]，高11.6厘米，长宽11.2厘米×7.5厘米，现藏山东省博物馆（1954年购入），年代为西周末年或春秋早期。[1]

〔1〕山东省博物馆《山东省博物馆藏品选》，济南：山东画报社，1991 年，图版 52；山东省博物馆《山东省博物馆藏品选粹》，济南：山东省博物馆，1999 年，图版玖。

图 20　枣庄山亭村小邾国墓地 3 号墓出土的"虎纽方盇"（匲）

2. 2002年山东枣庄市山亭村小邾国墓地3号墓（邾君庆夫人媿霝的墓）出土的"虎纽方盇"[图20]，盖门双开（朝窄面开），以二虎为盖纽（双纽），以四裸人装饰圈足，器盖和器壁饰单首夔纹，高7厘米，长宽14厘米×11厘米，内盛玉器：玦2、挖耳勺1、贝5[图21—23]，现藏枣庄市博物馆，

图 21　枣庄山亭村小邾国墓地
3 号墓出土的玉器：玉玦

图 23　枣庄山亭村小邾国墓地
3 号墓出土的玉器：玉贝

图 22　枣庄山亭村小邾国墓地
3 号墓出土的玉器：玉耳勺

图24 闻喜上郭村墓地49号墓出土的"鼎"或"人足虎耳双盖方鼎"（匜）

年代为春秋早期的晚段。[1]

3. 1974年山西闻喜县上郭村墓地49号墓（墓主性别不详）出土的"人足虎耳双盖方鼎"[图24]，盖门双开（朝窄面开），以双虎为盖纽（双纽），以四裸人为器足，器壁有四爬兽，盖、器饰双首夔纹，高8.7厘米，长宽10厘米×6.5厘米，山西省博物院藏，年代为西周末年或春秋早期。[2]

4. 1974年山西闻喜县上郭村墓地374号墓（墓主性别不详）出土的"铜车"[图25]，盖门双开（朝窄面开），以一猴为盖纽，四轮为器足，器的四角

〔1〕枣庄市政协台港澳侨民族宗教委员会等《小邾国遗珍》，北京：中国文史出版社，2006年。"虎纽方奁"，见76页；玉贝，见76页；玉耳勺、玉玦，见82页。
〔2〕朱华《闻喜上郭村古墓群试掘》。器形：《三晋考古》第一辑，103页：图八，图版肆，4；国家文物局等《奇迹天工——中国古代发明创造文物展》，北京：文物出版社，2008年，107页。

有爬兽，盖器饰鸟纹，高6厘米，长宽10.3
厘米×7厘米，现藏山西省考古研究所，年
代为西周末年或春秋早期。[1]

5.1989年山西闻喜县上郭村墓地7号
墓（墓主性别不详）出土的"小铜车"或
"刖人守囿铜挽车"[图26]，盖门双开（朝窄
面开），以一猴为盖纽（单纽），前后各有
四鸟，用兽首纹和卷云纹填充空隙；以两
轮两虎为器足，两轮在后，两虎在前，虎
头所向的前方，有一侧门，由裸体刖人把
守，相反的一面，有一兽首衔环。器壁有
六爬兽，饰鸟纹，高9.1厘米，长宽13.7厘
米×11.3厘米，山西省博物院藏，年代为西
周末年或春秋早期。[2]

6.1993年山西曲沃县北赵村晋侯墓地
62号墓（晋侯邦父夫人某某的墓）出土的

图25 闻喜上郭村墓地374号墓出土的"铜车"（匲）

"鼎形方盒"[图27]，盖门单开（朝宽面开），以单虎为盖纽，四虎为器足，器
壁饰环带纹和波曲纹，高9.6厘米，长宽9.6厘米×10.4厘米，现藏山西省博物
院，年代为西周末年。[3]

7.1993年山西曲沃县北赵村晋侯墓地63号墓（晋侯邦父夫人杨姞的墓）
出土的"鼎形方盒"或"人形足攀龙盒"、"人足龙耳方盒"[图28]，盖门双

〔1〕朱华《闻喜上郭村古墓群试掘》。器形：《三晋考古》第一辑，110页：图十四，图版肆，5。
〔2〕山西省考古研究所《闻喜县上郭村1989年发掘简报》。器形：《三晋考古》第一辑，146页：图八，
图版柒；《中国青铜器全集》第8卷，北京：文物出版社，1995年，图版一二一、一二二；首
都博物馆《中国记忆——五千年文明瑰宝》，北京：文物出版社，2008年，图版陆拾陆。
〔3〕山西省考古研究所、北京大学考古学系《天马—曲村遗址北赵晋侯墓地第四次发掘》，《文物》
1994年8期，4—21页，无器形发表。器形：见山西省博物院陈列。

34

图 26　闻喜上郭村墓地 7 号墓出土的"小铜车"或"刖人守囿铜挽车"（匣）

图 27　曲沃北赵村晋侯墓地 62 号墓出土的"鼎形方盒"（匣）

图28　曲沃北赵村晋侯墓地63号墓出土的"鼎形方盒"或"人形足攀龙盒"（匲）

开（朝窄面开），以单虎为盖纽（单纽），器壁有四爬兽和四扉棱，器足为四裸人，器盖内饰窃曲纹，外环箭镞形几何纹，器壁饰窃曲纹和波曲纹，高9.3，长宽19.2厘米×9.3厘米，现藏山西省博物院，年代与前器相近。[1]

　　8. 1998年甘肃礼县圆顶山1号墓（简报定为女性墓）出土的"A形盒"[图29]，盖门双开（朝宽面开），以二熊为盖纽，器口四隅立四鸟，器壁四隅爬四兽，器足为四轮，器盖和器壁饰典型的秦式蟠虺纹，高8.8厘米，长宽11.1厘米×7.5厘米，墓葬年代为春秋早期。[2]

〔1〕《天马—曲村遗址北赵晋侯墓地第四次发掘》。器形：《文物》1994年8期，14页：图二四，2；《中国青铜器全集》第6卷，北京：文物出版社，1997年，图版五八至六一。
〔2〕甘肃省文物考古研究所、礼县博物馆《礼县圆顶山春秋秦墓》，《文物》2002年2期，4—30页。器形：《文物》2002年2期，16页：图一八。案：18页：图二○，4图注有误，这件戈是3号墓所出，不是1号墓所出，1号墓没有出戈。

图29　礼县圆顶山1号墓出土的"A形盒"（匵）

　　这八件器物，除情况不明的例（1）（3）（4）（5）外都是出于女性墓，可以肯定是女性的器物。其中例（2）很重要，可以说明，这类器物是用来盛玉器。

　　另外，考古发现，还有一些小方盒，可能是类似器物。如：

　　1. 1932年河南浚县辛村5号墓（卫文君夫人叔姜的墓）出土的"小型铜方奁"或"小方彝"，高7.45厘米，同出，有白石圈、红白玛瑙珠、绿松石珠、绿松石兽面和骨笄等物，年代为西周末年。[1]

　　2. 1991－1992年河南三门峡市虢国墓地2012号墓（虢季夫人墓）出土

--------

[1] 郭宝钧《浚县辛村》，北京：科学出版社，1964年，18、36页，图版拾柒，2；图版陆壹，1。
　　案：此墓与17号墓为夫妻异穴合葬墓，17号墓是卫君墓，5号墓是其夫人的墓。

图30 礼县圆顶山1号墓出土的"B形盒"(匣)

的"方盒"。这件器物,"已残碎,无法修复,但出土时为长方体,用薄铜片制成,上面有押印纹样,盒壁的接口由长条形的铜片连结,长宽13厘米×10.5厘米,高度不详。出土时盒内装有以绿松石、料珠和煤精等组成的串饰一组"。[1]

3. 1993年山西曲沃县北赵村晋侯墓地63号墓(晋侯邦父的另一个夫人杨姞的墓)出土的"铜方盒",出土时已锈成粉末,"内盛满各类玉质小件器物,有玉人、熊、牛、鹰、鸮、罍、龟等"。

4. 1998年甘肃礼县圆顶山1号墓(简报定为女性墓)出土的"B形盒"[图30],盖门单开,高7.8厘米,长宽5.5厘米×2.7厘米。[2]

5. 2005年陕西韩城县梁带村26号墓(仲姜墓)出土六件"弄器"中的"镂空方盒"(上面已谈)。

---

[1] 河南省文物考古研究所等《三门峡虢国墓》(第一卷),北京:文物出版社,1999年,上册,264页,无器形发表。
[2]《礼县圆顶山春秋秦墓》。器形:《文物》2002年2期,18页:图二一;20页:图二五,1。

38

图31 三门峡虢国墓地 2012 号墓出土的梁姬罐（圜）

这五件器物，也是出于女性墓。前三个例子，是用来盛玉器。

就可考的例子而言，上述方盒主要是用来盛玉器。

## 四、盛脂粉的小铜罐（圆罐）

出土发现，除上面介绍的小铜盒，还有一类，是上面提到的小铜罐。台湾学者陈耘专门讨论过这类器物。[1]

1991－1992年河南三门峡市虢国墓地2012号墓（虢季夫人墓）出土过一件梁姬罐［图31］。[2]

梁姬罐，高11.8厘米。盖顶有人头形扁纽，盖器口沿结合部有两个兽首相对的穿，通体饰夔龙纹，盖内有两行铭文（左右反书）：

梁姬乍（作）1
糊匲 2

前三字很好认，最后一字，陈耘考为"匲"字，也很正确，唯倒数第

---

〔1〕陈耘《三门峡虢季夫人墓出土青铜罐》。这里，除穿耳罐的例（2）和提链罐的例（2），都是该文提到的例子。

〔2〕《三门峡虢国墓》（第一卷），上册，251 页。器形：上册，254 页；图一八二，1－5；下册，彩版二七，3、4。案：虢是西周的老牌贵族，一直在王室担任大臣，号称"虢公"，"虢国墓地"应订正为"虢公墓地"。

二字，值得讨论。

这个字，作者说"较难解释"，"左边从米，右边不详"，怀疑是"粱"字。不错，"粱"字确实有从米的写法，但对比第一个"粱"字，我们不难看出，它绝不是"粱"字。

这个字是什么字？我的看法是，它是个从米从㗥，应该隶定为"糗"的字。

"糗"（音chōu），出土文字材料没有，但《广韵》、《集韵》有这个字（见尤韵），前者的解释是"糗粉"，后者的解释是"滤取粉"，意思是过滤加工过的某种"粉"。

这种粉是什么粉？我们可以看看陈耕的解释。

陈耕说：

> "粱"是什么？我们认为"粱"不是指食用或敬神的精米，而是一种很精细的妆摩用香粉。在古代，"粱"可以制成"粱粉"，是"米粉"的一种，《齐民要术》卷五中记载了制作"粱粉"的方法：取精纯粱米，研成细粉，在水中浸泡淘净多次，再用绢袋过滤，置放在三重布上收干，中间部分特别光润，称为粉英，待天气好的时候，刀削粉英曝晒成干粉，可用来妆摩身体，擦手使滑美不涩。

这个解释，在文字考释上有问题，但理解却很到位。

大家要想了解古代的化妆品有什么东西，请参看《齐民要术》卷五"作胭脂法""合香泽法""合面脂法""合手药法""作紫粉法""作米粉法""作香粉法"各条。其中的最后三条就是讲作粉。

通过修正，我们可以确认：

第一，这件圆罐是用来装"糗"，即脂粉类的化妆品。

第二，它的器名是"匲"，即属于盒子类的器物。

陈耘指出，这两类器物不同于通常的礼器，很对。作者说，梁姬是姬姓，按同姓不婚的习俗，不大可能嫁给虢季，更大可能是嫁到梁国的女子，或许就是虢季夫人的婆婆。假如真的如此，该墓就不该叫"梁姬墓"，而应改称"虢季夫人墓"。这个意见也值得重视。

考古发现的小铜罐，形态各异，不能混在一起谈。下面是几个例子。

## （一）穿耳罐

1. 上世纪50年代山东沂水李家庄出土过两件"铜穿带器"，皆球形器，上面有带纽（猴纽和鸟纽）的盖，下面有圈足，一件高12.2厘米，一件高10.9厘米。出土地属于莒国，墓主性别不详。[1]

2. 1956－1957年河南三门峡市上村岭虢国墓地1052、1705、1820号墓各出土过一件小罐，都属于穿耳罐，报告没有尺寸数据，但从图版所注的比例推算，都非常小。1052和1705号墓所出是圜底器，没有圈足；1820号墓所出，有圈足，年代属于东西周之际。这三座墓，1052号墓出虢太子元徒戈，1705号墓出宫氏白子元相戈，是男性墓；1820号墓出苏国女子的铜器，则是女性墓。有圈足的小罐是出自女性墓。[2]

3. 2005年陕西韩城县梁带村26号墓（仲姜墓）出土"弄器"中的"贯耳罐"，尺寸不详（从照片看，当在10厘米以下），也是出自女性墓（与第二种方盒同出）。

## （二）提链罐

1. 1995年山东长清县仙人台6号墓（墓主不详，经鉴定，是男性）出

〔1〕山东省文物管理委员会等《山东文物选集》（普查部分），北京：文物出版社，1959年，7页。器形：图版103－104、105。
〔2〕中国科学院考古研究所《上村岭虢国墓地》，北京：科学出版社，1959年，18、28－31、33、37－41页。器形：17页：图一〇；图版叁叁，2；图版肆伍，2；图版陆壹，4。

图 32　长清仙人台 6 号墓出土的"提梁小罐"或"青铜链盒"

图 33　枣庄小邾国墓地 3 号墓出土的"提链罐"

土的"提梁小罐"或"青铜链盒"[图32]，高9.2厘米，是出自男性墓。[1]

2. 2002年山东枣庄市小邾国墓地3号墓（邾君庆夫人媿霝的墓）出土的"提链罐"[图33]，高8厘米（与第一种方盒同出），是出自女性墓。[2]

## （三）其他

1991−1992年河南三门峡市虢国墓地（实为虢公墓地）2012号墓（虢季夫人墓），与上述圆罐同出，还有一件"凹弦纹罐"，高8.4厘米。这件铜器，器形像陶器，和上述小罐不一样。

这三类器物，前面两类比较重要。这两类，都是男女共用。第三种是女性所用。

梁姬罐是装脂粉类的化妆品，但不一定所有圆罐都是装脂粉类的化妆品，也可能放其他东西，问题还要做进一步研究。但这类铜器，其中有脂

[1]《山东大学文物精品选》，图版 63。
[2]《小邾国遗珍》，78 页：上。

粉盒，还是可以肯定。

人的面部有三种颜色：黑、白、红。三种颜色是对比色。女人都希望，发黑、眉黑、脸白、唇红，让三种颜色对比更强烈，诗文多有歌咏。古代化妆品，主要有三样，就是用来加强效果：

1. 粉，白色，用来擦脸，一般用米粉制成，上已谈到。铅粉是外来，也叫"胡粉"。

2. 黛，黑色，用黛墨描眉画眼（用眉笔）。画眉，还用镊子。

3. 朱，红色，用朱砂或胭脂涂嘴唇、抹脸蛋、点额头。胭脂是匈奴语。[1]

现代化妆，还是走这个路子。


## 五、盛梳子的小铜盒（圆盒）


古代妇女，梳妆打扮，除首饰和脂粉，镜子、梳子（齿比较疏）、箆子（齿比较密）也不能少。

《说文·竹部》："籢，镜籢也。""籢"，古书多作"奁"。汉代盛镜子的盒子是叫奁。奁是镜盒，没问题。但它也装梳子、箆子和脂粉。出土的奁，很多是漆奁。漆奁，有方奁，有圆奁，很多是大盒套小盒的多子盒。

这类东西，早期是什么样，也是个值得探讨的问题。

陈耘的文章，除上述器物，还提到两件圆盒：

1. 1974－1981年陕西宝鸡市竹园沟西周墓地20号墓出土的"铜盒"
[图34]，"盒内放有铜梳、发笄、小刀、铜凿等小件器物"。[2]

〔1〕参看孙机《汉代物质文化资料图说》，上海：上海古籍出版社，299－303页；孟晖《花间十六声》，北京：三联书店，2006年，76－125页。

〔2〕卢连成、胡智生《宝鸡強国墓地》，北京：文物出版社，1988年，上册，192页。器形：上册，193页：图一四三，5；下册，图版一〇〇，3。

2. 1937年河南辉县琉璃阁战国墓地1号墓出土的"刻纹奁"[图35]，郭宝钧先生推测，此墓是"女子墓"，此物是"化妆器类"。[1]

第二个例子是不是奁，还不能肯定，但第一个例子没问题。

出土发现，圆盒类的器物很多，哪些是当奁用，还要进一步探讨。

## 六、上述器物的性别问题和定名问题

考古，性别鉴定很重要。近来，学者对这一问题讨论渐多，是一种好现象。

我们都知道，墓葬的性别鉴定，第一证据是人骨。人骨烂了怎么办？主要是参考随葬的器物。比如，大家说，出兵器的墓多半是男性的墓葬，就是考古工作者根据大量实例最后总结出来的一个规律，一个大致可以遵循的规律。虽然，我们并不排除，历史上偶尔也有妇女涉及戎事的例外，她们也可能随身携带护身的武器。

上文涉及的墓很多是女性墓，出土物很

图34 宝鸡竹园沟西周墓地20号墓出土的"铜盒"

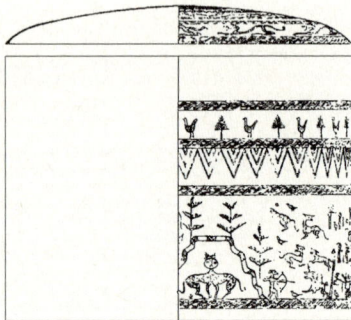

图35 辉县琉璃阁战国墓地1号墓出土的"刻纹奁"

[1] 郭宝钧《山彪镇与琉璃阁》，北京：科学出版社，1959年，62—66页。器形：62—64页：图二九至图三〇。

44

图36 韩城梁带村 27 号墓出土的
金鞘玉剑

多是女性的器物。女性随葬什么，是个值得探讨的问题。[1]

古代墓葬，很多随葬物都是男女共用，区别起来很困难，但仔细比较，在种类上，在数量上，仍有差别。比如盘匜，男女都用，但古代媵嫁，出嫁女子从娘家带去的嫁妆经常是盘匜，这是规律。

古今中外，男女都爱珍宝，但爱和爱不一样。男人喜欢宝剑、宝刀，他们会用珠宝装饰刀剑。比如虢国墓地2001号墓出土的玉柄铁剑、梁带村27号墓出土的金鞘玉剑[图36]、下寺楚墓10号墓出土的玉柄铁剑，还有两汉时期的很多玉具剑，就是早期的宝剑。这是男人所爱。女人爱什么？主要是爱打扮。她们更喜欢穿金戴银、珠光宝气。杜十娘说，"妾椟中有玉，恨郎眼内无珠"，怒沉百宝箱（《警世通言》第三十二），"百宝箱"是什么，就是装金银珠宝、各种细软。

上述器物，虽不一定都是妇女专用，有些器物的用途也还值得进一步鉴定，并不排除男女共用，也不排除有其他用途（首饰盒或化妆盒以外的用途）。但它们很多是妇女用品，还是值得注意的现象。

这些器物，过去叫法比较乱，如何定名，是值得探讨的问题，我把我的想法说一说。

## （一）方盒类的器物

上面总结，几乎都是女性墓出土，用途是盛玉器。这类

[1] 雍颖《晋侯夫妇墓之比较及晋国高级贵族妇女社会地位试析》，收入上海博物馆编《晋侯墓地出土青铜器国际学术研讨会》，197—208 页。作者总结说，晋侯墓地的各墓，铜器（特别是礼乐器、兵器和工具），男性比女性丰富；玉器，女性比男性丰富；金带饰，只见于男性墓；玉蚕，只见于女性墓。

器物，过去研究不够，大家不知叫什么好，叫法极不统一：

1. 或称"鼎"，或称"鬲"，都是瞎叫。鼎、鬲是煮肉、盛肉的器物，有三条腿，与此完全不同，即使方鼎，也不一样。

2. 或称"盒"，好一点，但不是古人使用的准确名称。

3. 或称"奁"，也不对。上面说过，古人说的奁是装镜子、梳子、篦子和各种化妆品。

4. 或称车，如上郭村7号墓出土的方盒，学者称为"小铜车"，甚至叫"刖人守囿铜挽车"，也不合适。这件器物，刖人只是装饰，虽有虎、鸟一类装饰，但并没有什么苑囿（类似野生动物园）存在，下面加车轮，只是个别例子，多数都并不如此，现在的名称不能反映器物的功用。

上述例子，我讨论过第一种方盒的例（2）。2004年，我在提交山东枣庄市2004年"中国·山亭——小邾国文化学术研讨会"的论文中已经指出，其正确定名是"匵"或"椟"。[1]

在《丧家狗——我读〈论语〉》中，我也讨论过这个器名。[2]

《论语》两次提到椟。

一次是《论语·子罕》，子贡说，"有美玉于斯，韫椟而藏诸？求善贾（价）而沽（贾）诸"。意思是，美玉这样的好东西，是一直藏在椟中好呢，还是等个好价钱，把它卖掉。孔子不能忘情于政治。他说，卖了吧，卖了吧，我就是等着卖的东西。我说过，他是"玉在匵中求善价，钗于奁内待时飞"（《红楼梦》第一回）。成语"待价而沽"，就是出典于此。

一次是《论语·季氏》，孔子说"虎兕出于柙，龟玉毁于椟中"，意思是，虎兕这样的猛兽全都放出来了，龟玉这样的宝物反而没人赏识，白白毁在椟中。这是骂天下无道。他是把自己比作椟中的宝玉。

〔1〕李零《读小邾国铜器的铭文》，收入政协枣庄市山亭区委员会编《小邾国文化》，北京：中国文史出版社，2006年3月，173–189页。
〔2〕李零《丧家狗——我读〈论语〉》，太原：山西人民出版社，2007年，183、286页。

这两条材料可以说明，龟、玉是放在椟里。椟是放这类宝物的。

古代的首饰盒，有时做得太漂亮，让人忘了它是干什么的。比如第一种方盒，就非常华丽。韩非子讲过一个故事，叫"买椟还珠"。郑人觉得盒子比珠宝还好看，连里面的东西都不要了（《韩非子·外储说左上》）。

这个故事还透露出，椟也用来藏珠。

首饰盒是放珍宝，没问题。但什么是珍宝，古今中外，概念并不一样。

比如欧洲、西亚、中亚和欧亚草原，他们喜欢黄金和宝石镶嵌，我们更偏爱玉，金的爱好有，但不如他们突出。两者的传统不一样。中国，早期（商代、西周和春秋）和晚期（战国、秦、汉，特别是汉以来）也不一样。

中国，"金玉"是宝物的通称。"金"，主要指青铜，黄金虽然也是"金"，但"金"字并不专指金银；"玉"，主要指软玉，也包括某些硬度不太高，但色泽类似玉的美石。

明清时期，金银钗簪，镶嵌宝石，墓葬出土很多。这种风气，是战国，特别是汉以来受外来刺激逐渐发展起来，早期并不如此。黄金制品，如金臂钏、金耳环和金箔饰品，商代就有，多半在周边地区（内蒙古和邻近内蒙古的陕北、晋北和北京，还有四川），两周，用黄金作带饰或剑饰，也很明显是受西北影响。黄金器皿，春秋战国之交出现，有绍兴306号墓和曾侯乙墓所出，相当少。白银器皿，战国晚期有一些，主要是小件器物（如银匜之类）。镶嵌工艺，商周时期，主要用绿松石，品种比较贫乏。当时，玉佩和用玉作装饰，才是主流（当然，佩饰也使用水晶、玛瑙、绿松石等物）。小件宝物，龟、贝、珠也有一定重要性。玉龟壳和玉贝，是用玉仿造这类宝物，更是宝物中的宝物。早期的首饰盒或珠宝盒，主要是放这类东西。

藏玉的盒子，古代最通用的名称是"匵"或"椟"。

古代的首饰盒，铜木皆有，古书通用"椟"字。

古代的箱子、盒子和匣子有许多不同叫法。《说文·匚部》是把

"匮"、"匵"、"匣"列在一起，转相训释，就是这类器物。"椟"本指木制的首饰盒，宋以来，字书另有一个"鑟"字，是指放印的铜匣。铜盒也是椟。

"匵"才是珠宝盒的通名，比"匣"更准确。[1]

## （二）圆罐类的器物

陈耘已经指出，也叫"匵"。

## （三）圆盒类的器物

情况比较复杂，形态差异比较大，虽然从功能上考虑，我们并不排除，它们中的某些可能相当于后世的"奁"。但这些器物当时叫什么，我们不知道。

很多问题的答案，还有待新的考古发现。

2008 年 9 月 7 日写于北京蓝旗营寓所

（原刊《故宫博物院院刊》2009 年第 3 期，69—86 页）

---

〔1〕参看林梅村《中国古代藏书考》，收入北京大学考古文博学院编《考古学研究》（五），北京：科学出版社，2003 年，下册，1013—1024 页。案：林梅村说，这种器物应该叫"匮"，比如他引用过两条材料，一条是"玉与石其同匮兮"（东方朔《七谏》），一条是"藏珉石于金匮兮"（王褒《九怀》），就是古人的说法。但这三种器物，混言无别，细分仍有区别。"匮"，和后来的柜（繁体作"櫃"）有关，一般比较大。比如古人常说的"金匮"（实物有北京皇史宬的金匮）、"石匮"（实物有青海海晏县出土的王莽虎符石匮），体积都很大。其用途，也往往是用于藏书、藏档案，相当于文件柜、保险箱。"匵"和"匣"比较小，往往用来藏珠玉，相当于现在的首饰盒。

补记一：

2008年12月19日，接香港中文大学褚馨信，她从《西清古鉴》卷三八（北京：学苑出版社，1998年，846页）查到一件"唐方车香熏"[图37]，这件器物也很明显是两周之际的铜匵。

图37 《西清古鉴》卷三八载"唐方车香熏"

补记二：

日本京都藤井有邻馆有一件器物与上图19相似[图38]；保利博物馆有一件器物与上图25相近[图39]，可资比较。

图38 藤井有邻馆藏铜匵

图39 保利博物馆藏铜匵

# 附：相关文献

1.《说文·匸部》："匮，匣也。""匦，匮也。""匣，匮也。"

2. 藏玉的盒子叫椟

　　贾人西面坐，启椟，取圭垂缫，不起而授宰。(《仪礼·聘礼第八》)

　　贾人东面坐，启椟，取圭垂缫，不起而授上介。(《仪礼·聘礼第八》)

　　子贡曰："有美玉于斯，韫椟而藏诸？求善贾而沽诸？"子曰："沽之哉！沽之哉！我待贾者也。"(《论语·子罕》)

　　孔子曰："求，周任有言曰：'陈力就列，不能者止。'危而不持，颠而不扶，则将焉用彼相矣？且尔言过矣，虎兕出于柙，龟玉毁于椟中，是谁之过与？"(《论语·季氏》)

3. 剑匣也叫椟

　　剑则启椟，盖袭之，加夫桡与剑焉。(《礼记·少仪》)

4. 葬马的棺具也叫椟

　　卫侯来献其乘马曰启服，堑而死，公将为之椟。(《左传》昭公二十九年)

5. 买椟还珠

　　(田鸠)曰："……楚人有卖其珠于郑者，为木兰之柜，薰以桂椒，缀以珠玉，饰以玫瑰，辑以羽翠。郑人买其椟而还其珠。此可谓善卖椟矣，未可谓善鬻珠也……"(《韩非子·外储说左上》)

6. 杜十娘怒沉百宝箱

　　……十娘取钥开锁，内皆抽替小箱。十娘叫公子抽第一层来看，只见翠羽明珰，瑶簪宝珥，充牣于中，约值数百金。十娘遽投之江中。李甲与孙富及两船之人，无不惊诧。又命公子再抽一箱，乃玉箫金管。又抽一箱，尽古玉紫金玩器，约值数千金。十娘尽投之于大江中。岸上之人，观者如堵。齐声道："可惜! 可惜! "正不知什么缘故。最后又抽一箱，箱中复有一匣。开匣视之，夜明之珠，约有盈把。其他祖母绿、猫儿眼，诸般异宝，目所未睹，莫能定其价之多少。众人齐声喝采，喧声如雷。十娘又欲投之于江。李甲不觉大悔，抱持十娘恸哭，那孙富也来劝解。

　　十娘推开公子在一边，向孙富骂道："我与李郎备尝艰苦，不是容易到此。汝以奸淫之意，巧为谗说，一旦破人姻缘，断人恩爱，乃我之仇人。我死而有知，必当诉之神明，尚妄想枕席之欢乎! "又对李甲道："妾风尘数年，私有所积，本为终身之计。自遇郎君，山盟海誓，白首不渝。前出都之际，假托众姊妹相赠，箱中韫藏百宝，不下万金。将润色郎君之装，归见父母，或怜妾有心，收佐中馈，得终委托，生死无憾。谁知郎君相信不深，惑于浮议，中道见弃，负妾一片真心。今日当众目之前，开箱出视，使郎君知区区千金，未为难事。妾椟中有玉，恨郎眼内无珠。命之不辰，风尘困瘁，甫得脱离，又遭弃捐。今众人各有耳目，共作证明，妾不负郎君，郎君自负妾耳! "于是众人聚观者，无不流涕，都唾骂李公子负心薄幸。公子又羞又苦，且悔且泣，方欲向十娘谢罪，十娘抱持宝匣，向江心一跳。众人急呼捞救，但见云暗江心，波涛滚滚，杳无踪影。可惜一个如花似玉的名姬，一旦葬于江鱼之腹。三魂渺渺归水府，七魄悠悠入冥途……（《警世通言》第三十二卷《杜十娘怒沉百宝箱》）


7. 贾雨村的对联

　　……雨村吟罢，因又思及平生抱负，苦未逢时，乃又搔首对天长叹，复高吟一联曰：

　　玉在椟中求善价，钗于奁内待时飞。（《红楼梦·第一回》）

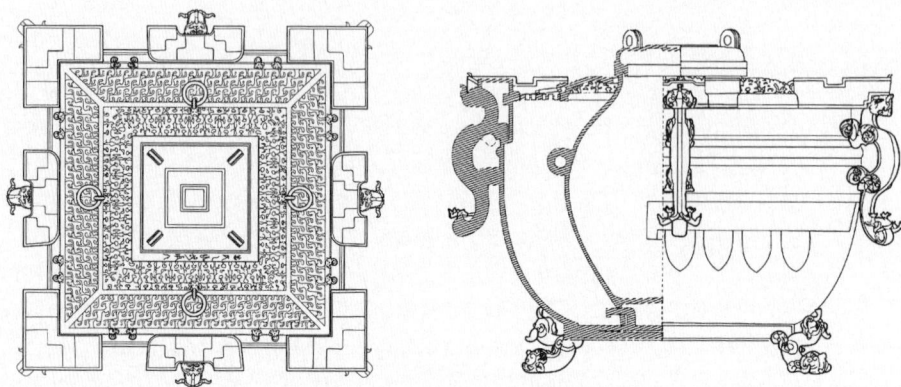

图 1　曾侯乙墓出土青铜冰鉴（国家博物馆藏）

# 说冰鉴
## ——中国古代的冰箱[1]

　　1978年，湖北随县擂鼓堆曾侯乙墓出土过很多大型器物，其中有一对冰鉴，铸造非常精美。

　　这对冰鉴，一件是国家博物馆的藏品[图1]，现在首都博物馆展出（"中国记忆"展）；[2]一件是湖北省博物馆的藏品[图2]，现在中国科技馆展出（"奇技天工"展）。

　　看文物，我有个癖好，就是喜欢奇，喜欢特，喜欢难得一见的东西，多了就没意思，哪怕非常精美。这两件东西，我看过多次，一直无话可说，只能说漂亮。但这次看文物，感受不一样。

　　一是天热，二是碰上奥运会，特想找点什么凉快的东西。


一


　　看冰鉴，有两点不可忽视：

　　第一，它是复合器物，不是一件器物，而是两件器物，不是把两件搁一块儿，而是套合组装在一起。我们把这两件器物拆开来，可以看得比较

---

〔1〕8 月 30 日，首都博物馆邀请我配合他们的"中国记忆"展，在该馆做过一个"文物四题"的演讲。这是其中的一个题目。现在，我把它整理成一篇小文。

〔2〕首都博物馆《中国记忆——五千年文化瑰宝》，北京：文物出版社，2008 年，图版捌拾陆。

清楚：鉴的底部有三个卡子，缶的圈足有三个方孔，互相对应，可以固定。它是既有鉴，也有缶，称鉴称缶，都只说对一半，曾侯乙墓的报告叫"鉴缶"，才比较合适。

第二，它不是食物箱，既不是装谷类食物，也不是装肉类食物，而是用来冰酒。酒是装在缶里，缶是冰在鉴里，一件装冰，一件装酒。

冰鉴，应该叫鉴缶，本来没注意。缶藏鉴内，从外面看，看见的只是鉴，叫冰鉴，似乎也不是不可以。这次看奥运，我才发现，两者还是要区分一下。

奥运会的开幕式，一开始有个"击缶"的节目。古人说，秦人唱歌，喜欢击缶（《说文·缶部》、《史记·李斯列传》）。张艺谋是陕西人，对秦国特有感情。

渑池之会，秦王想羞辱赵王，也就是我老家那边儿的王。他要赵王鼓瑟，然后让史官记下来，说赵王鼓瑟是他命令的。蔺相如为了维护赵王的尊严，不惜以死相逼，一定要秦王也击缶，同样记下来。这是历史上很有名的故事。

击缶而歌，的确是秦俗，但《诗·陈风·宛丘》有"坎其击缶"，击缶，不光是秦。

古人击缶，大概是陶缶。怎么敲，不知道。但有一点可以肯定，击缶是为"节歌"，也就是为歌曲打拍子（《说文·缶部》、《史记·李斯列传》）。

我记得，陕西凤翔高庄秦墓出土过一件陶缶，小口大肚子，铭文作"隐成吕氏缶，容十斗"[图3]，[1]就是秦缶。

张艺谋设计的"击缶"，从电视看，击的不是缶，而是冰鉴。他所谓的"缶"其实是模仿曾侯乙冰鉴，只不过省去四个正面的爬兽，留下四个

---

[1]袁仲一《秦代陶文》，西安：三秦出版社，1987年，386页：1484。

图 2　曾侯乙墓出土青铜冰鉴（湖北省博物馆藏）

角上的爬兽，下面加了滑轮。他把冰鉴当成缶，大概是听了什么专家的意见，错把装缶的鉴当成了缶本身。这个错误，还蛮有根据——反正里面有个缶。

二

"击缶"的错误并不重要。表演就是表演——观众看不出来，就是好表演。奥运会开幕那天，天太热，它让我想起了冰箱——敲敲冰箱也好。

上面说的冰鉴，就是古代的冰箱。我想到的是古代的冰箱。

下面讨论一下。[1]

(一) 缶

什么是缶？许慎说："瓦器，所以盛酒浆。秦人鼓之以节歌"(《说文·缶部》)。缶是一种小口大肚子，形状类似壶、罐的盛酒器。

缶有陶缶，也有铜缶。铜缶衰落后，陶缶还流行。曾侯乙冰鉴中的缶是铜缶。

缶有尊缶和盥缶。

尊缶，前身是罍，商周时期叫罍，春秋战国叫尊缶。尊缶是用来装酒的缶。盥缶，也叫浴缶，汉代也叫沐缶。如陕西省历史博物馆展出过一件鎏金镶铜的缶，有铭文，就是"太后家"的一件"沐缶"。沐是洗发，浴是洗身。

盥缶，来源可能是商代的瓵。盥缶起源于淮水流域，后来流行于楚地。

---

[1] 湖北省博物馆《曾侯乙墓》，北京：文物出版社，1989年，上册，223—228页。器形：上册，224页：图一二二；225页：图一二三；226页：图一二四；227页：图一二五、一二六；下册，彩版九，3、4，图版六七、六八。

图 4　曾侯乙墓出土圆尊缶

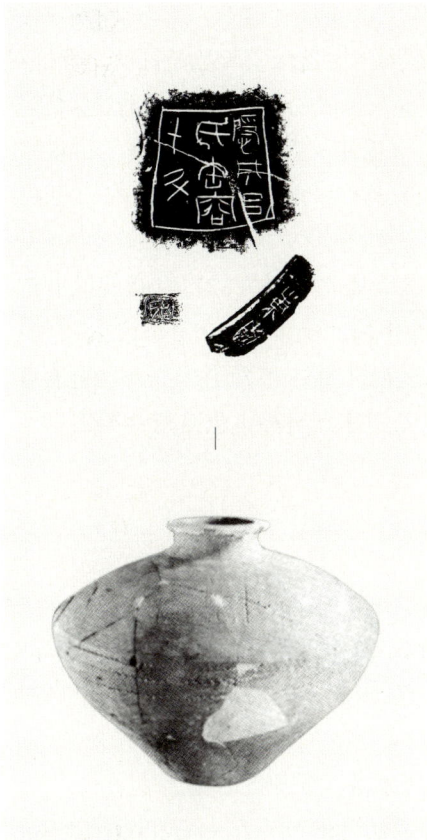

图 3　凤翔高庄秦墓出土陶缶

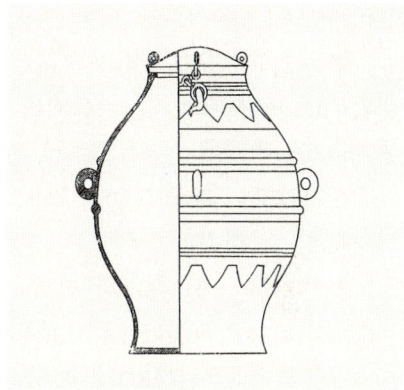

图 5　曾侯乙墓出土方尊缶

　　曾侯乙冰鉴中的缶是哪一种缶？是尊缶。

　　尊缶有方、圆两种。曾侯乙墓，两种都有。圆尊缶〔图4〕，甚大，一件高125厘米，一件高126厘米，是一对。方尊缶〔图5〕，是这对冰鉴里的缶，一件高51.8厘米，一件高52.4厘米，也是一对。前者可能是储酒器，喝酒还是从后者取。后者是盛冰镇的酒醴。

（二）鉴

什么是鉴？鉴是盛水的大盆，比盘大，比盘深，一般是圆的，但这对鉴是方的。冰鉴放冰，和一般的鉴不一样。曾侯乙墓的考古报告把这对盛方尊缶的方鉴叫冰鉴，是有文献依据的。《周礼·天官·凌人》有这种说法。

这对冰鉴，高63.2或63.3厘米，长宽为62.8厘米×63.4厘米或62.8厘米×62厘米，三维几乎一样。

古代铜器，方器比圆器尊贵。这两套器物都是方的，本来就很贵重，个头儿如此大，制作如此精，绝对是奢侈品。

古代冰酒，不光用鉴，也用盘。曾侯乙墓，不光出冰鉴，也出冰盘。比如此墓出土的一套"尊盘"［图6］，就是用冰盘盛尊，也是复合器物。[1]

## 三

冰鉴是盛冰的鉴。这类器皿，古代一直有。明清时期，有冰桶和冰盆（明清小说经常提到）。皇家的冰桶，有木制的［图7］，也有珐琅的［图8］。这类器物，相当于现在的冰箱。

现在，家家户户都用冰箱。我们的冰箱，全是电冰箱。

冰箱，是现代词汇，英文有三种说法，ice-box，freezer和refrigerator。ice-box的意思是"冰盒子"，freezer的意思是"冷冻器"，refrigerator的意思是"制冷器"。

英文，冷冻（freezing）和制冷（refrigeration）是两个概念。机械制冷的冰箱，是19世纪发明，20世纪流行。在这之前，冰镇，一般都是利用

---

[1] 湖北省博物馆《曾侯乙墓》，上册，228-234页。器形：上册，228页：图一二七；230页：图一二八；下册，彩版一○，1，图版六九。案：报告引古书讲"夷盘"的话解释这套器物，不合适。夷盘盛冰，是用于葬礼，为尸体降温。

图 6　曾侯乙墓出土尊盘

图 7　清木制冰桶

图 8　清珐琅冰桶

自然冰，用贮藏冰块来冰东西。这叫"冷冻"，不叫"制冷"。

冰鉴放冰块，属于冷冻。这种办法，世界各国，很多地方都用，方法差不多，不是中国独有。

查阅古书，我们可以知道，古代贵族，他们的生活离不开冰。冬季偏暖，"无冰"，那可不得了，史官要特别记载（《春秋》经传桓公十四年、成公元年、襄公二十八年）。

为什么贵族离不开冰？

首先，他们是肉食者。喝酒吃肉，离不开冰。

冰的用途，主要是为祭品和食物保鲜（《礼记·月令》）。《周礼·天官》有凌人，是专门负责取冰、藏冰、用冰的官员。我们要注意，《周礼·天官·序官》是把此官同掌管酒醴的官员（酒正、酒人、浆人）列在一起，和冰镇饮料关系更大。

其次，古代丧礼也用冰。冰，不仅用于食物保鲜，也用于尸体防腐。尸体防腐有很多方法，风干、冷冻、搁防腐剂，所有方法，无不受食物保鲜方法的启发。丧礼，使用"大盘"和"夷盘"，就是用来冰镇尸体，和现在的太平间道理一样（《礼记·丧大记》）。

最后，古人还用冰给室内降温，如《左传》讲蒍子冯装病，大热天，挖个地下室，把冰搁床下，穿上皮大衣，睡在上面（《左传》襄公二十一年）。

冰从哪里来？一是河湖，二是山谷（背阴处）。取冰是在最冷的冬天，用冰是在第二年的夏天，藏冰是用凌阴或冰井。

凌阴，见《诗经·豳风·七月》，汉代多称冰室，明清则称冰窖。

凌阴遗址，凤翔和新郑都有发现。[1]

冰窖这个词，明清小说常见。

北京的冰窖，很多是皇家使用的官窖，也有不少府窖，都是达官贵人

---

[1] 陕西省雍城考古队《陕西凤翔春秋秦国凌阴遗址发掘简报》，《文物》1978 年 3 期，43—47 页。

所用，比如列为市保的雪池冰窖（北海存车处）和恭俭冰窖（西城区恭俭五巷）。但我更熟悉的，还是中关村的那个冰窖。雪池冰窖是从北海取冰，中关村的冰窖是从颐和园取冰。

冰井，是用深井贮冰。汉唐古城往往都有这类设施。比如洛阳、长安、邺城就都有（《水经注》的《河水五》、《浊漳水》、《渭水中》和《唐两京城坊考》卷一"三苑"条）。特别是邺城三台中的冰井台，不但用深井贮冰，还储备石炭，设有粟窖、盐窖，住在台上，不论冬夏，吃喝玩乐不用愁。

2008 年 9 月 14 日写于北京蓝旗营寓所

（原刊《中国文物报》2008 年 10 月 15 日第 5 版）

补记：

今之餐桌转盘，西人称"懒苏珊（Lazy Susan）"或"哑巴跑堂"（dumbwaiter），据说是华侨发明，但后赵就有这种东西。晋陆翙《邺中记》："石虎大会，上御食，游槃两重，皆金银参带，百二十酘，雕饰并同。其参带之间，茱萸画，微如破发，近看乃得见。游槃则圆转也。"

二之日凿冰冲冲，三之日纳于凌阴，四之日其蚤，献羔祭韭。（《诗经·豳风·七月》）

凌人，下士二人，府二人，史二人，胥八人，徒八十人。（《周礼·天官·序官》）
【案】《序官》排凌人于酒正、酒人、浆人之后。浆是米酒一类饮料，类似醪糟。

凌人掌冰，正岁十有二月，令斩冰，三其凌。春始治鉴，凡外内饔之膳羞鉴焉，凡酒浆之酒醴亦如之。祭祀，共冰鉴。宾客，共冰。大丧，共夷槃冰。夏，颁冰掌事。秋，刷。（《周礼·天官·凌人》）

士有冰，用夷槃可也。（《仪礼·士丧礼》）

仲春之月……是月也，毋竭川泽，毋漉陂池，毋焚山林。天子乃鲜羔开冰，先荐寝庙……
季冬之月……是月也，命渔师始渔。天子亲往，乃尝鱼，先荐寝庙。冰方盛，水泽腹坚。命取冰，冰以入。（《礼记·月令》）

君设大盘造冰焉，大夫设夷盘造冰焉，士并瓦盘无冰，设床袒笫，有枕。（《礼记·丧大记》）

孟献子曰："畜马乘，不察于鸡豚，伐冰之家不畜牛羊，百乘之家不畜聚敛之臣。与其有聚敛之臣，宁有盗臣。"（《礼记·大学》）

无冰：见《春秋》经传桓公十四年、成公元年、襄公二十八年。

夏，楚子庚卒，楚子使蒍子冯为令尹，访于申叔豫。叔豫曰："国多宠而王弱，国不可为也。"遂以疾辞。方暑，阙地，下冰而床焉。重茧衣裘，鲜食而寝。楚子使医视之，复曰："瘠则甚矣，而血气未动。"乃使子南为令尹。（《左传》襄公二十一年）

大雨雹。季武子问于申丰曰："雹可御乎？"对曰："圣人在上，无雹；虽有，不为灾。古者，日在北陆而藏冰，西陆朝觌而出之。其藏冰也，深山穷谷，固阴冱寒，于是乎取之。其出之也，朝之禄位，宾食丧祭，于是乎用之。其藏之也，黑牡秬黍，以享司寒。其出之也，桃弧棘矢，以除其灾。其出入也时。食肉之禄，冰皆与焉。大夫命妇，丧浴用冰。祭寒而藏之，献羔而启之，公始用之，火出而毕赋，自命夫命妇至于老疾，无不受冰。山人取之，县人传之，舆人纳之，隶人藏之。夫冰以风壮，而以风出。其藏之也周，其用之也徧，则冬无愆阳，夏无伏阴，春无凄风，秋无苦雨，雷不出震，无灾霜雹，疠疾不降，民不夭札。今藏川池之冰弃而不用，风不越而杀，雷不发而震。雹之为菑，谁能御之？《七月》之卒章，藏冰之道也。"（《左传》昭公四年）

河水南对首阳山。《春秋》所谓首戴也,《夷齐之歌》所以曰"登彼西山"矣。上有夷齐之庙,前有二碑,并是后汉河南尹广陵陈导、雒阳令徐循与处士平原苏腾、南阳何进等立,事见其碑。又有周公庙,魏氏起玄武观于芒垂。张景阳《玄武观赋》所谓"高楼特起,竦峙岧峣,直亭亭以孤立,延千里之清飙"也。朝廷又置冰室于斯阜,室内有冰井。《春秋左传》曰:"日在北陆而藏冰。"常以十二月采冰于河津之隘,峡石之阿,北阴之中。即《邠诗》"二之日,凿冰冲冲"矣。而内于井室,所谓纳于凌阴者也。

……

河水于县,漯水注之。《地理志》曰:漯水出东武阳。今漯水上承河水于武阳县东南,西北迳武阳新城东。曹操为东郡所治也。引水自东门石窦,北注于堂池,池南故基尚存。城内有一石甚大。城西门名冰井门,门内曲中,冰井犹存。(《水经注·河水五》)

魏武封于邺……城之西北有三台,皆因城为之基,巍然崇举,其高若山。建安十五年魏武所起,平坦略尽。《春秋古地》云:"葵丘,地名,今邺西三台是也。"谓台已平,或更有见,意所未详。中曰铜雀台,高十丈,有屋百一间。台成,命诸子登之,并使为赋。陈思王下笔成章,美捷当时,亦魏武望奉常王叔治之处也。昔严才与其属攻掖门,脩闻变,车马未至,便将官属,步至宫门。太祖在铜雀台望见之,曰:"彼来者必王叔治也。"相国钟繇曰:"旧,京城有变,九卿各居其府,卿何来也?"脩曰:"食其禄,焉避其难?居府虽旧,非赴难之义。"时人以为美谈矣。石虎更增二丈,立一屋,连栋接榱,弥覆其上,盘回隔之,名曰命子窟。又于台上起五层楼,高十五丈,去地二十七丈。又作铜雀于楼巅,舒翼若飞。南则金虎台,高八丈,有屋百九间。北曰冰井台,亦高八丈,有屋百四十五间。上有冰室,室有数井。井深十五丈,藏冰及石墨焉。石墨可书,又然之难尽,亦谓之石炭。又有粟窖及盐窖,以备不虞。今窖上犹有石铭存焉。左思《魏都赋》曰"三台列峙而峥嵘"者也。(《水经注·浊漳水》)

渭水又东迳雍县南,雍水注之。水出雍山,东南流,历中牢溪,世谓之中牢水,亦曰冰井水,南流迳胡城东。俗名也。盖秦惠公之故居,所谓祈年宫也。孝公又谓之为橐泉宫。按《地理志》曰在雍。崔骃曰:穆公冢在橐泉宫祈年观下。《皇览》亦言是矣。刘向曰:穆公葬无丘垄处也。《史记》曰:穆公之卒,从死者百七十七人,良臣子车氏、奄息、仲行、鍼虎,亦在从死之中,秦人哀之,为赋《黄鸟》焉。余谓崔骃及《皇览》谬志也。惠公、孝公并是穆公之后,继世之君矣,子孙无由起宫于祖宗之坟陵矣。以是推之,知二证之非实也。(《水经注·渭水中》)

西京大内凡苑三,皆在都城北。

……定武门北迤东为观德殿,□光殿,池西为广达楼。又西为永庆殿,其北东为冰井台,西为通过楼。(《唐两京城坊考》卷一"三苑"条)

大云山 1 号墓出土的裂瓣纹银豆

# 器物丛考

## （下）

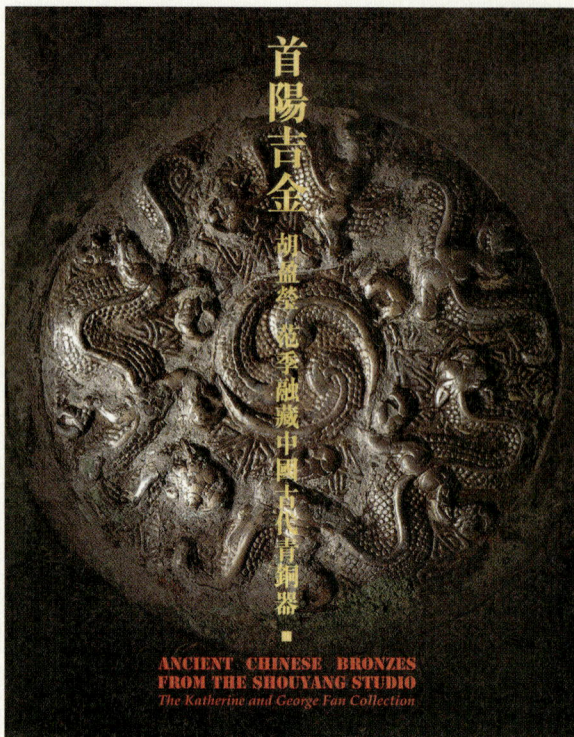

首陽吉金

胡盈莹、范季融藏中國古代青銅器

ANCIENT CHINESE BRONZES
FROM THE SHOUYANG STUDIO
*The Katherine and George Fan Collection*

《首阳吉金——胡盈莹、范季融藏中国古代青铜器》

# 读《首阳吉金——胡盈莹、范季融藏中国古代青铜器》

首阳斋藏器，我一共看过三次，前两次是在上海博物馆：首阳吉金展展出前，在库房看过一次；首阳吉金展开幕，在展厅看过一次。这次在香港中文大学文物馆是第三次。今把观器读铭的印象，对照图录，写成笔记，提交会议，供大家讨论。

**图录 14. 乳钉雷纹瓿**

图录指出，这件雷纹瓿"具有长江流域青铜文化的特点"，甚是。商代，扁足鼎、瓿和三角援戈，南北都有出土，但三足外撇的鼎一直是长江以南的特点，扁胖的浴缶同瓿可能有关，也是舒器和楚器的特点，三角援的戈也一直流行于四川。它们的起源地和传播范围是个值得探讨的问题。传播经常都是互动，有模仿，有改造，甚至对源头本身也有反过来的影响。这是个复杂的问题，也是个有趣的问题。

图录 14. 乳钉雷纹瓿

图录 32. 仲枏父鬲

## 图录 32. 仲枏父鬲

宋代出土过"仲信父甗",这是北宋发现最早的几件青铜器之一。当时的图录,摹写不准确,各家考释皆误,一直到最近仍得不到纠正。2002年,我对这个问题专门做过考证,指出这件"仲信父甗"应改称"仲枏父甗",和故宫博物院、上海博物馆收藏的仲枏父诸器是同人之器。[1] 值得注意的是,这些器物多出于陕西永寿好畤河一带,这个遗址很重要,应该进行调查。铭文"用敢乡(飨)孝于皇且(祖)丂(考)",图录作"用敢卿(飨)考(孝)于皇且(祖)丂(考)"。第4行第5字,释"考"有误,我从图录所印拓本看,似是"孝"字,这次目验原器,果是"孝"字。第5行的"丂"字,写法比较怪,似与"方"字有所混淆,这是当时的错别字。

---

〔1〕李零《铄古铸今——考古发现和复古艺术》,香港:香港中文大学出版社,2005 年,52—53 页;又大陆版,北京:三联书店,2007 年,78—80 页。

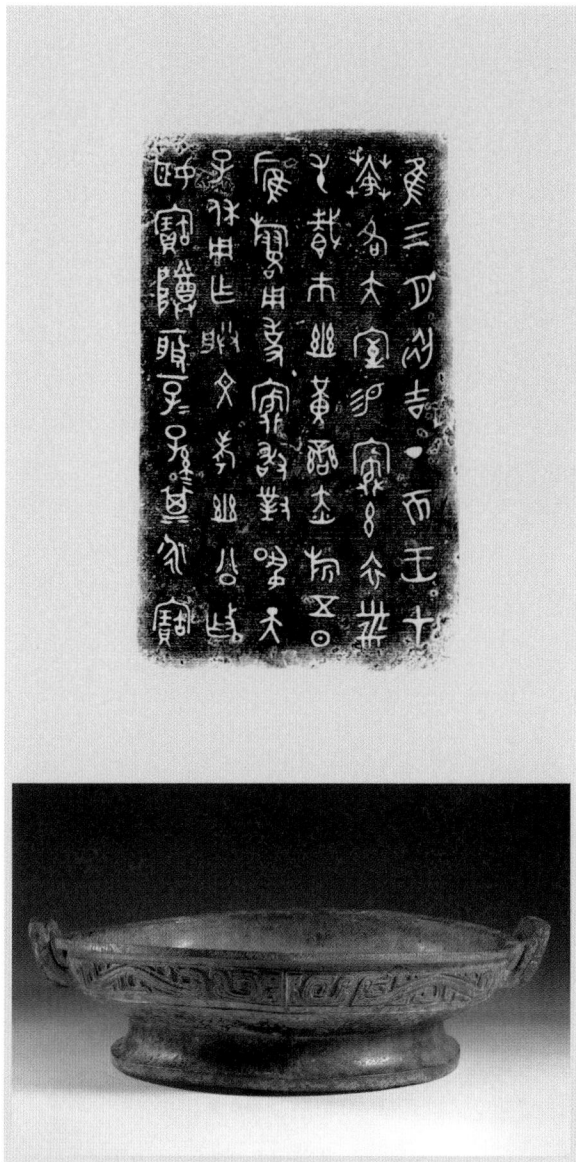

图录 35. 龙纹盘

## 图录 35. 龙纹盘

图录说"盘内有铭文一篇，疑后刻"，不释。此器器主，名字叫"奂"。这个字和通常所见的"奂"不太一样：奂字中间有如八字的两笔，被写成好像方字下面的两笔。[1] 第4行，"对扬天子"的"扬"，从日从廾，有如"夙"，这种写法比较少，但不是绝对没有。[2] 第5行，"朕"字写法比较怪，一般的"朕"字，右半两手所拱，上面只有一竖划，但这里却是两竖划。最后一行，"般"字也很怪，上下各有一横划，舟与殳，中间妄添一竖。这次在文物馆参观，沈培先生怀疑，此字与"恒"字有所混淆。我看，这也是当时的错别字。

[1] 参看《金文编》，北京：中华书局，1985年，513页：1189。案：上博楚简《周易》，与今本涣卦相当的卦是一个从睿从爱的字，可见奂与睿有关。受此启发，我怀疑，史墙盘的"唯□南行"，或许可以读为"唯巡南行"。李零《读上博楚简〈周易〉》，《中国历史文物》2006年4期，54—67页。

[2] 参看《金文编》，778页：1941的第二、第三例。

图录 35. 龙纹盘

图录 37. 变形夔龙纹爵

## 图录 37. 变形夔龙纹爵

这件爵是"废爵",没有足,和通常说的爵不一样。通常说的爵是"足爵",有流有尾有三足。铜器,酒器定名,问题最多。现在的定名,几乎都是根据宋人的定名,很多并没有切实根据。尊、罍、壶、卣、觚、觯、爵、角、斝、盉、觥、彝,比较可靠的定名只有罍、壶、爵、盉(或者还加上觯)。爵,古代与"雀"通假。许慎说,"爵,礼器也……器象爵者,取其鸣节节足足也"(《说文·鬯部》),后一个"爵"字就是指雀。宋人最初不认识爵,比如大家都知道,苏东坡写诗形容爵,猜来猜去,并不知道这种器物就是爵。吕大临把这种器物叫"爵",主要是看它像雀。他的定名是猜出来的。爵,礼书分两种,一种是"足爵",一种是"废爵"。

图1 扶风出土的西周"废爵"（伯公父勺）

图2 北京故宫博物院藏"废爵"（带鸟形饰）

前者有足，后者无足。我们现在说的爵，其实只是前一种。这种爵，鲁侯爵（故宫博物院收藏）有自名，宋人不及见。足爵流行于商周，西周中期以后不大见。三门峡虢公墓地出土的足爵是复古作品，已经是足爵的尾声。但足爵废，废爵起。它是一种带柄类似勺的饮器。这种爵，东周和汉代仍流行。礼书说的爵，其实是这一种。这种爵也有自名，如西周的"伯公父勺" [图1]。这种勺形的饮器，林巳奈夫称"瓒"，并不对。战国楚简有"爵"字，可以证明东周时期的类似器物是叫"爵"。勺形爵，东周以来，常在器口前端做个鸟 [图2]，[1] 但伯公父爵没有。这件爵，前端也没有鸟形饰，而是采用兽首錾，说明其执持方法是一手持柄，一手持錾。图录引及拙作，[2] 这里再补说两句。

〔1〕故宫博物院编《故宫青铜器》，北京：紫禁城出版社，1999年，图版284。
〔2〕李零《铄古铸今——考古发现和复古艺术》，香港：香港中文大学出版社，2005年，47—50页。

图录 39. 应侯簋

宋人著录的铜器，仍然流传于世者只有四件。此器与宋人著录的"应侯敦"（宋人不认识簋的自名，错把簋叫敦）为同组器物，很重要。宋人著录的那件，盖无铭文，这件有铭文，从铭文看，也是应侯作器。盖铭缺释，可补释如下（为排印方便，铭文常见字多按读法直接录写）：

唯正月初吉丁亥，王若
曰：应侯视工伐淮南夷。
芦（？）敢噂（布）卒众，瞻敢加兴
作戎，广伐南国，王命应
侯征伐淮南夷，芦（？）休克，
扑伐南夷，我孚（俘）戈。余弗
敢且（沮），余用作朕王姑单
姬尊簋，姑氏用赐眉
寿永命，子子孙孙永宝用享。

【案】此器与上海博物馆收藏的应侯视工鼎为同人之器。[1] "视工"是应侯的名字。"淮南夷"，以前见到的铭文，多半作"南淮夷"。据此，有两种可能，一种是理解为"南夷"和"淮夷"的合称，一种是理解为淮夷之南支。"芦"，人名，此字竖划上出，但不左右偏，和"芦"、"毛"、"手"都有区别，也决不可能是"丰"字。这里暂时隶定为"芦"。"瞻"，人名，上从目，下从鲁，这里按左右结构隶定。这两个人都是淮南夷的将领。芦负责合军聚众，瞻负责兴师征讨。两个"敢"字，都是表示胆敢。"芦休克"，是表示芦被应侯打败。"扑"，原从戈旁，加厂，刘钊先生读"翦"，[2] 现在

〔1〕锺柏生等编《新收殷周青铜器铭文暨器影汇编》，台北：艺文印书馆，2006年，第二册，1007页：1456。
〔2〕刘钊《古文字考释丛稿》，长沙：岳麓书社，2005年，140—148页。案：刘先生的新释主要是根据楚简中读为"察"、"窃"、"浅"的字。这类字，从"窃"字的写法看，是来源于它所从的"离"（商代祖先契在上博楚简《子羔》篇中的写法就是这个字的初形），和西周金文、西周甲骨中的这个字不是同一来源。

72

图录 39. 应侯簋

从新近发现周公庙出土的西周甲骨看，这个字的原形还是从仆得声。"王姑单姬"，是应侯视工祖辈的姐妹，嫁于单。"王姑"是什么意思，可参看《尔雅·释亲》"父之考为王父，父之妣为王母"，"王父之姊妹，为王姑"。

图录 40. 晋侯𫘤盨

图录说，"盨是由簋演变而来的，二者有很深的渊源"。我的理解不一样。盨和簋功能相似，但器形不是从簋发展而来。它的祖形是器盖带矩形纽的方鼎。[1]

图录 45—47. 秦公鼎

图录收春秋秦器六，纹饰分三种，一种是双层的"兽目交连纹"（即通常说的"窃曲纹"），一种是"兽目交连纹"加"垂鳞纹"，一种

图录 40. 晋侯𫘤盨

是"鸟龙纹"。这三种纹饰都是秦器的典型纹饰，特别是最后一种。这三件鼎，都是秦公的东西，它们的器形是承袭西周中期的垂腹鼎，纹饰也是承袭西周（来源是西周，而不是东方各国）。秦鼎，战国中晚期是球形鼎，与中原铜器趋同，但之前不是这种样子。秦国一直流行平底鼎，铜鼎和陶鼎都是如此。这里值得注意的是，秦式的平底鼎，来源是西周中晚期之交流行的垂腹平底鼎，垂鳞纹也是从那时发展起来。可以对比的是，楚式的升鼎，最初也是模仿西周的垂腹平底鼎，纹饰也是垂鳞纹。比如著名的克黄鼎 [图3] 就是这种样子。但楚式的升鼎有个特点，和秦鼎不一样，很多都有外撇的双耳。[2] 春秋秦鼎和春秋楚鼎都带有浓厚的复古色彩。

---

〔1〕李零《关于铜器分类的思考》，收入氏著《入山与出塞》，北京：文物出版社，2004 年，247–270 页。
〔2〕中国青铜器全集编辑委员会编《中国青铜器全集》10，北京：文物出版社，1998 年，图版一。比这个例子晚，有叶县旧县四号春秋大墓出土的升鼎等例。参看平顶山市文物管理局等《河南叶县旧县四号春秋墓发掘简报》，《文物》2007 年 9 期，4–37 页（图像：图五，1；图一三）。

图录 45—47.秦公鼎

图3  最早的楚式"升鼎"（克黄鼎）

图录 48—49. 秦公簋

## 图录 48—49. 秦公簋

此器纹饰属于第二种纹饰。

## 图录 50. 垂鳞纹鍑

　　此器纹饰属于第二种纹饰。关于铜鍑，近年学界有很多讨论。问题集中在两个方面，一是中国青铜鍑和北方草原青铜鍑的年代关系，二是中国青铜鍑内部的年代关系。李朝远先生对有关材料和有关讨论有所总结，他把甘肃礼县出土的青铜鍑叫"秦式鍑"，认为秦鍑东传是甘肃传陕西，陕西传晋南，晋南传晋北和冀北。时间范围是春秋早期到战国早期。他说，这一过程有一种"小型化"的趋势。所谓"小型化"，是从高20多厘米降低到高6—7厘米。[1] 李先生举的例子很多，但没有来得及把陕西韩

---

〔1〕李朝远《新见秦式青铜鍑的研究》，收入氏著《青铜器学步集》，北京：文物出版社，2007年，113—127页。

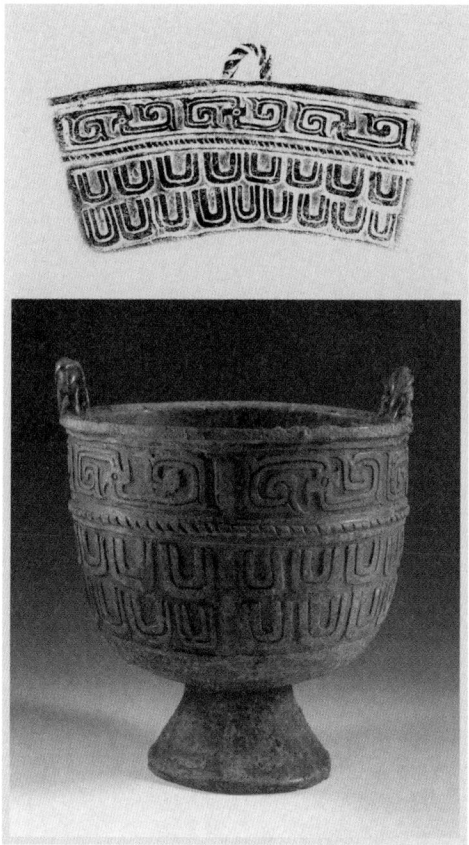
图录 50. 垂鳞纹鍑

城梁带村出土的小鍑也收进来。[1] 这件小鍑，高6.6厘米，正是属于"小型化"的鍑。梁带村出土过6件小型器物，这是其中之一。同出所谓"圈足匜"，频见于山西（如闻喜上郭村）。这批器物，从总体特征看，更接近于晋，而不是秦。梁带村一带，古代叫少梁。这一带是秦晋反复争夺的河西之地，春秋属晋，战国属魏，隔河与皮氏（今河津）、汾阴（今万荣）相望。秦夺少梁，在公元前328年，很晚。"小型化"的鍑，很多是晋鍑，不同于陕甘地区的秦鍑。李先生说的"再折向北"，主要指向代地（太行山北段的两旁）发展。这一带是汉胡争夺的战略要地。中国史料，匈奴始见的年代是公元前318年。[2] 考古发现的匈奴遗存，年代最早，也在战国晚期。中国系统的青铜鍑主要流行于春秋早期到战国早期，匈奴系统的青铜鍑正好接在这段时间的后面。

---

[1] 陕西省考古研究院等《芮国金玉选粹——陕西韩城春秋宝藏》，西安：三秦出版社，2007年，图版93。

[2] 先秦文献提到先秦时代的匈奴，有《战国策·燕策三》"燕太子丹质于秦亡归"章，所述事件在公元前232年。汉代文献提到先秦时代的匈奴，有《史记》的《秦本纪》《廉颇蔺相如列传》《刺客列传》，《秦本纪》提到匈奴参加的"五国攻秦"，年代在公元前318年。另外，《逸周书·王会》提到"匈戎"（王应麟本作"匈奴"），其后所附《伊尹朝献·商书》提到"匈奴"，很可能是出自战国人之手。

图录 51. 鸟龙纹匜

## 图录 51. 鸟龙纹匜

此器纹饰属于第三种纹饰。这种纹饰是秦器独有，圆顶山秦墓，这种纹饰最常见。传世秦公簋也是这种纹饰。这种纹饰，是一种细密的蟠螭纹，作小蛇勾连状。此器，蟠螭纹中还夹杂小鸟，以前未见，图录称为"鸟龙纹"。这种叫法有一定道理，但容易造成错觉，让人误以为有很明显的鸟和龙，似乎不如过去叫"细密的勾连纹"或"细密的蟠螭纹"更好。

## 图录 56. 鹰兽纹戚

此器以鸟兽合体的怪物为内：兽为怪兽的前半，鸟（不太像鹰）为怪兽的后半，花纹通体一致。鸟口衔蛇，相当于怪兽的尾巴。鸟、兽、蛇都是立体装饰，不是平面的花纹。有銎兵器，是北方草原地区的特点。此器有銎，到底叫什么好，值得讨论。1972年长治分水岭出土过同类器物，

78

图录 56. 鹰兽纹戚

被叫作"銎斧"[图4]；[1]1982年山东临沂凤凰岭出土过同类器物，被叫作"凤头斤"[图5]；[2]柏林东亚艺术博物馆收藏的同类器物，李学勤、艾兰叫"鸟兽纹有銎戚"[图6]。[3]学者称斧称斤称戚，都没根据。[4]此器不是斧斤之斧。斧斤之斧，年代较晚有自名，例子是三件吕大叔斧。[5]它们，两件作"吕大叔之贰车之斧"，一件作"邵大叔以新金为贰车之斧十"[图7]。

[1] 山西博物院《山西博物院珍粹》，太原：山西人民出版社，2005年，040–041页。
[2] 山东省兖石铁路文物考古工作队编《临沂凤凰岭东周墓》，济南：齐鲁书社，1988年，29页，28页：图二十二，图版拾陆，2。
[3] 李学勤、艾兰《欧洲所藏中国青铜器遗珠》，北京：文物出版社，1995年，图版129。
[4] 许慎对"斤"字的解释是"斫木也"，对"戉"字的解释是"斧也"，对"戚"字的解释是"戉也"（《说文解字·戉部》）。他是把这三种器物算一大类。斧分两种：一种是斧钺之斧，一种是斧斤之斧。前者类似李逵用的板斧，后者前有刃，后有銎，类似木匠用的锛子。
[5] 中国社会科学院考古研究所编《殷周金文集成》修订增补本，北京：中华书局，2007年，第八册，6481页：11786–11788。

图 4　长治分水岭 269 号墓出土的"鋚斧"

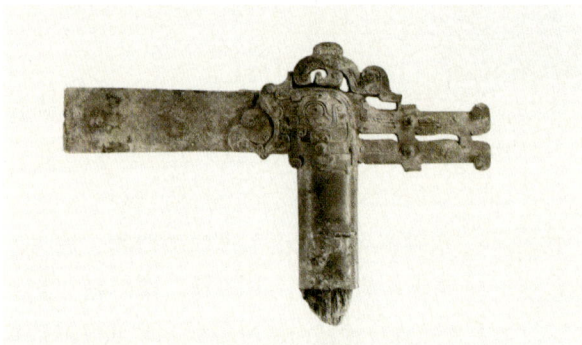

图 5　临沂凤凰岭出土的"凤头斤"

图 6　柏林东亚艺术博物馆收藏的"鸟兽纹有鋚戚"

图 7　邵大叔斧铭文："邵大叔以新金为贰车之斧十"

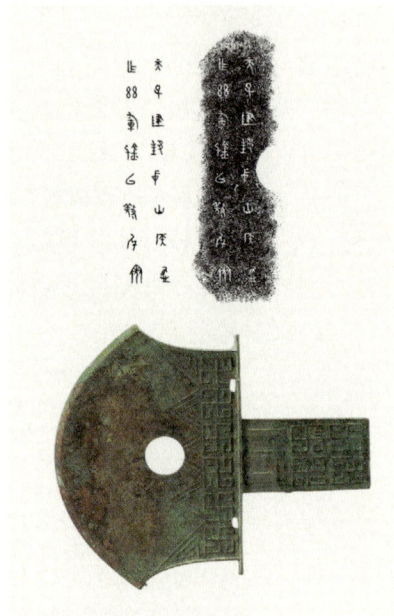

图 8　战国中山王墓出土的"钺"

图 9　首都博物馆藏乾隆御题"玉杖首"

前两件只有拓本，最后这件现藏上海博物馆，实物还在。铭文"吕"或作
"郘"，同山西万荣县出土郘黛钟的"郘"，乃魏氏之别名；器物是"贰车"
（即副车）上配备用来修车的工具，原来有十件。钺，早期发现，未见自
名，晚期发现，只有战国中山王墓1号大墓2号车马坑出土的钺 [图8] 有自
名。其铭文作"天子建邦，中山侯惟（?）乍（作）军钎，以敬（警）氒
（厥）众"。[1]"钎"字怎么读，还可研究。钺，从商代西周到战国时期，一
直保持着某些基本特点：前有宽刃，后有内，装柲方式同于戈。这里所谓
"戚"，与出土的钺或斤毫无共同点，到底叫什么，还要等新的线索出来。
我怀疑，它和下面的戈都是用于仪卫，而非实战的武器。这种器物，估计
清代就有发现。如北京海淀颐和园出土，有乾隆御题的"玉杖首"[图9]，
就是模仿这种器物。[2]

〔1〕《殷周金文集成》修订增补本，第八册，6469 页：11758A、B。
〔2〕古方主编《中国出土玉器全集》第 1 卷，北京：科学出版社，2005 年，98 页。

图录 57. 鸟纹戈

## 图录 57. 鸟纹戈

此戈以鸟为内，鸟是立体装饰，不是平面的鸟纹。鸟身上的羽纹是三晋的花纹。脖颈上有一圈贝纹，也是三晋常见。图录说，"这件戈属于周王畿或晋系青铜器"，近是，但我们从鸟的造型看，这很可能是一件赵器。对比材料，还可补入：（1）故宫博物院藏错金鸟兽纹戈 [图10] 和邟王是埜戈 [图11]；[1]（2）慕尼黑国立民间艺术博物馆藏鸟兽纹有銎戈 [图12]；[2]（3）巴黎吉美博物馆藏鸟兽纹有銎戈 [图13]；[3]（4）山西博物院藏赵卿墓出土的虎鹰互搏銎内戈 [图14]。[4] 这种戈与上器大小相近，可能用途相似。它的特

〔1〕故宫博物院编《故宫青铜器》，北京：紫禁城出版社，1999 年，图版 262、263。
〔2〕李学勤、艾兰《欧洲所藏中国青铜器遗珠》，图版 130。
〔3〕同上书，图版 131。
〔4〕山西省考古研究所《太原晋国赵卿墓》，北京：文物出版社，1996 年，90 页；91 页；图 44，2；图版六二，1。山西博物院《山西博物院珍粹》，太原：山西人民出版社，2005 年，52—53 页。案：赵国和晋北、冀北关系更密切。

图 10　故宫博物院藏 "错金鸟兽纹戈"

图 11　故宫博物院藏 "邗王是埜戈"

图 12　慕尼黑国立民间艺术博物馆藏 "鸟兽纹有銎戈"

图 13　巴黎吉美博物馆藏 "鸟兽纹有銎戈"

点，也是有銎。以銎承柲，是北方铜器的特点。赵国和代地（今晋北、冀北）关系密切，赵器有北方因素，不足为怪。赵卿墓出土过一件商代样式的有銎戈，耐人寻味。[1]

图 14　山西博物院藏赵卿墓出土的 "虎鹰互搏銎内戈"

---

〔1〕见《太原晋国赵卿墓》，91 页：图 44，1。

## 图录 58. 交龙纹害辖

铭文"吉周"，应作"吉用"（文物馆的陈列说明已经改过来），字体呆滞，疑出后刻。

## 图录 62. 宴射刻纹画像匜

画像中所谓"豆"是否可靠？

## 图录 63. 变形鸟纹鼎

图录提到"羞鼎"、"升鼎"，这两个概念，还值得讨论。案礼书固有"镬鼎"、"升鼎"、"羞鼎"这类名词，但目前考古报告的用法却很有问题。它们在考古实物中的对应物是什么，很多都是随意分配。我个人的看法是，第一，镬鼎和升鼎的区别只是前者用于烹煮，后者用于承载，镬不是单个的无盖大鼎，而是成套的鼎；第二，升鼎，目前只有楚系的平底鼎可以确认是升鼎，其他都无法确认；第三，羞鼎的叫法也有问题。[1]

图录 58. 交龙纹害辖

图录 62. 宴射刻纹画像匜

图录 63. 变形鸟纹鼎

---

[1] 李零《楚鼎图说》，收入氏著《入山与出塞》，北京：文物出版社，2004年，334—342页。

图录 65. 交龙纹筒形器

图15 临淄商王墓地 1 号墓出土的战国晚期"铜杯形壶"

## 图录 65. 交龙纹筒形器

  对比材料很多，如临淄商王墓地1号墓出土的战国晚期"铜杯形壶" ［图15］。[1]

---

〔1〕淄博市博物馆等编《临淄商王墓地》，济南：齐鲁书社，1997 年，图版一六；19 页：图一一，1。

图录 68. 戈

这件戈，让人感到锋利无比，触之者伤。图版，因为刃部下面有影子，还不能充分显示它的锋利。此器有三大特点，一是长援长胡长内，援、胡、内每一面都有刃；二是戈援上扬，作45°角，与胡连成一体，变成一道斜刃；三是这道斜刃有一内弯的圆弧，[1] 弧线的两端有刺，栏板上端也有一尖刺。图录说，戈援上扬"到战国早期已经成为戈的主流"，好像不太准确。战国早期的戈，出土发现，主流还是平头；晚期，流行长援长胡戈，有些戈援上扬，但远没达到这种程度。战国时期的戈，其发

图录 68. 戈

展趋势是什么？我想说一下我的理解。这种趋势，可以称为"戟化"。所谓"戟化"主要有四个特点：（1）戈援变细变长，向内弯曲，逐渐上扬，不但下面开刃，上面也开刃，刃部与援的平面有一道明显的折线；（2）戈胡也拉长，长胡多穿，起刃，刃部也有明显的折线，与内弯的援刃逐渐连为一体，好像一把向内弯曲的弯刀；（3）戈内也拉长，略微上扬，内的上下和尾端也有同样的刃，而且把尾端做成斜刃，刃尖朝上；（4）加配矛刺。兵器，戈、戟是一类，历年出土，很多都以"戟"自名。戈、戟的区别到底是什么？许慎说，戈是"平头戟"，戟是"有枝兵"（《说文解字·戈部》）。"平头戟"就是丁字形的戈，戈的援、胡、内，折角近

---

[1] 其刃部有点类似廓尔喀弯刀（Gurkha knife），属于内弧型。弯刀分内弧型和外弧型，外弧型便于横抹，对骑兵最合适，内弧型便于钩杀，更适合步战，特别是用于砍头。

图16 叶县许灵公墓出土的"钺形戟"

图17 叶县许灵公墓出土的"六戈形戟"

90°。戈是镰刀式的兵器。其杀伤力主要靠戈援,一是锋尖,二是下刃,下刃用于"钩",锋尖用于"啄",横钩竖啄,只有两个方向。商代的戈,不管有銎无銎,直内曲内,都近于一字形。西周的戈,最初仍保持商代的特点,如图录28的父丁母丁戈就是如此。后来,栏、胡下延,穿加多,才变成丁字形。它主要改变的是固定方式,而不是杀伤力。其援部的上刃和胡、内还没有被充分利用起来。春秋的戈,还是延续西周,也是丁字形。这是戈的主流。十字形的戈,西周就有,不是戈的主流。战国,合并戈、矛,呈十字形,才变成主流趋势。戟的特点是什么?过去多强调加装矛刺,即第四点。其实前三点也很重要。戈援上扬,戈内上扬,面面有刃,主要是加强杀伤力,让戈的三个部分、三个方向都有杀伤力:戈援可以横抹,起刀的作用;戈内可以竖啄,起戈锋的作用;矛刺可以前冲,兼有矛的功能。矛刺前冲时,不光矛刺有杀伤力,援、内的上刃也有杀伤力。什么叫"有枝兵"?学者指出,即《方言》卷九"三刃枝,宛、郢谓之匽戟"者。

戈援上扬,达到45°,战国不大见,汉代才流行,叫"鸡鸣句孑戟"。[1] 这件兵器,有没有可能是汉代的东西?恐怕值得考虑。[2] "戟化",矛刺固然

〔1〕孙机《汉代物质文化资料图说》(增订本),上海:上海古籍出版社,2008 年,145-147 页。案:援胡连体呈 45°或戈援上扬,西周的戈反而有。
〔2〕汉代还流行没有戈内的卜字形戟。

重要，但多锋歧出，才是"戟"字的本
义。过去，曾侯乙墓出土过多戈戟，特点
也是多锋，但锋与锋是平行关系。多戈
戟，看来有较早的来源，如近年河南叶县
旧县四号春秋大墓（许灵公墓）出土的
"钺形戟"[图16]和"六戈形戟"[图17]，就
是属于多戈戟，年代可以早到公元前592
年。[1]这里，我还想补充的是，近年在湖
北省博物馆展出，有一件湖北枣阳九连墩
大墓出土的"三叉戟"[图18]，让我大开
眼界。[2]它的戈头不是上下置，而是左右
置，把两件无内戈和矛刺铸在一起，好像
三叉的树枝。这是公元前300年左右的东
西。我认为，这才是最典型的"有枝兵"。
后世小说戏曲经常讲一种"方天画戟"，
其前身是宋代所谓的"戟刀"[图19]，[3]上
有矛尖，两旁有内弧的弯刀，仍保存着它
的某些特点。

图18　枣阳九连墩大墓出土的"三叉戟"

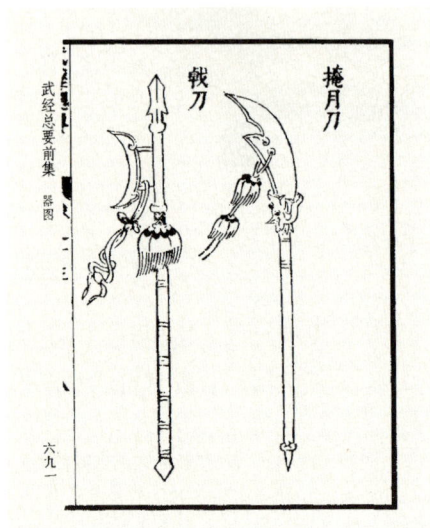

图19　宋代的"戟刀"

[1] 平顶山市文物管理局等《河南叶县旧县四号春秋墓
发掘简报》。图像：前者见封面和图三二，5；后者
见图三二，6和图四○。案：所谓"六戈形戟"只
有三戈。
[2] 湖北省博物馆编《九连墩——长江中游的楚国贵族
大墓》，北京：文物出版社，2007年，87页。
[3] 宋曾公亮《武经总要前集》卷十三，收入《中国兵
书集成》，北京：解放军出版社，沈阳：辽沈书社，
1987年，第3册，691页。

图录 69. 两诏椭升

### 图录 69. 两诏椭升

释文有几个错误:

(一)秦始皇廿六年诏

1. 第2行:"併",应作"并"。

2. 第6行:"法",应作"灋"。

(二)秦二世元年诏

1. 第2行:"丞相斯□状𤳈",据其他二世诏,应作"丞相斯去疾"。这次在香港中文大学文物馆看原器,"斯"下一字为锈所掩,所谓"状"字,其实是"疾"字,还有模糊的痕迹。

2. 第3行:"法",应作"灋"。

3. 第12行"诏诏刻左使毋疑",应作"诏故刻左使毋疑"。

这件器物,铭文多见。[1]值得注意的是,第8行最后一字,常见铭文都是作"也",而唯独这里作"殹"。秦人用"殹"为"也"是特色。

2009 年 4 月 2 号写于北京蓝旗营寓所
2009 年 4 月 28 日改定

(原刊上海博物馆、香港中文大学文物馆编《中国古代青铜器国际研讨会论文集》,2010 年,295–307 页)

---

[1] 容庚《秦汉金文录》,北平:1931 年,卷一。

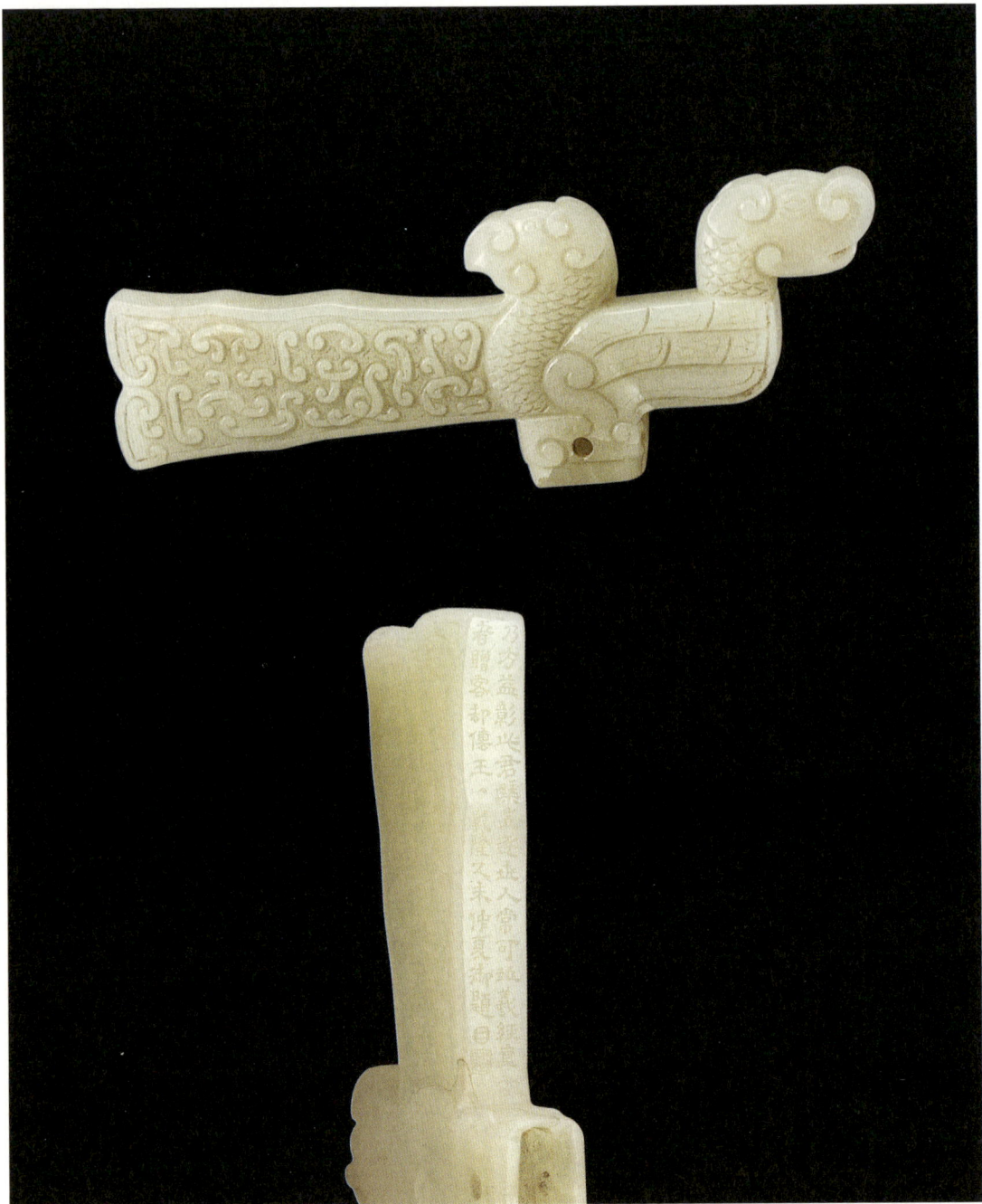

图 1　首都博物馆藏乾隆御题"玉杖首"

# 乾隆玉杖首和东周管銎斧
## ——乾隆仿古之一例

2009年4月17—18日，我应邀参加香港中文大学文物馆举办的"中国古代青铜器国际研讨会"，向会议提交过一篇论文，[1]把我在上海和香港三次看首阳斋藏器的感想写成一篇札记，其中有一条是讲首阳斋藏"鹰兽纹戚"。在该文附记中，我曾指出，首都博物馆藏乾隆玉杖首是模仿这种东周时期的管銎斧，但只是一笔带过。后来，我在国内外又陆续看到一些新的例证。特别幸运的是，承首都博物馆郭小凌馆长慨允，2013年1月，我进该馆库房，目验过乾隆玉杖首原物。这里，我想把问题展开，做一点新的讨论。

一

首都博物馆藏乾隆玉杖首 [图1]，[2]1954年入藏，[3] 编号2.1418，北京市海淀区颐和园出土，长12.8厘米，高4.4厘米，器形分三段：前段为斧头，

---

〔1〕李零《读〈首阳吉金〉》，收入上海博物馆、香港中文大学文物馆编《中国古代青铜器国际研讨会论文集》，2010年，295—307页。

〔2〕《北京市文物精粹大系》编委会、北京市文物局编《北京市文物精粹大系》玉器卷，北京：北京出版社，2002年，230页：图284、285；古方主编《中国玉器全集》，北京：科学出版社，2005年，卷1，98页。

〔3〕首都博物馆玉器库阎娟同志2013年1月17日电邮告知。

中段为管銎，后段为斧尾。斧头，板状无刃，正背两面饰云纹，前端中陷。管銎，剖面呈椭方形，内有淤土痕迹，上饰张翼之鸟，鸟首朝前，下有圆孔，在正背两面。斧尾为兽首，兽首与鸟首相背。斧头侧沿，刻乾隆御制诗二首。

(一) 诗一（铭文在斧头的上沿）

  汉玉鸠头此肖为，扶携他日待相随。虽今步履全无借，预立《中庸》有训辞。乾隆御题。（下有阳文印：太卜玉）[1]

"汉玉鸠头此肖为，扶携他日待相随"，意思是说，此器是模仿汉代的玉鸠头而作，可以纳柄为杖，供老者扶持，说不定将来哪一天，我也要挂上这件东西，靠它走路。古有以杖赐老之俗。老人称丈人，就是因挂杖而行。《周礼·秋官·伊耆氏》："军旅授有爵者杖，共王之齿杖。""齿杖"的"齿"是年齿之义，"齿杖"是用来标志老人的身份，证明他已上了年纪，应该得到照顾，有如今老年证。这种杖，汉代也叫"王杖"或"鸠杖"。《续汉书·礼仪志》："年始七十者，授之以王杖，铺之糜粥。八十九十，礼有加赐。王杖〔九〕尺，端以鸠鸟为饰。鸠者，不噎之鸟也。欲老人不噎。"武威磨咀子汉墓18号墓出土的鸠杖 [图2] 就是以鸠鸟为饰，[2]

图2　武威磨咀子汉墓出土的"鸠杖"

---

[1] 此诗收入《乾隆御制诗集四集》卷三十三，作《咏白玉鸠头》，见《景印文渊阁四库全书》集部·别集类，台北：商务印书馆，1998年，第1307册，831页。

[2] 甘肃省文物局编《甘肃文物菁华》，北京：文物出版社，2006年，179页：图版187。

同墓出土的《王杖十简》还记载了当时的各种有关规定。[1]

"虽今步履全无借，预立《中庸》有训辞"，意思是说，虽然现在我还腿脚灵便，完全不用拄杖而行，但《中庸》有古人的教导，"凡事预则立，不预则废"，还是事先有所准备为好。

(二) 御制诗二（铭文在斧头的前沿和下沿）

> 无竹不有节，所希（稀）见乃方。益彰此君概，岂逐世人常。可并羲经直，如闻汉诏良。惟赢蜀筇者，赠客却传王。乾隆乙未仲夏御题。（下有阴文印：刻乾卦，代表乾字；阳文印：隆）[2]

"无竹不有节，所希（稀）见乃方"，意思是说，凡是竹子都有竹节，这事不稀奇，但很少见到剖面为方形的竹子。这是讲此器有方銎，可纳方竹为杖。

"益彰此君概，岂逐世人常"，意思是说，此杖不仅器形少见，更重要的是，它还彰显出一种不同寻常的品格，哪里是为了随波逐流，顺应世人的俗套。方字有方正廉直之义，乃君子之德。

"可并羲经直，如闻汉诏良"，"羲经"指《易经》，"汉诏"指汉代的诏令，"直"指廉直，"良"指贤良。《易·坤卦》六二有所谓"直、方、大"。《文言》："直其正也。方其义也。君子敬以直内，义以方外，敬义立而德不孤。""举贤良方正直言极谏者"是汉诏常见的话。

"惟赢蜀筇者，赠客却传王"，"惟赢"是聊胜之义，"蜀筇"是蜀地所产筇竹杖，汉代很有名，曾出口西域。其特点是节高而内实。这两句的意

---

[1] 中国科学院考古研究所、甘肃省博物馆编《武威汉简》，北京：文物出版社，1964 年，140–147 页。
[2] 此诗收入《乾隆御制诗集四集》卷三十九，作《方竹杖》，见《景印文渊阁四库全书》集部·别集类，台北：商务印书馆，1998 年，第 1307 册，942 页。案：四库本"见乃方"作"乃见方"。

思是，此器之所以胜过蜀地的筇竹杖，主要在于，它不仅被用来赏赐七十岁以上的老人，还传达了王者的心意。

"乾隆乙未仲夏御题"，乾隆乙未是乾隆四十年（1775年），即乾隆65岁（虚岁）时。

【案】乾隆题咏玉鸠杖，与尊老养老有关。他这一生，举办过两次千叟宴，每次请3000个老头，皆赐鸠杖。一次是他75岁（虚岁）时，一次是他85岁（虚岁）归政的次年（1796年）。乾隆题咏玉鸠头、方竹杖，除这两首，还有16首，[1]其中《汉玉鸠头》（1759年）、《题和阗玉鸠首杖头》（1774年）最早。前诗"京索闻鸣瑞有由，自兹刻玉饰鸠头"，是用东汉应劭《风俗通义》典，谓鸠杖赐老，昉自汉高祖。后诗自注提到"内府有汉铜及汉玉鸠首杖头"，并谓"予尝有八十五岁归政之志，彼时或需杖扶持，今则无藉乎此也"。可见乾隆玉杖首是仿古之作。乾隆命工仿古，用和田玉自制玉鸠头，配方竹杖，进皇太后，始于乾隆四十年（1775年），即他虚岁65岁时。十年后有第一次千叟宴，二十年后有第二次千叟宴。首博所藏，据铭文题记，正是属于第一批仿古玉鸠杖。《乾隆御制诗集》第四集卷三三：丙申一，隶二诗于次年，稍晚。


二


乾隆玉杖首，按乾隆自己的说法，似乎是仿汉代的铜鸠杖和玉鸠杖，但实际上，它是仿自东周时期的管銎斧（Shaft-hole Axe-head）。[2]这种管

---

[1] 见《乾隆御制诗集》二集：卷八七《汉玉鸠头》；四集：卷十九《题和阗玉鸠首杖头》、卷三二《制玉鸠头方竹杖恭进皇太后并成是什》、卷三三《咏白玉鸠头》、卷三四《题方竹杖用仇远韵》、卷三九《方竹杖》、卷四一《咏玉鸠头方竹杖》、卷五六《咏方竹杖》、卷六一《咏汉玉鸠杖头》、卷六五《咏方竹杖》、卷八六《咏方竹杖》、卷九一《白玉鸠杖口号》；五集：卷十一《咏汉玉鸠杖》、卷十七《咏方竹杖》、卷二八《咏汉玉鸠头方竹杖》、卷六六《咏汉玉鸠杖》、卷六八《方竹杖口号》、卷九一《咏方竹杖》。

[2] 此类器物，学者或称斧，或称斤，或称戚，这里统一称为"管銎斧"。

图3　柏林东亚艺术博物馆藏"管銎斧"

銎斧多以透雕的鸟兽为装饰，[1]出土发现已有不少件，可资比较。

下面是我搜集到的八个例子。

1. 柏林：东亚艺术博物馆藏管銎斧 [图3] [2]

编号：Inv. Nr. 1957−4，长12.8厘米，高8厘米。器身分为三段：前段为斧头（相当戈援），中段为管銎（相当戈胡），后段为斧尾（相当戈内）。斧头，板状无刃，前端中陷，上下两角微向外卷，形成两个圆突。正背两面各饰四组蟠虺纹。管銎，剖面呈椭方形，两长边是弧线，两短边是直线，其上方以透雕之兽为饰，身首俱全，头顶有角或冠，下有圆孔，正背

--------

〔1〕鸟，或称鹰。鹰的特点是有钩喙，而这类鸟并无钩喙，这里只能笼统称为鸟。兽，或称虎。中国的大型猫科动物是虎、豹，狮子是外来的动物形象。这类兽，形象比较夸张，难以判断是哪一种，这里只能笼统称为兽。

〔2〕李学勤、艾兰编著《欧洲所藏中国青铜器遗珠》，北京：文物出版社，1995年，图版129：鸟兽纹有銎戚。

各一，用以穿钉，固定斧柄。圆孔下，近口处有一道绚索纹圆箍。斧尾，以透雕之鸟衔蛇为饰。鸟出兽背，有头胸羽翼而无腿爪。鸟首与兽首相背，口衔蛇尾，蛇则反噬鸟胸。

2. 堪萨斯：奈尔逊－阿特金斯博物馆藏管銎斧 [图4] [1]

编号：40-49，尺寸不详，形制几乎全同1。

3. 纽约：首阳斋藏管銎斧 [图5] [2]

长12.9厘米，高8.6厘米，形制几乎全同1，唯一不同，是管銎下部有阴刻的三角形纹饰。

4. 1966年4月－1973年底山西长治分水岭269号墓出土的管銎斧 [图6] [3]

编号为M269:95，长16.3厘米，高7.2厘米。形制与上面三件有较大不同：一是斧头三面出刃，但圆钝，不锋利；二是管銎剖面呈圆形（銎内有残存的木柄），上方之兽只有头部，没有身体，斧头从吞口（兽口）伸出；三是兽头放大，除去圆眼、三角耳，还增加了眉毛；四是兽头下，正背各有阴刻的卧兽；五是绚索纹箍饰在上，圆孔在下，中间有三角形纹饰；六是斧尾的鸟形体较小，头似兽，蛇作圆锥形，从鸟口伸出，蛇口上方有一蛙。[4]

5. 台北：古越阁藏管銎斧 [图7] [5]

长14.4厘米，高6厘米，形制类似4，但略小，无卧兽和三角形纹饰，刃部比4锋利。

〔1〕2013 年 6 月 4 日，见于奈尔逊－阿特金斯博物馆库房。

〔2〕首阳斋、上海博物馆、香港中文大学文物馆《首阳吉金：胡盈莹、范季融藏中国古代青铜器》，上海：上海古籍出版社，2008 年，图版 56：鹰兽纹戚。

〔3〕山西省考古研究所等编著《长治分水岭东周墓地》，北京：文物出版社，2010 年，343 页：铜銎斧形器；线图见 342 页：图一一三 E，7；图像见彩版二一，5 和图版一五三，2。

〔4〕报告称："有銎，斧形，援平直，齐头有刃较钝。内作鸟首衔蛇，两侧面有二螭蟠，二螭中间夹一龟。胡圆銎，有对穿，下部饰三角云纹，上部两侧面饰二兽，中饰绳纹。銎内有朽木。"案：报告是以戈的形制描述此斧。所谓"二螭"即蛇头的两面，"一龟"是指蛇头上的蛙。

〔5〕王振华《商周青铜兵器》，台北：红蓝彩艺印刷有限公司，1993 年，图版 20。

图 4　堪萨斯奈尔逊—阿特金斯博物馆藏 "管銎斧"

图 5　纽约首阳斋藏 "管銎斧"

图 6　长治分水岭 269 号墓出土的 "管銎斧"

图 7　台北古越阁藏 "管銎斧"

## 6. 1982年山东临沂凤凰岭东周墓出土管銎斧 [图8] [1]

编号为殉4足下:12，长20.7厘米，高11.6厘米，比上述各器都大。此器与上4、5有一大共同点，是管銎上方之兽，有头无身，斧头从吞口（兽

------

〔1〕山东省兖石铁路文物考古工作队编《临沂凤凰岭东周墓》，济南:齐鲁书社，1987 年，28–29 页；凤头斤。拓本见 28 页；图二十二；图像见图版贰拾壹，7。

图8　临沂凤凰山东周墓出土的"管銎斧"

口）伸出，但又有若干差异：一是斧头作板状，前端平齐，中间有缺口，类似1—3；二是管銎较长，剖面呈椭圆形（銎管内有残存的木柄），管銎上方的兽头，耳目眉眼有较大变形，更富装饰性；三是管銎下方无绚索纹箍饰和圆孔；四是斧尾无鸟、蛇等装饰；五是管銎上方之兽和斧尾多以圈形圆枚作线条勾连的枢纽。[1]

　　7. 山东滕州：滕州博物馆藏管銎斧 [图9] [2]

　　　尺寸不详。此器与6相似，但斧头出刃，前端平齐，无缺口，管銎下方无绚索纹箍饰和圆孔，斧尾作方柱形，纹饰比较简略。

--------

[1] 报告称："凤首，鼠形冠，鸟尾，造型奇特，制作精致；斤从凤嘴中吐出，刃部圆钝，椭圆形銎，銎内残存木柄。"案：所谓"凤首"，其实是兽头；所谓"鸟尾"，是指斧尾。斧尾并无鸟尾特征。
[2] 王睿提供。

98

图 9　滕州博物馆藏"管銎斧"

图 10　枣庄徐楼墓地出土的"管銎斧"

8. 山东枣庄：徐楼墓地出土的管銎斧 [图10][1]

尺寸不详。此器也与6相似，但斧头前宽后窄，前端缺口偏下，管銎下方有圆孔和绚索纹箍饰，纹饰比较简略。

上述八例，分为两型三式。1—3为A型，特点是管銎上方之兽为全形，有头有身；其他属B型，特点是省去兽身，只有放大的兽首，斧头从吞口（兽口）伸出。4、5为B型1式；6—8为B型2式。

这批管銎斧，多为春秋晚期物（除8可能早一些）。A型三件无出土地点，估计是山西所出。B型1式两件，只有一件有出土地点，是山西所出。B型2式是山东所出。

乾隆玉杖首显然是模仿A型而有所改造。

第一，它把斧头的蟠虺纹改造成云纹。

第二，它把管銎和斧尾的鸟兽互换位置，以鸟居前，以应其"鸠首"的定名。其实，这种器物与鸠杖无关。乾隆的命名只是虚应故事。

--------

〔1〕王睿提供。

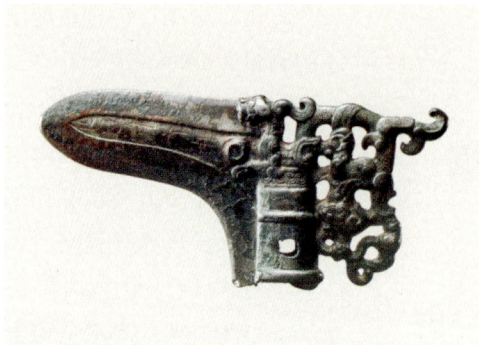

图11　故宫博物院藏"邛王是埜戈"　　　　　　图12　慕尼黑国立民间艺术博物馆藏"鸟兽纹戈"

# 三

中国青铜兵器有很多种，管銎式兵器是很特殊的一类。这种兵器，商代、西周和东周都有，背景值得探讨，不但跟中国的边疆地区有关，而且与范围更大的外来影响有关。

商代、西周的管銎式兵器，这里无暇讨论。东周时期的管銎式兵器，除去管銎斧，还有管銎戈，两者是相关现象。

管銎戈常以透雕的爬首作管銎和戈内的装饰，戈援则往往沿刃部的内侧，周遭起一道槽线，在槽线内另起纹饰，偶尔还刻铭文，这样的戈有很多件，[1] 下面是四个比较典型的例子。

1. 故宫博物院藏邛王是埜戈 [图11]，[2] 长14.9厘米，高6.9厘米，出土地不详，槽线内，正反两面有铭文："邛王是埜，乍（作）为元用。"从铭文

---

〔1〕李零《读〈首阳吉金〉》，302—303 页。
〔2〕故宫博物院编《故宫青铜器》，北京：紫禁城出版社，1999 年，图版 262、263：邛王是埜戈。

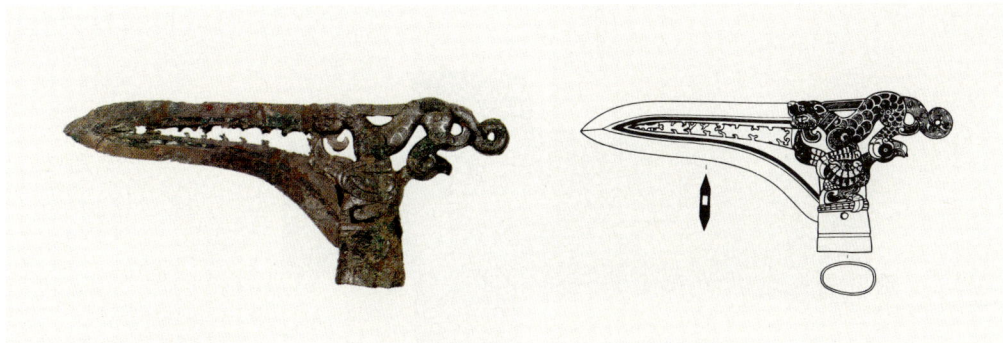

图13　山西省博物院藏赵卿墓出土的"鸟兽纹戈"

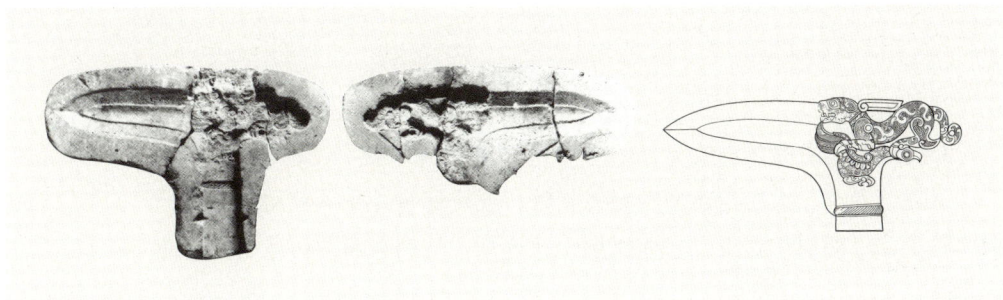

图14　侯马陶范中的"鸟兽纹戈"

看，是吴国的兵器。春秋晚期，"吴通上国"（《左传》），受晋国影响很大。

2. 慕尼黑国立民间艺术博物馆藏鸟兽纹戈 [图12]，[1] 长13.8厘米，高7.2厘米，出土地不详。

3. 山西省博物院藏太原金胜村赵卿墓出土的鸟兽纹戈 [图13]，[2] 长20.3厘米，高9厘米。

[1] 李学勤、艾兰编著《欧洲所藏中国青铜器遗珠》，图版 130-A-B：鸟兽纹有銎戈。
[2] 山西省考古研究所编《太原晋国赵卿墓》，北京：文物出版社，1996 年，90 页：虎鹰互搏銎内戈；
　　线图见 91 页图 44，2；图像见图版六二，1。

图15 石楼义牒村出土的商代"管銎斧"

4.侯马陶范中的鸟兽纹戈 [图14]，[1] 范长17厘米，高11.2厘米。

上述管銎戈，大小与东周管銎斧相近，或许原来是配套使用。它们一般比较小，可能用于仪卫，而非实用。我怀疑，这类兵器的铸造中心可能在山西。

管銎式兵器，从商代到两周，多见于山西北部和陕西北部，如山西石楼义牒村出土的商代管銎斧 [图15]，就是这种管銎式兵器。一般看法，这类管銎式兵器是来源于中国内蒙古一带的北方草原地区，或模仿北方草原的铸造风格。这种看法不能说不对，但未必是问题的全部。

我们要知道，中国的北方草原只是欧亚草原的一部分，中国的西北地区与南俄草原、中亚、西亚和南亚自古就有千丝万缕的商贸往来。现在，事情越来越明朗，冶金术和相关工艺的发明和传播，是个多元发生、广泛

---

[1]山西省考古研究所编《侯马陶范艺术》（中文版），普林斯顿大学出版社，1996年，黑白图版，333页：720、721。

图16　洛杉矶县博物馆藏卢利斯坦"管銎斧"

互动的过程。研究文化传播，我们要有大视野，不以一时一地为限。我们都知道，文化传播，从来都不是直接输入，而很可能是接力式的传递，有时是个漫长的过程，很少原样照搬或简单模仿，还包括本土化的改造，融合与变形乃是司空见惯。有时，风格是外来，但材料取自本土，由本地工匠仿作。有时，器物出口，风格是按雇主的口味定做。简单的本土说或外来说，都不足以解释一切。比如中国的外销瓷，一开始是直接输出或在中国定做，时间长了，人家会用人家自己的原料，参照中国风格，揉进欧洲口味，进行仿制。同样的道理，也可以反过来看外国对中国的影响。

中国的管銎式兵器，究竟吸收了哪些外来因素和外来影响，如果光跟中国北方草原的管銎式兵器比较，恐怕还不够。

下面举两个例子，或有助于拓广我们的眼界。

1.洛杉矶县博物馆藏卢利斯坦管銎斧 [图16]。

编号M.76.97.441，Nasli M. Heeramaneck藏品，Ahmanson Foundation捐献。卢利斯坦的青铜文化是伊朗西北非常古老的青铜文化，特点是多青

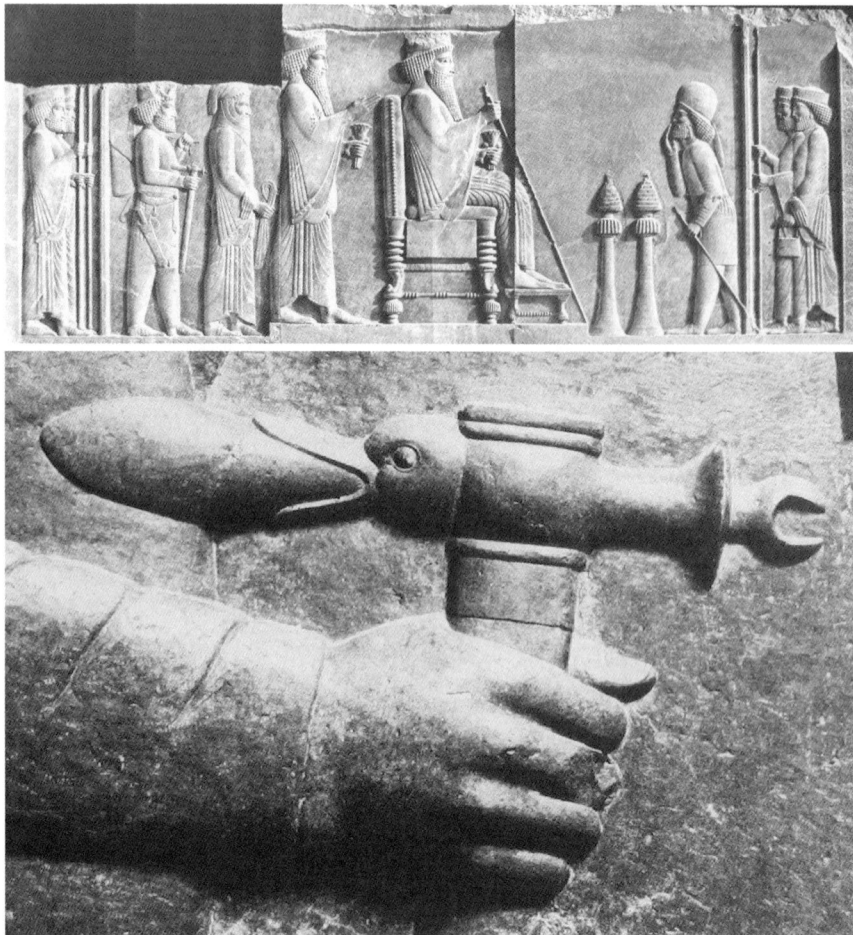

图 17　波斯波利斯《面圣图》上的"管銎斧"

铜兵器、车马器和动物装饰。卢利斯坦青铜斧，种类繁多，其中就包括管
銎斧。这件管銎斧，尺寸不详。年代约为公元前2000—前1800年，它以狮
子、公牛为饰，斧头自吞口（狮口）伸出，与我国的东周管銎斧不无相似。

2. 波斯波利斯《面圣图》上的管銎斧 [ 图17 ]。

阿契美尼德王朝（前550-前330年）的建筑以波斯波利斯最有代表性。它的宫殿也分前朝后寝，只不过朝见群臣的大殿不在南，而在北。这个大殿有两个台阶：北阶和东阶。两处有相同的浮雕组画，都是表现群臣觐见、万邦来朝。台阶正中的图，我叫《面圣图》，是表现觐见者来到国王面前。画面上，坐在宝座上的国王是薛西斯一世（Xerxes I），身后立者是他的王储。王储身后，前立者为宦官总管，叫阿斯帕米特雷斯（Aspamitres），后立者为禁军统领，叫阿尔塔班（Artabanus）。阿尔塔班肩负弓韬，腰佩短剑，手执战斧。[1] 我们要注意，他手里的战斧就是一件管銎斧，斧头自吞口（鸟口）伸出，与我国的东周管銎斧意匠相似。浮雕年代在前486-前466年，大约相当于我国的春秋战国之交。

这两个例子可以说明，用透雕的鸟兽装饰管銎斧，在中国以外是个范围甚广、年代非常古老的传统。

2013 年 10 月 6 日写于北京蓝旗营寓所

（原刊陈建明主编《复兴的铜器艺术——湖南晚期铜器展》，北京：中华书局，2013 年，239-248 页）

---

[1] 过去都以为，宝座上的国王是大流士一世，身后的王储是薛西斯一世。现在真相大白：坐者才是薛西斯一世，立者是他的长子大流士，浮雕是薛西斯一世时的作品。参看 A. Shapur Shahrbazi, *The Authoritative Guide to Persepolis*, pp. 99–101。案：旧说出自施密特（E. F. Schmidt），新说见 A. Shapur Shahrbazi, "The Persepolis 'Treasury Reliefs' once more," in *Archaeologische Mitteilungen aus Iran*, N. F. IX (1976), pp. 151–156。1977 年 10 月 15 日和 22 日，夏鼐在德黑兰和波斯波利斯访古，见过这两件浮雕。他在日记中写道，这两件浮雕，"原以为大流士一世像，现以为薛西斯一世（Xerxes I）像，原有一对，分别镶嵌于大殿的东面及北面大台阶正面，后来薛西斯一世被刺，大流士王子被杀，两个大臣后来亦以谋叛伏诛，阿尔塔薛西斯乃将这二块移置仓库中，另以雕刻四大臣像代替之"。见《夏鼐日记》，王世民整理，上海：华东师范大学出版社，2011 年，卷八，125、132 页。

淄博临淄区窝托村齐王墓出土的裂瓣纹银豆

# 论西辛大墓的裂瓣纹银豆
## ——兼谈我国出土的类似器物 [1]

西辛大墓是2004年的重大发现，其出土物有两件裂瓣纹银器，格外引人注目。

2006年12月14日，我到青州市博物馆看过这两件文物，青州市博物馆的王瑞霞馆长热情接待，给我寄过铭文照片。

2013年11月23日，山东省考古研究所郑同修所长安排我和冶金史专家苏荣誉先生到青州市博物馆考察，发现许多以前未曾注意的细节。

受郑所长委托，这里试做初步讨论。

## 一、什么叫"裂瓣纹"

裂瓣纹（lobed decoration）是模仿绽放的花朵，或说模仿莲花（lotus），或说模仿玫瑰花（rosette），说莲花有点像（请对比波斯波利斯石刻中波斯、米底贵族手中的莲花），说玫瑰花不太像。其实，这只是一种抽象的花，其构图方式属几何纹饰（geometric pattern），并非状写实物。它以圆面切分为特点，中央是花心，四周是花瓣，花瓣作辐射状。

这种纹饰，起源甚早，传播甚广。它不仅流行于埃及、两河流域、小

---

[1] 国家文物局编《2004中国重要考古发现》，北京：文物出版社，2005年，75—79页。

亚细亚半岛、伊朗高原和南亚次大陆，也流行于希腊、罗马，是西方艺术的典型纹饰。

裂瓣纹分两种。一种是平面设计，只有花心和一层花瓣，经常用作花边的构图单元 [图1]，建筑、石刻上用，器物、服饰上也用。另一种专施于器皿，作整个器物的装饰，花心在器底，花瓣在器腹，好像一朵朝上翻起的花 [图2]。因为花瓣具有立体感，好像一道道管状凸棱，学者或称"凸瓣纹"（fluted decoration）。但"凸瓣纹"专指后者，不能涵盖前者。

裂瓣纹器皿，以金银器最豪华，除了金银器，还有青铜器和玻璃器。

西方的金银器多用一整块金片或银片，利用模具，捶揲而成，有些花纹细部，还辅以錾刻。捶揲是西方金银器工艺的主流，只有某些不便捶揲的器物，才用失蜡法铸造。由于器物系捶揲而成，花心内凸外凹，形如肚脐，希腊人叫omphalos（肚脐）。花瓣外凸内凹，或作一层，或作两层。如果是两层，往往上下交错。靠近口沿的圆瓣，状若水滴或孔雀翎子上的图案，学者或称"水滴纹"（tear shaped decoration）。但"水滴纹"只是整个纹饰的局部，不能涵盖全体。

我以为，就整体而言，这种纹饰还是叫"裂瓣纹"更好。

中国的纹饰，早期没有这一种。战国秦汉流行柿蒂纹。它有四个花瓣，代表四方，有时在四个大花瓣间再加四个小花瓣，代表八位。如果四方八位加中央，则为九宫图。这种四方八位加中央的构图主要属于方图系统。如嘉祥宋山画像石上的八瓣花就是典型。

图 1　波斯波利斯石刻上的裂瓣纹

图 2　阿契美尼德时期的裂瓣纹银器
（盖蒂博物馆，68AM, 46）

中国比西方更偏爱方图，即便圆形的铜镜也如此。其外郭虽圆，但基本设计，还是四方八位加中央，这和裂瓣纹有本质区别。

中国的莲瓣纹瓦当倒与裂瓣纹相似，但这种纹饰，南北朝和唐代才流行。[1]它与佛教艺术的传入有关，不是中国艺术所固有。

裂瓣纹器皿，学者认为是亚述的创造。这种器物，向上追溯，可以追溯到很早。如中国国家博物馆最近从卢浮宫借展的一批文物，其中有六件埃及托德神庙（Temple of Tod）发现的银器，就是较早的例子。它们制作于叙利亚北部，年代为公元前1900年。要说亚述，也是古亚述时期。[2]这六件器物都是捶揲而成，四件有纹饰。其中E15160[图3]最典型，已具备裂瓣纹器皿的基本特征。E15168、E15169、E15175是其变形。[3]

裂瓣纹金银器，鼎盛时期是阿契美尼德王朝，典型器物是下面三件：[4]

图3 埃及托德神庙出土的裂瓣纹银器

----

〔1〕战国秦和秦代有所谓"莲花纹瓦当"，见赵力光《中国古代瓦当图典》，北京：文物出版社，1998年，154—155页：图版124、125。图版124是五瓣花，图版125是八瓣花。这种纹饰未必就是南北朝时期莲瓣纹瓦当的前身。特别是后者，可能仍然属于柿蒂纹。

〔2〕吕章申主编《地中海文明——法国卢浮宫博物馆藏文物精品》，北京：北京时代华文书局，2013年，76—77页：杯子。

〔3〕E15160，侈口小平底，花心在器底，作两道圆圈纹，没有脐状突起；花瓣在器壁，外凹内凸，与后来相反。它的花瓣是垂直排列，与后来的裂瓣纹最相似。E15169、E15175的花瓣作螺旋排列，是E15160的变形。E15168是另一种纹饰，变化更大。

〔4〕John Curtis and Nigel Tallis, *Forgotten Empire, the World of Ancient Persia*, Berkley and Los Angeles: University of California Press, 2005, pp. 112—120.

1. 大都会博物馆藏大流士金碗 [图4] [1]

编号54.3.1, 1954年Harris Brisbane Dick Fund所获, 展于Gallery 405。器腹较深, 口沿有三体铭文 (古波斯文、巴比伦文、埃兰文), 是大流士一世 (Darius I, 前522－前486年) 的器物。高11.1厘米, 重1100克。

2. 伊朗国家博物馆藏薛西斯金碗 [图5] [2]

编号7985, 传出哈马丹。哈马丹即古代的埃克巴坦纳。埃克巴坦纳是阿契美尼德王朝的四大都城之一。口沿有三体铭文 (古波斯文、巴比伦文、埃兰文), 是薛西斯一世 (Xerxes I, 前486－前466年) 的器物。高11.6厘米, 径20.5厘米, 重1407克。

3. 不列颠博物馆藏阿尔塔薛西斯银盘 [图6] [3]

编号ANE 1994－1－27, 据说出土于1935年以前, 1994年购入, 出土地点不明。此器口沿有古波斯文铭文, 是阿尔塔薛西斯一世 (Artaxerxes I, 前465－前424年) 的器物。高4.7厘米, 径29厘米, 重803克。同样的器物还有三件, 一件在弗利尔美术馆, 一件在大都会博物

图4　大流士金碗

图5　薛西斯金碗

[1] Charles K. Wilkinson, 1955. "Assyrian and Persian Art," *Metropolitan Museum of Art Bulletin* 13 (7), p. 224. Prudence O. Harper, et al. 1984. "Ancient Near Eastern Art," *The Metropolitan Museum of Art Bulletin* 41 (4), Spring 1984, p. 52, fig. 72. Michael J. Vickers, 1984. "Darius' gold phiale (Lysias 19.25–6)," *American Journal of Ancient History* 9, fig. IIIB, note 18.

[2] 同前页注4, pl. 97。

[3] 同前页注4, pl. 103。案: 有人对它的铭文有怀疑。

图6　阿尔塔薛西斯银盘

馆，一件为伊朗德黑兰Reza Abassi藏品。

阿契美尼德王朝之后，裂瓣纹器皿仍流行，即使欧洲中世纪，也能见到这种器物，只不过器形由高变矮，由深变浅，纹饰简化，往往只有花心和一层花瓣。

裂瓣纹器皿，深腹者，一般称碗（bowl）或杯（cup）；浅腹者，一般称盘（dish）。但实际用法并不严格。这种器物，西人亦称phialē，学者或取音译，把它叫作"筐罍"。Phialē是希腊文，拉丁文作phiala。[1] 他们的器物，凡与希腊器物相似往往会用希腊的叫法，就像我们根据古代礼书和宋代定名给青铜器起名字。这是比较典雅的叫法。

## 二、西辛大墓的裂瓣纹银豆

西辛大墓出土的银器，一共有五件。五件都有铭文。

这里说的裂瓣纹银豆，学者或称银盒，两种叫法各有所主，都有一定道理。称盒是就它的主体即银制的盒体而言。其实，这种器物是用复合材料和复合工艺制成，器物主体虽用银片捶揲而成，但盖上加了三纽，器下加了圈足，器纽和圈足系青铜范铸，整体造型类似我国的盖豆，称豆是就整体造型而言。这里统一称豆。

---

[1] 14 世纪以来，英语有 phial 一词就是从这个词演变，但含义变化，多指装药水的小玻璃瓶。

图7　西辛大墓出土的银豆一（B1:11）

## （一）银豆

1. 银豆一 [图7]。高10.6厘米，腹径11.6厘米，底径6厘米，重375.25克。盒体部分是用银片捶揲而成，因受力不均，有些地方太薄，容易造成破损，器壁有很多漏洞和小眼，就是属于破损，并非范铸的气眼。此器有子母口，盖器扣合，目前打不开。绕口沿有带饰，作凸弦纹夹阴刻斜纹，系錾刻而成，然后鎏金。口沿上下，器壁饰双层裂瓣，裂瓣两端，一头尖一头圆，圆端朝外，尖端朝内，好像水滴交错。每个花瓣都外凸内凹。从器物内部看，凹坑边缘相接处有约1毫米的小边，显然是用模具捶揲留下的痕迹，并非范铸。器底为平面，没有西方裂瓣纹器皿常见的脐状花心。盖置三组，满覆黄色铁锈，估计下面是青铜组。三组造型看不清，仔细辨认，似为卧姿的虎豹。底接青铜圈足，有鎏金痕迹。圈足内嵌漆木盖，似钤方印，留下边框，但印文看不清。器纽、圈足，从器物内部看，没有铆接痕迹，估计是焊接上去的，焊接方式可能类似下南越王墓所出，但器纽为铁锈所掩，外底被漆木盖所掩，除非透视，难以窥知细节。铭文

图8  西辛大墓出土的银豆二（B1:12）

作"曳，一又卅分"，过去未发现，这次见于圈足旁腹壁上。这里值得注意的是，上述漆木盖有三组卷曲的花纹，与下窝托村齐王墓出土1号银盘（QK1：65）上的花纹相似。该盘有纪年，是秦始皇三十三年的器物。

2. 银豆二 [图8]。高10.6厘米，腹径11.6厘米，底径5.8厘米，重385.03克。此器可打开。器口因挤压而变形，器壁甚薄，破损严重。器形、纹饰和制作工艺同上。圈足内有同样的漆木盖。圈足旁腹壁上有铭文，同银盒一，也是这次发现。

（二）同出的银盘、银匜

3. 银盘一 [图9]。直径16.8厘米，残重75.89克。破损严重，口沿脱落。器身残失其半，器底有铭文，作"邔平，一又卅分"。

4. 银盘二 [图10]。直径16.8厘米，残重54.69克。破损严重，只剩残片。器底似蒙铁锈，有铭文，同银盘一。

5. 银匜 [图11]。对角线长7.3厘米，残重19.15克。破损严重，只剩两块

图9 西辛大墓出土的银盘一（B1:13）

图10 西辛大墓出土的银盘二（B1:14）

图11 西辛大墓出土的银匜（B1:15）

残片。两块残片，一件为器底残片，一件似器流，但流口起沿，是否为匜，有疑问。器底有铭文，作"邕平，二又卅分"。

这五件器物，1、2同铭，3、4同铭，5与3、4略同，但重量不一样。下面解释一下。

**（一）银豆的铭文** [图12]

"叟"，工师或工匠的私名。此字可能是粤字的另一种写法，上面省去姓氏。

图12 西辛大墓出土银豆一、二（B1:11、12）的
铭文

"一又卅分"，估计是记重。"一"是整数，"卅分"是余数。古代记重铭文常以分数表示余数。[1] 这里的"一"，从重量考虑，有两种可能。一种可能，"一"指一斤，"卅分"是一斤的三十分之一。另一种可能，"一"指一镒，"卅分"是一镒的三十分之一。斤、镒是古代常用的记重单位。古代衡制，二十四铢为两，十六两为斤，向无异说；镒则有二说，一说二十两为镒，一说二十四两为镒。古书记载，齐国既用斤，也用镒。如《管子·山权数》"民之能明于农事者，置之黄金一斤，直食八石"，《战国策·齐策四》"有能得齐王头者，封万户侯，赐金千镒"。战国时期，齐国一斤重多少，不清楚。其他各国，学者以出土实物和铭文研究，考得秦、赵一斤约重253克，韩、魏一斤约重252克，楚国一斤约重250克。[2] 今取三数中的最大值，设以253克为一斤，一斤的三十分之一为8.4克。两数相加，重261.4克，大大低于375.25克或385.03克，可见"一又卅分"不可能是一又三十分之一斤，更大可能是一又三十分之一镒。战国时期的两约重15.6克—15.8克，[3] 今取平均值，以15.7克为一两。如果"一又卅分"是一又三十分之一镒，有两种可能，一种取二十两为镒说，"一又卅分"等于（15.7克×20）+（15.7克×20÷30），约合324.5克；一种取二十四两为镒说，"一又卅分"等于（15.7克×24）+（15.7克×24÷30），约合389.36克。这两个数字，后一数字更接近器物的重量。

[1] 二分、三分、四分、六分、八分、半、大半、少半，等等。参看丘光明《试论战国衡制》，《考古》1982年5期，516—527页。

[2] 丘光明《中国历代度量衡》，北京：科学出版社，1992年，282—347页。

[3] 据考，魏国一镒约重315克，以20两为镒，每两合15.75克。丘光明《中国历代度量衡》，据考，魏国一镒约重315克，每两合15.75克。

齐国的镒到底有多重，有一条重要线索。1992–1993年，临淄商王墓地1号墓（战国墓）出土过两件铜耳杯：[1]一件（SM1:114–2）较大 [图13-1]，左耳铭文作"▽（私）之十，冢（重）一益（镒）卅八厸"，意思是此器为私官（王后食官）所藏，编号十，重1镒38厸。另一件（SM1:114–4）较小 [图13-2]，右耳铭文作"少司马子□之敄（造）"，左耳铭文作"钚（杯），大弍益，冢（重）参（三）十厸"，两者连读，意思是此器为少司马子某所造之杯，编号"大弍益"，重30厸。厸，过去不认识，[2]现在考虑，从尸从自从丌。这里值得注意的是，它所从的自，写法很古老，仍有甲骨文的笔意（其下卷笔是表现鼻孔）；下面加丌，也与吴越系统的自字相似。《说文解字·自部》："自，鼻也。象鼻形。"鼻、息等字从之。《说文解字·尸部》有厸字，许慎的解释是"卧息也"。此字少见，估计是息字的另一种写法。自和从自得声的字多为脂部字，但息是职部字，古音有所分化。此字是镒以下的一级，从进制考虑，非锱莫属。锱是庄母之部字，息是心母职部字，古音相近，可通假。锱是铢、两之间的衡制单位。《说文解字·金部》："锱，六铢也。"这两件耳杯，报告没有报道其重量，承临淄市文物局韩伟东局长告，前器重

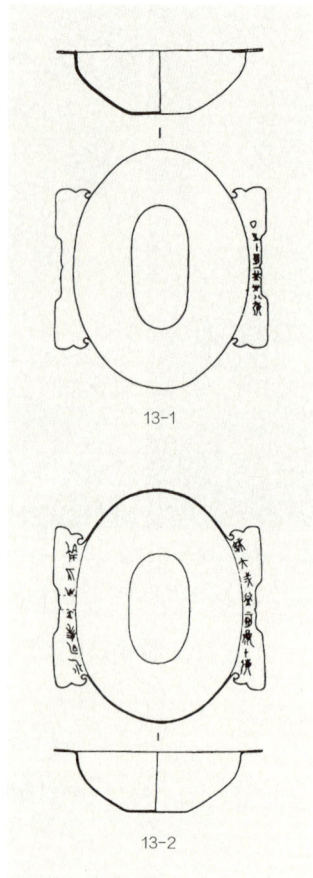

13-1

13-2

图13　临淄商王墓地1号墓出土的两件铜耳杯

---

〔1〕淄博市博物馆等《临淄商王墓地》，济南：齐鲁书社，1997年，24页，器形见图版一八，3；线图见27页：图一七。

〔2〕报告不释，孙刚释厸，见《齐文字编》，236页。案：此字曾见于端方旧藏的一件耳杯，铭文作"冢十六厸"，见中国社会科学院考古研究所编《殷周金文集成》（修订增补本），北京：中华书局，2007年，第六册，5227页：09940，编者释倠。

517克，后器重117克。今以24两为一镒（重376.8克），6铢为1锱（重3.9克），试为推算，1镒38锱等于376.8克＋（3.9克×38），约合525克，与实物相校，误差只有8克；30锱等于3.9克×30，约合117克，正与实测重量吻合。可见齐国的镒是24两，锱是6铢。

古代度量衡，度所以丈田，量、衡所以计米、钱，皆与食、货有关。研究度量衡，要从这一背景考虑。古代廪食，量、衡并用，而以量为主。量、衡有换算关系。古人讲衡制，向以积粟为说。出发点是粮食，终结点还是粮食。《汉书·律历志上》："一龠容千二百粟，重十二铢，两之为两。二十四铢为两，十六两为斤。三十斤为钧。四钧为石。"这套衡制，最高一级是石，石是用来称粮食。但古人还有寸金为斤说，则与货币制度有关，如《汉书·食货志下》："黄金方寸而重一斤，轻重以铢。"这种说法也见于汉以来的算术书，如《九章算术》卷四："黄金方寸重十六两，金丸径九寸，重九两。"《孙子算经》卷上："黄金方寸重一斤，白银方寸重一十四两。"

镒是斤以上的单位，古书亦作溢。如《仪礼》（《丧服传》、《既夕礼》）、《礼记》（《丧大记》、《间传》）有"朝一溢米，夕一溢米"或"朝一溢米，莫（暮）一溢米"说。郑玄有"二十两为溢"和"二十四两为溢"两说，并称与量制换算，等于"一升二十四分升之一"。朱骏声《说文通训定声·解部》以为"过于一斤十六两，故曰溢"。战国一镒也叫一金，还与黄金的计算有关，故字从金。《史记·平准书》说汉兴"一黄金一斤"，索隐引臣瓒说，有所谓"秦以一镒为一金，汉以一斤为一金"说，《史记·燕召公世家》提到"子之因遗苏代百金"，正义引臣瓒说，谓"秦以一镒为一金"，又引孟康说，谓"二十四两曰镒"。按照这一说法，秦代仍以镒为金，汉代才废镒用斤，以斤为金。情况是否如此，还有待验证。我们从出土发现看，秦汉器物都是以斤记重。我怀疑，镒在秦代已不大流行。

古代衡制，1两=24铢或6锱，1斤=16两，1小镒=20两，1大镒=24两，1钧=30斤或24小镒或20大镒，1石=120斤或96小镒或80大镒。其进率以四分进制为主，主要是为了便于几何切割，也便于与量制换算。

### （二）银盘、银匜的铭文 [图14、15]

"瞿"，齐国姓氏。《姓苑》、《封氏闻见记》、《路史》等书说齐太公之后有绍氏。此字上从卲，下从邑，或即此氏。战国齐文字，卲字的写法很有特点，刀、口不是上下结构，而是左右结构。[1] 这和其他国家的写法完全不同。

"平"，也是工师或工匠的私名。平与䢺同音，他与银豆制造者或许是同一人。战国齐文字，平字的写法很有特点，不是两横一竖两斜点，而是两横一竖四斜点。这和其他国家完全不同。齐国文字的平字有三种变体：第一种是在第一道横画上加一短横（属于饰笔）、两斜点；第二种是把下面两斜点改成两竖，跟中间一竖平行；第三种是第二种的斜体，竖划扭着写，朝左倾斜，三竖变三撇，有时还省去一撇。[2] 这里的平字就是属于最后这种。

"一又卅分"和"二又卅分"，"一又卅分"见两件银盘，记重同两件银豆。看来，这四件器物是用同样重量的银片制造。但银匜不同，重"二又卅分"，

图14 西辛大墓出土银盘一、二（B1:13、14）的铭文

图15 西辛大墓出土银匜（B1:15）的铭文

---

〔1〕参看孙刚《齐文字编》，福建人民出版社，2010 年。246 页：第四字（从卲从支）；336：第三字（从卲从系）；366：第六字（从卲从金）。

〔2〕参看孙刚《齐文字编》，123 页：第一字。

118

图 16　石寨山 11 号墓出土的裂瓣纹铜豆

图 17　石寨山 12 号墓出土的裂瓣纹铜豆

"二又卅分"等于（15.7 克 × 48）＋（15.7 克 × 24 ÷ 30），约合 766.16 克。

上述银器，从铭文字体看，毫无疑问是战国器物。

### 三、我国出土的类似器物

我国出土，类似器物还有下面八例，四件铜，四件银，今按发现时间排列，撮述如下：

#### （一）铜器

1. 铜豆一 [图16]，1956—1957 年晋宁县石寨山滇王家族墓地 11 号墓（年代在前 175—前 118 年之间）出土，编号 11 号墓:6，盖器饰裂瓣纹，盖上有三鸟纽，有子母口，器口无带饰，亦无铭文。[1]

2. 铜豆二 [图17]，1956—1957 年晋宁县石寨山滇王家族墓地 12 号墓（年代在前 175—前 118 年之间）出土，编号 12 号墓:33，高 12.5 厘米，口径 13.4 厘米，腹径 14.2 厘米，圈足径 7 厘米，器形、纹饰、工艺相似，盖上有三豹纽，器口无带饰，亦无铭文。[2]

---

[1] 云南省博物馆编《云南晋宁石寨山古墓群发掘报告》，北京：文物出版社，1959 年，69 页。器形见图版肆叁，4，69 页；插图二一，1；《晋宁石寨山》，38 页：图 22。
[2]《云南晋宁石寨山古墓群发掘报告》，69 页。器形见图版肆叁，5；中国国家博物馆等编《云南文明之光——滇王国文物精品集》，北京：中国社会科学出版社，2003 年，195 页。

3. 铜豆三，1958年冬晋宁县石寨山滇王家族墓地23号墓（西汉晚期墓）出土，高11厘米。[1]

4. 铜豆四，1958年冬晋宁县石寨山滇王家族墓地23号墓（西汉晚期墓）出土，高11厘米。[2]

这批铜豆发现最早。器物是范铸镀锡。因为范铸，器壁内平，无凹坑，与银豆不同。镀锡是为了仿银，物美价廉。照片上的白色是锡皮，绿色是锡皮剥落后露出的铜锈。

西汉时期，裂瓣纹银豆多出于诸侯王陵。无论皇帝所赐，还是王侯自造，都是高等级的身份象征。滇王是藩王，地位不如汉王，降格以求之，只能以铜代银，但其仿制对象仍是高等级的银豆。中国古代有所谓"五色之金"，许慎以银为"白金"，铅为"青金"，锡为"银铅之间"（《说文解字·金部》）。古人把银、锡视为类似的金属，如铜镜铭文中的"和以银锡清且明"，所谓"银锡"就是锡。锡器制造，在云南很有传统。

## （二）银器

1. 银豆一 [图18-1、18-2]，1978－1980年淄博市临淄区大武乡窝托村西汉齐王墓（第二代齐王刘襄之墓）随葬坑1号坑（QK1）出土，[3] 编号QK1:72，高11厘米，口径11.4厘米，重570克。这件银豆，与西辛银豆比较，主要有三点不同：第一，剖面呈椭方形，而不是圆弧形；第二，兽

[1] 见马德娴《云南晋宁石寨山第三次发掘简记》，《考古》1959 年 3 期，155－156 页；云南省博物馆《云南晋宁石寨山第三次发掘简报》，《考古》1959 年 9 期，459－461 转 490 页；张增祺《晋宁石寨山》，昆明：云南美术出版社，1998 年，38 页。案：《简记》提到"圆银盒 1 件，盒内装有五铢钱 1 枚"，据《简报》实为铜盒两件。张书说"其他两件器形及花瓣纹相同，唯盖顶无立体动物雕饰"。

[2]《晋宁石寨山》，38 页。

[3] 山东省淄博市博物馆《西汉齐王墓随葬器物坑》，《考古学报》1985 年 2 期，223－266 页（器形见 258 页：图二九，5；图版拾肆，3）；齐国历史博物馆编《临淄文物集粹》，济南：齐鲁书社，2002 年，58 页。

18-1

18-2

18-3

18-4

18-5

18-6

图18　窝托村齐王墓出土的裂瓣纹银豆

纽、圈足是铆接，而不是焊接 [图18-3、18-4]；第三，无器口带饰。铭文在器腹内底和圈足旁腹壁上，两处均作"南木" [图18-5、18-6]。参考同出器物的铭文（数量很大），可知"南"是"齐大官南宫"的简称。"齐大官"是齐王的食官，"南宫"是置用之所，"木"是工师或工匠名。

同出银器，还有银盘三件，均有铭文。I式盘，只有一件（QK1:65），铭文分两种，一种在口沿底下，以"卅三年"开头，学者分析是秦始皇三十三年（前214年）的铭文；一种在外底，系汉代加刻，可见此盘是西汉墓中的秦器，年代比墓葬早。II式盘，两件（QK1:71−1和QK1:71−2），均有"南木"铭文，与银豆为同人所作，可见豆与II式盘是一组，而与I式盘不同组。[1]

2. 银豆二 [图19]，1983年广州市象岗西汉南越王墓（第二代南越王赵眜之墓）主棺室足箱内出土，[2] 编号D2，高12.1厘米，口径13厘米，重572.6克（包括盖重243.8克在内）。此器器壁光滑，大体完好，唯器壁一侧留下若干小洞。器形酷似西辛银豆，只有两点不同：第一，它有圈足，但无三纽，虽然做好焊点，但没装上；第二，它的鎏金带饰，弦纹中间是麦穗纹，西辛银豆是斜纹，斜纹相当于麦穗纹的一半。此器缺三纽，美中不足，但对理解西辛银豆的制造工艺反而很有帮助。上文说，西辛银豆，器纽可能是焊接，但怎么焊接不知道，此器是最好的参考。报告说，"器底附加铜圈足座。座鎏金，锈蚀严重，仅存2/3，与器身脱离。圈足座与器底之接合方法颇为特异：先在银盒外底的正中间，用银焊固定一个圆柱状的凸榫，铜圈足另铸，圈足内塞入一块木板（尚有朽木），板中凿一个小孔，借此把铜圈足固定"，情况似与西辛银豆同。此器有铭文。

---

[1] 此墓铜器、银器多有铭文。据铭文，器物多属齐大官北宫和南宫所置。木，除见于这套银器，还见于铜器中的鼎（1:90）、盆（1:50）和勺（1:64−3）。

[2] 广州市文物管理委员会等《西汉南越王墓》，北京：文物出版社，1991年。文字描述见上册209—210页和312页。线图见209页：图一三八。照片见下册彩版二三，1和图版一二二，1。

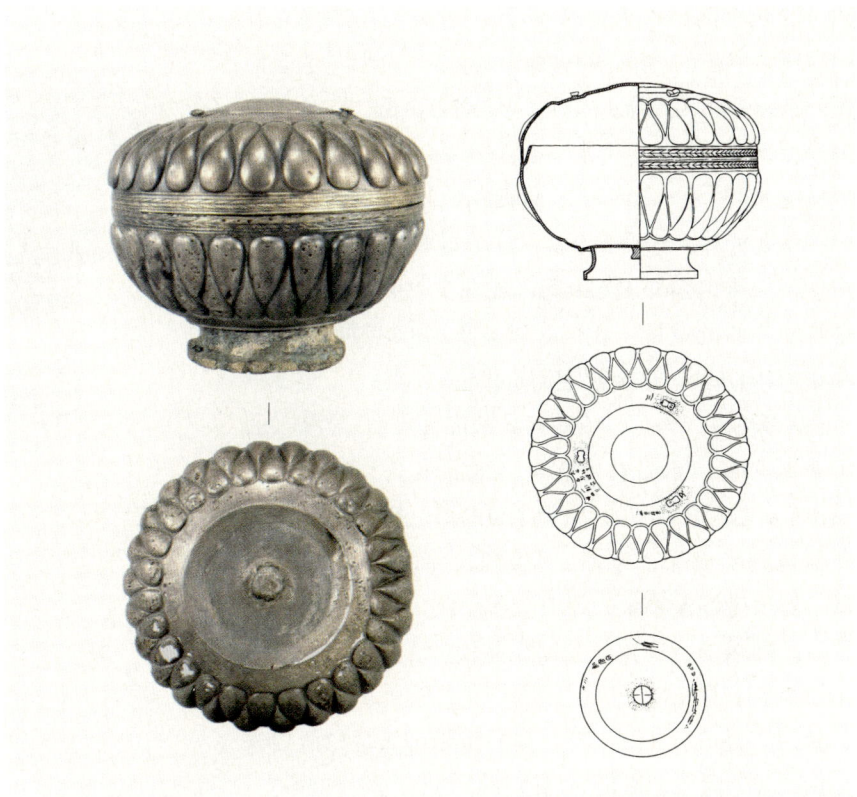

图 19 南越王墓出土的裂瓣纹银豆

盖铭分三组，焊点一标"一"，旁有"一斤四两，右游一，私官，容三升大半"；焊点二标"二"，旁有形似"又"的符号和"名甘百卌一"；焊点三标"三"，旁有"三"字。器铭在外底，与盖铭大同小异，但被刮削，有些字已看不清。铭文分刻两处，一处作"名甘"，下文残缺，从显微摄影的放大照片看，似乎是"百卌一"等字；一处作"之（？）三。私官，容"，下文残缺，估计是"三升大半"。"一斤四两"是记重量；"右游一"是以离宫别馆名加编号，"右游"是器物的置用之所；"私官"是皇后食官；"容三升大半"是记容量，意思是三又三分之二升。[1] "名甘百卌一"是甘字第一百四十一号，"名某"加序号是汉代器物编号的惯用格式。[2] "一斤四两"，以西汉一斤合248克、一两合15.5克折算，约合310克。这个重量是盖器各自的重量，原来的器重是620克，现在少了47.4克，也许是待配三组的重量。我们若以盖重243.8克加47.4克，其和为291.2克，这个数字倒是接近310克。

3. 银豆三 [图20]，1997年巢湖市北头山1号墓（曲阳君㾓之墓，曲阳君可能是当地的最高长官）北边箱出土，编号BM1:22，[3] 高11.4厘米、口径11.2厘米。此器也是半成品，不但三组阙如，而且连焊点也未做，器口带饰未鎏金，只有一条斜纹，没有上下的弦纹。此器盖器皆有铭。盖铭在盖顶，作"十三两十二朱（铢）"。器铭在外底，作"□□两十二朱（铢），二乀，十两□朱（铢）枭"。器物重量可能是13两12铢加10两若干铢，总重量为23两12铢以上，约合364克。

同出银器，还有盘1、匜2、洗1（应改称盂），除洗，皆有铭文。

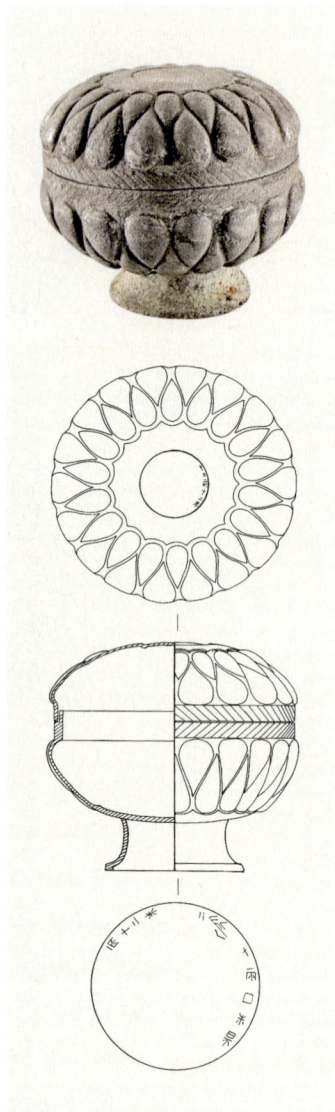

图20　北头山1号墓出土的裂瓣纹银豆

---

〔1〕报告说，"'半'字之后的文字已为焊接纽座时熔流的银液所覆盖"（216页），其实"大半"即"大半升"，不一定确有缺字。

〔2〕"名甘百卌一"，汉器铭例，常以名某加数字表示器物编号。"甘"，报告既释曰（210页），又释甘（312页）。

〔3〕安徽省文物考古研究所编《巢湖汉墓》，北京：文物出版社，2007年。文字描述见105—107页。线图见106页：图七六，1。照片见彩版四八，3、4。

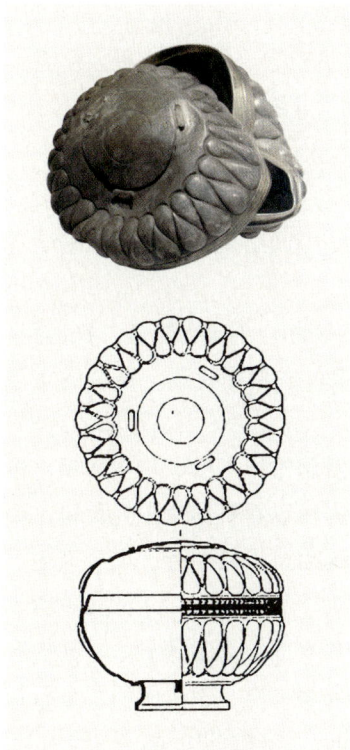

图 21 大云山 1 号墓出土的裂瓣纹银豆

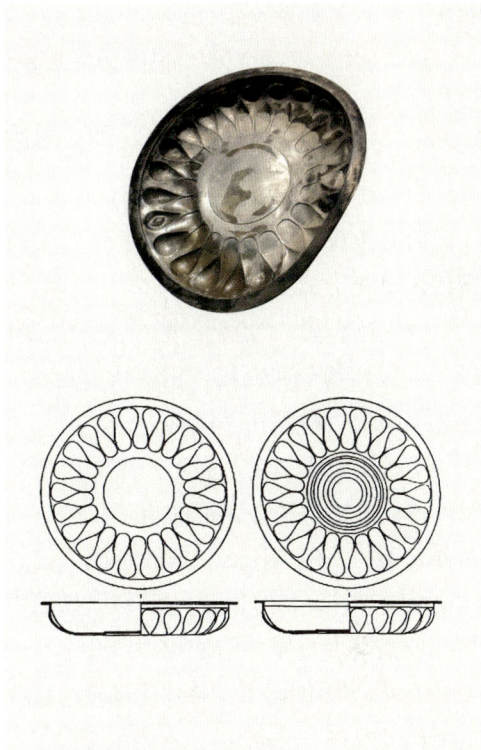

图 22 大云山 1 号墓出土的裂瓣纹银盘

4. 银豆四 [图21]，2009-2012年江苏盱眙县大云山1号墓（西汉第一代江都王刘非之墓）前室盗洞内出土，编号M1K1⑥:661，[1] 高12.1厘米，口径13.2厘米，与银豆二几乎完全相同。

同出银器，有裂瓣纹盘二 [图22]、沐盘一、洗四（应称盂）、匜四。[2]

〔1〕南京博物院等《江苏盱眙县大云山西汉江都王陵一号墓》，《考古》2013 年 10 期，3–81 页。
　　裂瓣纹银豆，线图见 44 页：图七二，3；铭文摹本见 45 页：图七三，1、3、4。
〔2〕同上，线图见 44 页：图七二，1、2、4–9；铭文摹本图 45 页：图七三，2、5、6。

除洗、匜，其他皆有汉代铭文。

这批器物，对研究西辛银豆是重要参考。我相信，今后还有更多发现。

## 四、总结

西辛银豆是中国年代较早的银器。银器在中国出现较晚，不但晚于青铜器，也晚于金器。

中国冶金史，"冶金"的"金"是金属的统称，不仅包括铜、铁、铅、锡，也包括黄金和白银，但商代、西周，"金"主要指青铜，黄金的重要性并不突出，白银几乎没有。

中国冶金术的发明离不开火的使用、石器制造提供的矿物学知识，以及陶器制造对块范分铸法的启示。这三大前提皆以新石器考古为背景，中西并无不同，但为什么中国的金属工艺，青铜冶铸一枝独秀，以至掩盖了其他金属工艺，如金银器、捶揲工艺和失蜡法？只有对比，才能提供线索。

金银是贵金属，它们和"宝物"（treasure）的概念分不开。"宝物"，人见人爱，但中国对"宝物"的理解跟西方大不一样。中国所谓"金石"，金中最爱青铜（bronze），石中最爱软玉（jade）。中国的宝字，从玉从贝，我们理解的"宝"主要是宝贝和软玉，这和西方理解的"宝物"大不一样。他们更爱黄金、白银和宝石。虽然，中西文化存在差异，但两种偏好并非截然对立，而是有长时间、远距离，一站接一站的交流，最终还是走到一块儿。

众所周知，早在二里头时期，金器就已出现在宁夏；商代、西周，内蒙古和与内蒙古邻近的北京、陕西、甘肃、宁夏，以及四川，都有零星发现。这些发现多属小件饰品，出土地点多在边疆。

金器，真正属于容器，要到春秋战国之际才突然出现，比近东晚得多。有两个较早的例子，大家都熟悉：绍兴306号墓出土的金铲（春秋末

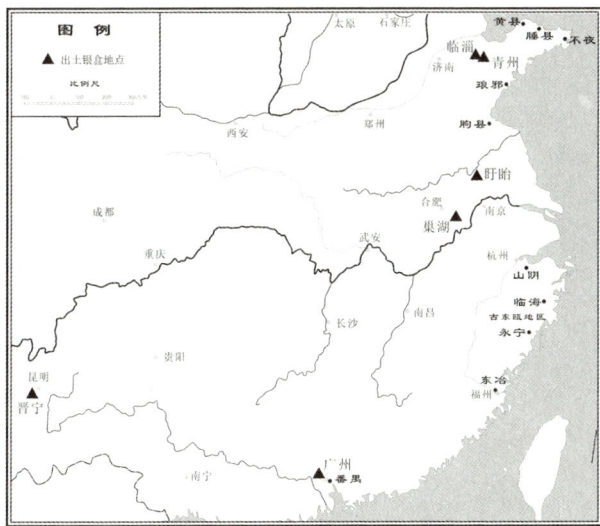

图 23 裂瓣纹银豆、铜豆出土地点分布图

年）、曾侯乙墓出土的金盏和金杯（战国初年）。[1] 这三件金器都是南方的东西。

银器，真正属于容器，出现更晚，大约要到战国中期，特别是战国晚期。

中国的金银器和欧亚草原是什么关系，和中亚、近东是什么关系，是个值得长期探讨的问题。裂瓣纹银盒的出现是个不可多得的线索。

上述十器涉及很多方面，这里试作归纳。

1. 出土：上述器物分别出于晋宁、广州、盱眙、巢湖、临淄、青州 [图23]。这六个地点，从南到北，全是靠海或离海较近的地方。

2. 年代：上述器物，多出西汉墓，过去以为都是西汉器物，但西辛大墓所出有战国铭文，说明战国就有。西辛大墓是公元前3世纪晚期的墓葬，其他汉墓多为公元前2世纪的墓葬。窝托村汉墓约前179年，北头山1号墓约前140年，大云山汉墓约前128年，南越王墓约前122年。石寨山墓地晚一点，也是西汉时期的墓葬。战国晚期和秦汉时期大体相当于帕提亚王朝（前247－前224年，我国史料叫安息）。中国与西方商贸往来、文化

[1] 金钟，见浙江省文物管理委员会等《绍兴306号战国墓发掘简报》，《文物》1984年1期，10－26页（器形见图版伍，1和23：图31）。金盏，见湖北省博物馆编《曾侯乙墓》，北京：文物出版社，1989年，上册，390页（器形见上册，391页：图二四二，下册，彩版一七，图版一四七，1、2）。金杯，见《曾侯乙墓》，390页（器形见上册，392页：图二四三，2；下册，彩版一八，1；图版一四七，3、4）。

交流，历史上有两大高潮，这是第一个高潮（第二个高潮是魏晋隋唐，中国与萨珊、粟特的来往）。

3. 尺度：高度在10.6厘米－12.5厘米之间，口径在11.2厘米－14.2厘米之间，只有一握大小。它们当中，西辛银豆最小，石寨山铜豆最大。

4. 重量：各器重量不一，六件银器，有些残损，有些是半成品，西辛所出最轻，残重只有375.25克和385.03克，据铭文推算，估计近400克。窝托村所出完器，重570克。南越王墓所出重572.6克，如果配上器纽，估计在620克左右。

图24 南越王墓出土的裂瓣纹银豆中的药丸

5. 容量：缺乏实测数据，只有南越王墓所出，铭文记容，作"容三升大半"。

6. 材质：以白银、青铜为主，并以金、锡、木为辅料。

7. 工艺：盒体用银片捶揲，盖纽、圈足用青铜范铸，并辅以錾刻、焊接、铆接、鎏金和镀锡，集多种工艺于一身。

8. 风格：此器是带有异国情调的奢侈品，但经中国式改造。盒体饰裂瓣纹，属西方风格。盖置三纽，底配圈足，属中国风格。

9. 铭文：属物勒工名，内容可能涉及五项：置用之所、职司官署、工师工匠、器物编号和容量重量，但实际只有其中一项或几项。

10. 功能：只有南越王墓所出，内盛黑色丸状物，未经化验，报告推测是药丸［图24］。

11. 组合：同出银器，主要是盘、匜，以及习惯上称为洗的盂，还有耳杯。它们，除了盘，一般比较小。

12. 定名：学者或称豆，或称盒。中国铜器，战国以来流行三纽盖，鼎、簋、豆都用这种盖，鼎无圈足，簋有耳，可以排除，称豆最符合中国概念。

这批器物是哪里制造，学界有两种看法，[1]一种看法，器物是外国制造，经海路或陆路传入；另一种看法，器物是本地铸造，完全是中国人的作品。前说以孙机先生为代表，[2]后说以尼克鲁（Lukas Nickel）教授为代表。[3]

孙机先生主外来说，着眼点是器物的艺术风格和制造工艺。他认为，这类器物虽有后配的盖纽和圈足，但银质盒体绝对不是中国的东西，裂瓣纹是外来风格，金银捶揲也是外来工艺。绝大多数中国学者都支持这一想法。

这两条证据，我认为都有一定说服力，特别是第一条。就我所知，到目前为止，好像还没有哪一位学者认为，裂瓣纹是中国传统，捶揲工艺是中国传统。

中国文明不是孤立的文明，外来影响是个长期问题。战国秦汉和魏晋隋唐相比，虽然不如后者，外来影响更突出，但仔细分辨，当可感受，前者也大有胡风。金银器的出现是一个观察点，捶揲工艺的出现也是一个观察点。

中国早期艺术的外来风格往往不是直接传入，而是接力式传播。比如西域各国、南海诸国，还有北方草原，都可能是输入孔道。输入方式，既可能是样品，也可能是设计，甚至是工匠（把外国工匠请进来，把本国工匠派出去）。我们若以外销瓷的历史做对比，情况更复杂。任何外来风格，一旦受到欢迎，马上就会引起仿效，买方可以照单订做，卖方可以投其所

---

〔1〕赵德云对有关讨论有综述。参看氏著《凸瓣纹银、铜盒三题》，《文物》2007年7期，81—88页。
〔2〕孙机《凸瓣纹银器与水波纹银器》，收入氏著《中国圣火》，沈阳：辽宁教育出版社，1996年，139—155页。
〔3〕Lukas Nickel, "The Nanyue Silver Box," *Arts of Asia,* 42(3), pp. 98—107.

好。有仿造就有改造。风格也好，工艺也好，都可能是"四不像"，就像洛可可风格（Rococo style）中的中国情调。汉代的诸侯王陵，特别喜欢异国情调，这在当时是一种风尚。比如南越王墓的银豆和玉来通就是这种混合风格的典型。[1]

尼克鲁教授的本土说，主要来源于两点怀疑，在他之前，已经有人提出。[2]

第一，到目前为止，在西方的出土物中，我们还没有发现过任何一件与此完全相似的器物。

第二，西方的裂瓣纹器皿只有敞口的碗、盘，器物没有盖，更没有子母口上下互相扣合的例子。

另外，还可补充的是，上述裂瓣纹银豆，器底没有脐状突起。

为了证明中国的裂瓣纹银豆纯属中国制造，尼克鲁教授以南越王墓所出为例，提出两条证据：

第一，南越王墓所出，器壁太厚（3毫米），器口剖面呈90°，没有捶揲痕，显然是铸造。

第二，南越王墓所出，器腹有泡状气孔，但器盖光滑，可见不是腐蚀造成，而是范铸不精所致。

他强调的是，此器是铸造，铸造是中国工艺。但他是隔着展柜观察，印象很有问题。今年12月31日，承南越王墓博物馆李林娜馆长慨允，博物馆打开展柜，让我和苏荣誉先生目验原器。我们的印象是，此器器壁很薄，所谓泡状气孔，其实是破孔，跟西辛银豆一样，孙机先生说，这件器物是捶揲而成，这个结论并没错。

最后总结一下，我的看法是：

---

〔1〕南越王墓是个各种艺术风格的陈列馆，汉式、越式、草原风格（饰牌）、西亚风格（银豆和玉来通），应有尽有。

〔2〕赵德云《凸瓣纹银、铜盒三题》。

130

1. 上述十器，石寨山所出是中国仿造，没问题。

2. 其他六件，其盒体部分，不是铸造，而是捶揲。至于是否仿造，还可讨论。问题是既言仿造，必有蓝本，找到蓝本，方知有什么改造，这种蓝本是什么？

3. 这六件银器，无论从境外输入还是在本地仿造，都无碍一个基本前提：器物的主体纹饰是外来风格。这种风格的传入不管多么曲折，我们还是可以把它当作东西方交流的重要见证。

本文在冶金史知识方面得到苏荣誉教授指教，并承他提供摄影资料，谨致谢忱。

2014 年 1 月 21 日写于北京蓝旗营寓所

（原刊《文物》2014 年 9 期，58—69 页）

补记：

拙稿在《文物》2014年9期刊发，图题图序被编辑排乱，请看《文物》2014年12期92页笔者致《文物》编辑部信和《文物》编辑部的更正。

徐俊杰藏草叶纹博局镜

# 铜　镜

图1　梁鉴藏“内而光”镜

# 读梁鉴藏"内而光"镜

梁鉴藏镜有两件"内而光"镜：

1．镜一，直径18.8厘米，镜纽饰方花纹，[1] 八乳间饰八种动物。

2．镜二，直径19厘米 [图1]，镜纽外环九连珠，宽平缘加饰双线三角纹，八乳间饰八种动物。

两镜铭文相同，我把我的阅读结果写在下面。[2]

（一）释文

> 长宜子孙。（纽旁）
>
> 内而光，明而清。
>
> 涷（炼）石华，下之菁。
>
> 见乃己，知人请（情）。
>
> 心志得，毕长生。（内轮）
>
> 【案】清、菁、请、生叶耕部韵，三字一断。

---

[1] 这种纹饰是用四个花瓣表示四个方向，我叫"方花纹"。我的根据是两面同模的战国铜镜。它们发表于王趁意《中原藏镜聚英》，郑州：中州古籍出版社，2011年，172－175页：89－1、2。王书的这两面镜，其纹饰皆以大四瓣花为主题，铭文释文，王书把这种纹饰叫"扁叶形花纹（昌方纹）"，就是根据铭文，并谓第六字"至今尚未有人能确识"。其实此铭应释"方华（花）蔓长，名此曰昌"（长、昌叶阳部韵），王氏所说不能确认的字，上从艸，下从嫚，实即蔓字的异体。"方华"即方花，意思是表示四个方向的花。

[2] 李零《兰台万卷》，北京：三联书店，2011年，145－146页。案：原书断句有误，今为更正。

（二）注释

"长宜子孙"，是汉镜常见的吉语。古人以多子多孙为福。

"内而光，明而清"，形容铜镜明亮干净。"内"，疑指镜面。镜面为内，镜背为外。汉镜中的"内请（清）质以昭明，光辉（辉）象夫日月"是类似表达，但"内"读纳。

"涑石华，下之菁"，指用取自地下的矿石铸铜镜。"涑"，镜铭常见"涑治"。涑字本指治丝帛，字亦作湅，非此所当，这里应读炼或鍊。《说文解字·火部》："炼，铄治金也。"《说文解字·金部》："鍊，冶金也。"学者多认为，"冶金"当作"冶金"。"石华"指铸镜所用的矿石：铜矿、锡矿、铅矿。汉七言镜常以"涑（炼）治铜华清而明"开头，"铜华"，或作"铅华"，或作"铅滓"。"铜华"盖指铜矿，"铅华"盖指铅矿。汉七言镜中有"涑（炼）治铜锡去其滓"，可以证明"铅滓"是所当去除的杂质。"下之菁"，或释"勿（物）之菁"或"为之菁"，[1]校下诸铭，可知其非。"下"是地或地下。《逸周书·皇门》"先用有劝，永有□于上下"，孔晁注："上谓天，下谓地也。"矿石是埋在地下。《礼记·檀弓下》"莫养于下"，郑玄注："下，地下。"《易·系辞下》"上下无常"，虞翻注："入地为下。""菁"，《广雅·释草》以菁、华互训。菁华，今多作精华。但菁字本指花叶繁盛，菁和华，本来都指花（古人也以菁指韭菜花），精字本指细米，还不太一样。

"见乃己，知人请"，指镜中照见的乃是自己，但推己及人，想到的却是他人之情。"见乃己"，或释"见上下"，校下诸铭，可知亦非。[2]此铭"见"字很有特点，上有一小竖，校下诸铭，可知是见字，不是兒字。"请"读情。

"心志得，毕长生"，指心想事成，得遂其愿，长生久视，与天无极。

---

〔1〕参看王刚怀《清华铭文镜——镜铭汉字演变简史》，北京：清华大学出版社，2011年，附录：镜铭辑录：110、111（208页）。

〔2〕同上注。

136

"长生"乃镜铭常见的吉语，如"长生久视"、"长生大吉"、"长生宜子"、"师命长生若石"。汉七言镜有"与君无极毕长生"，与此同。但毕与必，古书常通假。司马相如《大人赋》："必长生若此而不死兮，虽济万世不足以喜。"还阳子《识铅汞歌》："欲驻得年泛太清，须知灵药必长生。"杨行真人《还丹歌》："真须炼，必长生，逍遥自在紫云庭。"

（三）译文

此镜利于多子多孙，绵延不绝。（纽旁）

心如明镜，一尘不染很干净。

它是用地下的精华、最好的矿石冶铸而成。

你从镜中看到的是自己，心中想到的却是他人之情。

但愿心想事成、不老长生。（内轮）

（四）比较

1. 陈介祺藏七乳镜 [图2] [1]

直径16.5厘米。七乳间饰七种动物。铭文作：

涷（炼）石（峯）〔华〕，下之菁（精）。

见乃己，知人清（情）。

心志得，乐长生兮。

【案】此铭缺"内而光，明而清"，"峰"（繁体作峯）是"华"（繁体作華）之误，"毕"作"乐"，句尾有"兮"字。汉镜铭文有"常保圣，乐长生"，"天地和合子孙成，长保夫妇乐长生"。

〔1〕国家图书馆金石拓片组编《国家图书馆藏陈介祺藏古拓本选编》铜镜卷，杭州：浙江古籍出版社，139页。

图2　陈介祺藏七乳镜

2. 浙江温州出土七乳镜 [1]

1978年温州白象公社出土，直径18.8厘米。七乳间饰七种动物。铭文作：

内而〔光〕，明而（光）〔清〕。

涑（炼）石（峯）〔华〕，下之清（菁）。

见乃己，知人菁（情）。

心志得，乐长生。

赵。

【案】此为全铭，纹饰类似陈介祺藏镜，前两句有错字，末字为工匠姓氏。

3. 陕西西安出土七乳镜 [2]

1991年西安西北金属研究院出土，直径19厘米。七乳间饰七种动物。铭文作：

涑（炼）石（峯）〔华〕，下之清（精）。

见乃己，知人菁（情）。

心志得兮，乐长生。

【案】此铭缺"内而光，明而清"，纹饰、铭文类似陈介祺藏镜。

4. 陕西千阳出土七乳镜 [图3] [3]

1972年千阳某工厂出土，直径17.8厘米。七乳间饰七种动物。铭文作：

内而光，明而清。

涑（炼）石华，下之菁（精）。

图3　陕西千阳出土七乳镜

〔1〕王士伦、王牧《浙江出土铜镜》（修订本），北京：文物出版社，2006年，图版18。

〔2〕程林泉、韩国河著《长安汉镜》，西安：陕西人民出版社，2002年，141、142页：图四十一，3，图版五十四。

〔3〕宝鸡市博物馆、千阳县文化馆《陕西省千阳县汉墓发掘简报》，《考古》1975年第3期，179页，图二：1。

见乃己，知人请（情）。

心志得，毕（必）长生。

【案】纹饰、铭文类似梁鉴藏镜的H-70，铭文"见"上也有一小竖。

5．湖南长沙出土博局镜[1]

1954年长沙黑槽门2号墓出土，直径20.7厘米。铭文作：

内而光，明而清。

涑（炼）石华，下之菁（精）。

见乃己，知人清（情）。

心志得，乐长生。

【案】与上不同，这是一件形体较大的鎏金博局镜。

上述铭文镜，可分三类，梁鉴藏镜和千阳所出是一类，陈介祺藏镜和温州、西安所出是一类，长沙所出是又一类。这三类铜镜大约都流行于王莽前后。

2012 年 3 月 7 日写于北京蓝旗营寓所

（原刊《中国文物报》2012 年 3 月 16 日第 6 版）

补记：

2012年参观柏林亚洲美术馆，又见到一件铭文相同的铜镜。

〔1〕湖南省博物馆《湖南出土铜镜图录》，北京：文物出版社，1960 年，89 页；图版 63。

九连墩楚墓出土的漆木梳妆盒（含铜镜和镜架）

# 读梁鉴藏镜四篇

## ——说汉镜铭文中的女性赋体诗

梁鉴者，梁任公之曾孙也，藏镜多奇品。铜镜乃汉代艺术之缩影，虽广止数寸，而纳天地于其间，四方八位，万象杂陈，恍如仙境，试取其纹饰，较汉画像石，可知吾言不虚。而古工匠铸妇女哀怨之辞于镜背，可补文学史，亦足珍贵。其中有女性赋体诗四篇，一向号称难读，览者不知如何破读断句，至文义而不可得。今草短札四篇，以答梁鉴之请。

## 第一篇："内清质"镜

汉镜中有一种六言镜，第一句以"内清质以昭明"开头，习惯上多称"昭明镜"。这种镜子，流行时间较长，以纹饰分，大体有两类：一类是蟠螭纹镜，或以三组花苞纹分区，或以四组花苞纹分区；一类是连珠纹镜，以十二连珠纹居内，或以八角连弧纹环绕之。前者又分两种：武帝前，铭文"徹"字不避武帝讳，可称"徹字镜"；武帝后，铭文"徹"字避武帝讳，改成"泄"字，可称"泄字镜"。[1] 此类铭文，往往丢字落字，甚至整句脱去，字体简率，甚至被写错，只有参合诸铭，才能通读。这种铭文的镜子，梁鉴藏镜有五件，其中一件完整（下简称"全铭镜"），四件残缺（下简称"半铭镜"和"残铭镜"）。我先讲其中的全铭镜。

---

[1] 参看冈村秀典《前汉镜铭の研究》，《东方学报》，第48册（2009年3月），1—54页。

# 一、全铭镜

此镜饰十二连珠纹<sup>[图1]</sup>，年代属西汉晚期。

## （一）释文

> 内（纳）请（清）质以昭明，光煇（辉）象夫日月。
> 心忽（汤）穆而颙（愿）忠，然壅塞而不泄。（内圈）
> 絜（潔）精白而事君，愸（患）污骅（秽）之弇明。
> 彼（被）玄锡之流泽，恐疏远而日忘。
> 怀糜（媚）美之穷（躬）嚉（体），外丞（承）骥（欢）之可说（悦）。
> 慕窔（窈）佻（窕）之灵景（影），颙（愿）永思而毋绝。（外圈）
> 【案】月、泄、悦、绝是叶月部韵，明、忘是叶阳部韵。

## （二）注释

"内请质以昭明，光煇象夫日月"，是讲镜。说话人是对镜鉴容的女子，说话对象是她深爱的夫婿。"内"读纳。"请质"读"清质"，他本或作"清"，这里指造镜之材质是清明之物。"煇"同晖、辉。《文选》卷十三谢庄《月赋》"升清质之悠悠，降澄晖之蔼蔼"，以"清质"指月亮，"澄晖"指月光，互文见义，正与此同。汉镜铭文中的"内而光，明而清"是类似的意思。

"心忽穆而颙忠，然壅塞而不泄"，是讲心。人纳外物于心，与镜相似。俗话说"心如明镜"。古人常以心比镜，把心叫"玄鉴"。如《淮南子·脩务》"诚得清明之士，执玄鉴于心，照物明白，不为古今易象"，就

图1 梁鉴藏"内清质"镜

是这种用法。"玄鉴"出自《老子》,今本第十章作"涤除玄览(鉴),能无疵乎",马王堆本稍异,甲本作"玄蓝(鉴)",乙本作"玄监(鉴)",北大汉简《老子》作"玄鉴"。鉴本作监。其古文字写法,象人俯身,临于盛水的容器,乃鉴容之鉴和盆鉴之鉴的本字,后来为了表示鉴之材质为铜,才加上金旁。览、蓝皆假借字。玄有幽深之义,镜面虽平,而其象则深。光学原理，有光就有影，有明就有暗。上两句主要讲光、明、清，这两句主要讲玄、幽、深。"忽穆"就是形容玄、幽、深。裘锡圭先生说，这个词的第二字，左半从禾，乃穆字的变体，而非扬字，很对。"忽穆"即《史记·屈原贾生列传》引贾谊《鵩鸟赋》的"沕穆"，索隐的解释是"深微之貌"，《淮南子·原道》作"物穆"，《说苑·指物》作"眒穆"。[1]"顠忠"，顠见《说文解字·页部》，许慎的解释是"颠顶也"，同部另有颙字，许慎的解释是"大头也"，都是从形旁立说，与实际用法不同。案秦汉简牍多以顠为颙，用为愿望之愿。愿字见《说文解字·心部》，许慎释为"谨也"，古书多训愨。愿忠是老实忠厚之义，义同忠愨。王国维自沉，清廷谥忠愨。鲁迅先生说，"他老实到像火腿一般"（《谈所谓"大内档案"》）。"然壅塞而不泄"，是说此妇把她对夫婿的爱深藏心底，其情郁结，无法说出来。"泄"，原作"彻"，彻是尽的意思，武帝后改"泄"，泄是发泄之义，不太一样。汉避武帝讳多以通代彻，盖此为韵文，作通则失韵。改泄是为了与月字叶韵。彻、泄都是月部字。

"絜精白而事君，惄污秽之弇明"，"絜"可读挈，又与携通，如《公羊传》襄公二十七年"挈其妻子而与之盟"，唐石经"挈"作"攜"，这里是怀携之义。"精白"是纯白，他本亦作"清白"。《鹖冠子·度万》"精白为黑"，"精白"是对"黑"而言。"精白"又可形容忠正之心，如《汉书·贾山传》引贾山《至言》："天下之士莫不精白一心，以承休德。"《盐铁论·讼贤》："二公怀精白之心，行忠正之道，直己以事上。""惄"，他本或作"志"，属于错字。此字与怨、冤等字相通，字可训怨、训恚，有忿恨之义，又可读悥或患，训忧。两种读法都通，读患更好。"污秽"读污秽，污字或释汙，不对。秽是晓母元部字，秽是影母月部字，古音相

---

〔1〕裘锡圭《昭明镜铭文中的"忽穆"》，收入氏著《古文字论集》，北京：中华书局，1992年，633页。案：沕同汩，汩是青黑色，与幽含义相近。"穆"同缪，有深远之义。《逸周书·谥法》："中情见貌曰穆"；"壅遏不通曰幽"。

图2 镜铭"彼"字

近。"弇明",遮盖光明。弇同掩。

"彼(被)玄锡之流泽,恐疏远而日忘",是说深蒙夫婿的恩泽,唯恐色衰而见弃。"彼"读被,或释彶,铭文简率,比勘它本,知释彶误[图2]。[1]"玄锡",《淮南子·俶务》:"明镜之始下型,朦然未见形容,及其粉以玄锡,磨以白旃,鬓眉微豪,可得而察。"意思是说,镜始成型,镜面仍很模糊,只有用白毡蘸上玄锡的粉末磨镜,才能照见人形,纤毫备至。可见玄锡是镜药。[2]"流泽",古书常见,多指恩泽。这里是以玄锡施镜,赋镜以光,喻此女感荷夫婿之恩。施恩曰施,蒙恩曰被。《楚辞·大招》"流泽施只",王逸注:"言豪杰之士执持国政,惠泽流行,无不被其施也。"张华《食举东西厢乐诗》"流泽被无垠",都是以被字讲"流泽",可见"彼"读被。

"怀縻美之穷噜,外丞骦之可说",是提醒她的夫婿,千万不要忘记,她曾用她的身体和容貌讨他的欢心。"怀"是怀念。"縻美"读媚美,是妩媚之义。縻字,广下的部分严重变形,比勘它本,相当縻或靡字。《汉书·王莽传下》"赤縻闻之",颜师古注:"縻,眉也,古字通用。""穷噜"读躬体。躬本从吕,吕是声旁。这种吕乃雍、宫二字所从,非脊吕之吕(字亦作膋),从邑从弓都是它的变形。穷(繁体作窮)乃窮之变。窮本从宀,从身宫声。窮字是躬字的另一种写法。古人常把躬写成穷(繁体作窮),例子很多,如《仪礼·聘礼》"鞠躬",《释文》作"鞠穷"。马王堆本《周易》也是借窮为躬。噜,左

---

〔1〕彼字的写法,可参看王刚怀《清华铭文镜——镜铭汉字演变简史》,北京:清华大学出版社,2011年,60页:图版三十;78页:图版三十九;80页:图版四十,作者释彶。案:图版三十的彼字像假,但对比照片,可知铭文被一道竖线划断,并非假字。图版三十九的彼字略有简省。图版四十的彼字相对标准。

〔2〕参看王士伦《浙江出土铜镜》(修订本),北京:文物出版社,13–14页。

半从口，右旁似豈，下残铭镜三、四也有这个字，对比可知，是个从豐得声的字[图3]，他本或从水，其实是澧字。[1]西汉豈字，还延续早期写法，上面并不作山[图4]。豐字上半较繁，山是它的省体。躬训身，躬体即身体。《淮南子·精神》："人之所以乐为人主者，以其穷耳目之欲，而适躬体之便也。"《盐铁论·徭役》："故四支（肢）强而躬体固，华叶茂而本根据。"下句，《楚辞·九章·哀郢》有类似的句子，作"外承欢之汋（绰）约兮"。"外"指外貌。"丞驩"读承欢，指讨男人喜欢。"可说"读可悦。

图3 镜铭"嘻"字

"慕窔佻之灵景，顥永思而毋绝"，是提醒她的夫婿不要忘记她的美丽身影。"慕"是思慕。"窔佻"读窈窕。"灵景"读灵影，指镜中的形象。古人以画像、镜像为影。"顥"，写法同第三句，这里与"慕"字互文，应为愿望之愿。"永思"，即镜铭常见的"长相思"。永是长远之义。"毋绝"，即镜铭常见的"毋相忘"。

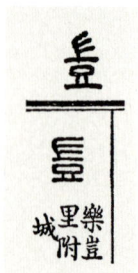

图4 汉印"豈"字

（三）译文

　　镜子是用清白的东西铸成，光辉有如日月，可以照见一切。

　　我对你一心一意，千言万语埋心底，但郁结于内，没法说出来。

　　我是携清白之心侍奉你，就像一尘不染的明镜，最怕污秽掩盖光明。

---

〔1〕王刚怀藏镜，此字左半从水，右半似豈，实为澧字。参看王刚怀《清华铭文镜——镜铭汉字演变简史》，78页：图版三十九，作者释皉。

你对我的深恩，就像镜子施以玄锡，光可鉴人，怕的是被你疏远，渐渐想不起来，就像镜子失去光泽。

但愿你能怀念我花容月貌，千娇百媚，讨你的欢心。

但愿你能思慕我镜中的美丽身影，长相思，毋相忘。

## 二、半铭镜和残铭镜

古代镜铭往往丢字落字，甚至节其半。其规律如何，可以下述镜铭为例。

1．半铭镜一

纹饰为蟠螭纹，铭文只有前四句，缺后八句：

内（纳）请（清）质以昭（照）明，光煇（辉）象夫日月。

心忽（沕）穆而顲（愿）忠，然壅塞而不泄。

**【案】**这是武帝后的昭明镜，但纹饰接近武帝前的昭明镜，在梁鉴藏镜中最早。

2．半铭镜二

纹饰同上全铭镜，字体也相近。铭文作：

内（纳）清质以昭（照）明，光晖（辉）象夫日月。

心忽（沕）穆而顲（愿）忠，然壅塞而不泄。（内圈）

**【案】**此铭只有前四句，缺后八句，外圈是“姚皎光”铭。

3．残铭镜一

纹饰类似上全铭镜，但加饰八角连弧纹，字体也相近，铭文作：

絜（挈）精（清）〔白〕而事君，（志）〔患〕〔污〕驩（秽）之合（弇）明。

彼（被）玄锡之〔流〕泽，恐疏远〔而〕日忘。

怀〔媚〕美之穷（躬）礼（体），〔外〕承驩（欢）之可说（悦）。

〔慕窈窕之灵影，愿永思而毋〕(之纪)〔绝〕。

【案】此铭只有后八句的残文，缺前四句。这八句，前六句，每句皆夺一字；后两句，只剩最后一字，还写错。今为比较，把缺字用〔〕号补出，错字用小字括在（）号内，改正的字用大字括在〔〕号内。“志”，疑是“患”之误。“穷（繁体作窮）”下的字左半似从示，右半从豊。“之纪”是“绝”之误。

4．残铭镜二

纹饰同上全铭镜，字体也相近，铭文作：

内（纳）清质以昭（照）明，光〔辉象〕夫日月。

心忽(沕)〔穆〕而顥（愿）忠，然壅塞而不泄。(内圈)

絜（挈）清〔白而〕事君，(志)〔患〕〔污秽〕之合（弇）明。

彼（被）玄锡之〔流〕泽，恐疏远〔而〕日忘。

怀〔媚〕美之穷（躬）礼（体），〔外〕承驩（欢）之可说（悦）。

慕窔(窈)〔窕〕之灵景（影），〔愿永思而毋〕(纪)〔绝〕。(外圈)

【案】此铭亦残；最后一句，只剩最后一字，也是错字。今为比较，也补改了一下。“志”亦“患”之误。“穷（繁体作窮）”下的字左半似从示，右半从豊，同上。“纪”亦“绝”之误。这些残铭，多因设计不周，难以容纳，故有简省，但简省的规律是顾前不顾后，前面每句减一字，后面大减，而大减之后，也还要留个尾巴。我怀疑，汉有全铭流行，人皆熟诵于心，或不害其阅读，但今人不同，必得全铭，始能通读，此全铭之可贵也。

# 附："内清质"铭早期蟠螭纹镜举例

（一）徹字镜（约武帝前）

1. 高本汉著录镜[1]

纹饰分三组。重圈铭，内圈止于"徹"。

2. 1999年西安雅荷城市花园（郑王庄）95号墓出土徹字镜（1999YCH
M95：4）[2]

纹饰分三组。重圈铭，内圈止于"徹"。

3. 陈凤九藏镜 [图5]。[3]

纹饰分三组。重圈铭，内圈止于"徹"。

4. 中国国家博物馆藏徹字镜[4]

纹饰分三组。只内圈有铭，止于"徹"。

【案】此类铭文，"忽"从艸，"糜"作䊺（米省作木），"体（繁体作軆）"从口。

图 5　陈凤九藏"徹字镜"

[1] Bernhard Karlgren, "Early Chinese Mirrors, Classification Scheme Recapitulated," *Museum of Far Eastern Antiquities*, Bulletin No.40 , Stockholm 1968, pp.79—95, PL.70, F8.

[2] 程林泉、韩国河著《长安汉镜》，西安：陕西人民出版社，2002 年，47 页，50 页：图七，2；图版六，2。

[3] 陈凤九《丹阳铜镜青瓷博物馆·千镜堂》，北京：文物出版社，2007 年，17 页：图版 20。

[4] 杨桂荣《馆藏铜镜选辑》，《中国历史博物馆馆刊》，总 18—19 期（1992 年），207—228 页。拓本见 217 页：图 7。

（二）泄字镜（约武帝时）

1. 黄濬藏镜[1]

纹饰分四组。重圈铭，内圈止于"忽"。

2. 泉屋博古馆藏镜一[2]

纹饰分四组。重圈铭，内圈止于"忽"。

3. 泉屋博古馆藏镜二（与上同范）[3]

纹饰分四组。重圈铭，内圈止于"忽"。

4. 故宫博物院藏镜 [图6][4]

纹饰分四组。重圈铭，内圈止于"忽"。

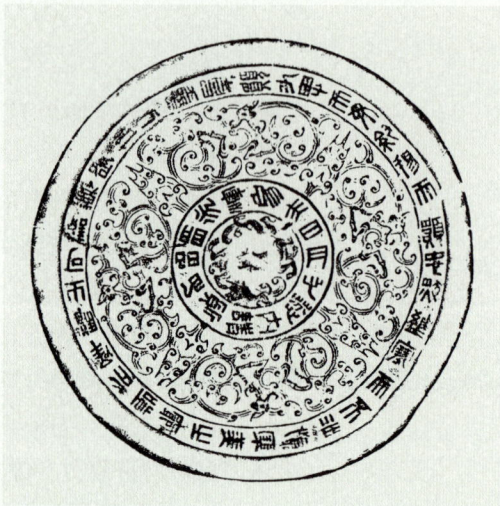

图6　故宫博物院藏"泄字镜"

5. 梁鉴藏镜

纹饰分三组。只内圈有铭，止于"泄"。

【案】此类1—4，纹饰分四组，内圈止于"忽"，与上不同。但此类5，纹饰分三组，内圈止于"泄"，却仍保持上一类的特点。其铭文，除"徹"改"泄"，大体同上一类，但"麋"作麚（非在上，米在下，米亦省作木）。其中故宫藏镜，还把"忽"字写成上芬下心，分是勿之误。

[1] 黄濬《尊古斋古镜集景》，上海：上海古籍出版社，1990年，92页。
[2] 冈村秀典《蟠螭纹镜の文化史》，《泉屋博古馆纪要》第十四卷（1998年3月10日），7—19页，照片见8页：图一。
[3] 同上，照片见9页：图二。
[4] 郭玉海《故宫藏镜》，北京：紫禁城出版社，1996年，第22页：图版22。

# 第二篇："君忘忘"镜

梁鉴藏镜有一件"君忘忘而失志兮"镜 [图7]，纹饰为十二连珠纹居内，外环八角连弧纹。这种铭文往往不全，"久"字下脱六字，下接最后的"已"字，并把第二个"兮"字错写成"行"。他的这面镜子，铭文完好，很难得。这种铭文的全铭镜，出土发现，还有几件，品相不太好，最好的一件要属1999年山东滕州丰山墓地36号墓所出，[1] 与此镜不相上下，可比较。

值得注意的是，1978年11月阿富汗席巴尔甘（Siberkand）"黄金之丘"也出过一件全铭的镜子，铭同，但"心"下七字锈蚀严重，看不清。李学勤先生据它本补字，已经做过很好的考证，[2] 这里做一点补证。

## （一）释文

> 君忘忘（恍恍）而失志兮，舜（顿）使心史（痍）者。
> 史（痍）不可尽兮，心污（纡）结而独愁。
> 明知非（彼）不可久处，志所骦（欢），不能已。

## （二）注释

"君忘忘而失志兮，舜使心奥者"，说话人是对镜鉴容的女子，说话对象是她深爱的夫婿。这两句是形容他情绪低落。"君"，镜铭多指夫君。"忘忘"，李学勤读"茫茫"，今案当读"恍恍"，即"恍恍惚惚"的"恍

〔1〕现藏山东省文物考古研究所。见《镜の中の宇宙》，山口县立萩美术馆·浦上纪念馆，2005年，45页：图版32；山东省文物考古研究所编《鉴耀齐鲁——山东省文物考古研究所出土铜镜研究》，北京：文物出版社，2009年，275页：图版141。案：据梁鉴统计，同样铭文的镜子至少有八件。
〔2〕参看李学勤《重论阿富汗席巴尔甘出土的汉镜》，《史学新论》，郑州：河南大学出版社，2005年，3—6页。

图 7　梁鉴藏"君忘忘"镜

恍"。"恍惚"出《老子》，原指大道无形，混沌朦胧，后人用来形容失志者精神恍惚。如《三国志·蜀书·刘琰传》："琰失志恍惚。"《晋书·殷仲文传》："仲文失志恍惚。"都是形容失志貌。"恍惚"的"恍"，字亦作怳或慌。"舜使"，疑读顿使。舜是书母文部字，顿是端母文部字，古音相近。顿有顿时之义。舜可读瞬，也有时间短暂之义。李学勤先生说，此字"乃是'憂'（忧）字，参看《银雀山汉简文字编》第193页（后二

图8 汉印"舜"字

例）"，我查过该书，感觉并不像。这个字，除省舛为夂，全同舜字。[1]请比较罗福颐《汉印文字徵》（北京：文物出版社，1978年）卷五第十六页正的舜字[图8]。[2]"更"读痵。李学勤先生据《尔雅·释训》读痵，很正确。但痵是什么病，值得讨论。古人常说"痵死狱中"，住监狱的人最容易得这种病。如《汉书·宣帝纪》"今系者或以掠辜若饥寒痵死狱中"，颜师古注引苏林说："囚徒病，律名为痵。"这种"囚徒病"不是一般的病，而是精神病，古人叫心病，现代医学叫抑郁症（depression）。

"更不可尽兮，心污结而独愁"，是形容她的夫婿独自发愁，不是把难受的情绪释放出来，而是憋在心里。"更"亦读痵。"尽"训止，指病好。"兮"，他本多作"行"，盖形近而致误。"污结"读纡结。污同汙。李学勤先生读"阏结"，以为"意如'郁结'"，大义是对的，阏是鱼部字，也可通假，但古书没这种写法。《汉书·艺文志·诗赋略》序："春秋之后，周道寝坏，聘问歌咏不行于列国，学《诗》之士逸在布衣，而贤人失志之赋作矣。""纡结"正是形容贤人失志。如《艺文类聚》卷十八引阮瑀《止欲赋》"怀纡结而不畅兮，魂一夕而九翔"，卷二六引曹攄《述志赋》"悲盛衰之递处，情悠悠以纡结"，卷三四引魏文帝《悼夭赋》"气纡结以填胸，不知涕之纵横"，《后汉书·冯衍传》引冯衍《显志赋》"心怫郁而纡结兮，意沉抑而内悲"，《晋书·赵志传》引赵志《与嵇康书》"寻历曲阳，则沉思纡结"，它们都是写成"纡结"。

"明知非不可久处，志所骧，不能已"，是说明知对方不可久处，但分

---

[1] 请与前引《鉴耀齐鲁》图版141比较。

[2] 铜镜铭文系铸造而成，字体往往更接近玺印的铭文，而不是简牍文字。

手之际还是难舍难分。第一句，李学勤先生于"非"下点断，不破读，似可商榷。"非"，《诗》、《书》、《易》多作"匪"，早期用法，除作否定词，多半读彼，这里应读彼，作一句读。"志所骓"指心里喜欢。"骓"读欢。"不能已"是没法控制自己。李文说席巴尔甘镜为37字，"已"下还有"之"字，但我看过照片，铭文只有36字，没有"之"字。

## （三）译文

　　夫君神智恍惚不得志呀，好像突然得了抑郁症。
　　此病好不了呀，让他独自发愁，心里的疙瘩解不开。
　　我明知那人不可久处，但心里喜欢，还是放不下。

# 第三篇："姚皎光"镜

　　铜镜中有一种赏月诗，铭文是以"姚皎光而曜美兮"开头，全铭很少。
　　梁鉴藏镜有两件这类铭文的镜子，一件与"内清质"铭的前四句配，"内清质"铭在内圈，"姚皎光"铭在外圈；一件与"清冶铜华"铭配，"清冶铜华"铭在内圈，"姚皎光"铭在外圈[图9]。前者的"姚皎光"铭完整无缺，后者的"姚皎光"铭脱一字，今以完整者为准，解释一下。

## （一）释文

　　姚（眺）皎光而曜美兮，挟佳都而承间。
　　怀骓（观）察而恚予兮，爱存神而不迁。
　　得竝埶（执）而不衰兮，精（请）昭折（晢）而侍君。(外圈)

图9 梁鉴藏"姚皎光"镜

## （二）注释

"姚皎光而曜美兮，挟佳都而承间"，是说趁花好月圆，带美人赏月。"姚"读眺。"皎光"是月光。《说文解字·白部》："皎，月之白也。从白交声，《诗》曰'月之白也'。""曜美"指月光明亮而美丽。"曜"同耀，他本或作"耀"。"佳都"，佳、都皆有美义。汉代喜欢用"佳人"指美人。"都"是娴静美好之义。"承间"是趁机。《楚辞》三用"承间"，《九章·抽思》："愿承间而自察兮，心震悼而不敢。"《七谏·谬谏》："愿承间而效志兮，恐犯忌而干讳。"《九叹·逢纷》："愿承间而自恃兮，径淫曀而道壅。"

"怀骧察而恚予兮，爱存神而不迁"，是说自己的爱人老是暗自观察，怨恨自己。"骧察"读观察。"恚"是忿恨，释"性"误。"存神"犹言"潜心"、"藏心"。如《法言·问神》："或问'神'。曰：'心。''请问之。'曰：'潜天而天，潜地而地。天地，神明而不测者也。心之潜也，犹将测之，况于人乎？况于事伦乎？''敢问潜心于圣。'曰：'昔乎仲尼潜心于文王矣，达；颜渊亦潜心于仲尼矣，未达一间耳。神在所潜而已矣。'"《太玄经·玄数》也以"藏心"、"存神"并说。《后汉书·冯衍传》引冯衍《显志赋》："陟山谷而闲处兮，守寂寞而存神。"《艺文类聚》卷三六引张华《答陆士龙诗序》："修道以养和，弃物以存神。"道家也以这个词指炼气养神。"不迁"犹言不变。

"得竝埶而不衰兮，精昭折而侍君。""竝埶"读并执，意思是手牵手。竝和并是同一字的两种写法。《诗·邶风·击鼓》"执子之手，与子偕老"，《邶风·北风》"惠而好我，携手同行"，都是讲男女相爱手牵手。"精"读请。"昭折"读昭晢，是光明、白皙之义。

## (三) 译文

眺望星空，月光皎洁，明亮又美丽，何不乘此良宵美景，带美人来赏月。

哪怕你暗自观察百般挑剔怨恨我，我会把我的爱深藏心底，永不变心。

但愿与你携手，白头到老，请让我像这轮明月，明亮皎洁，陪伴你。

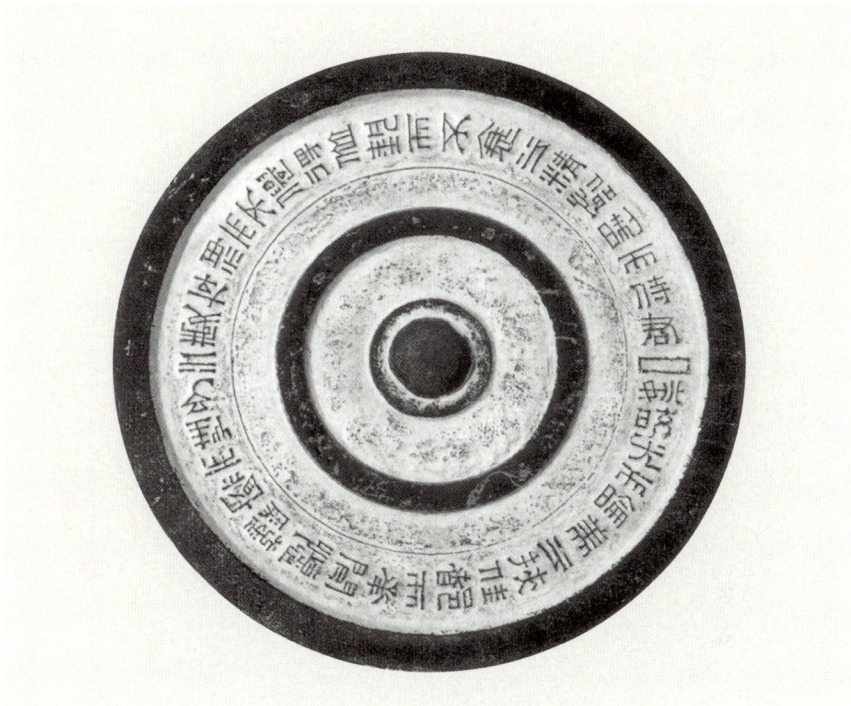

图10  王刚怀藏"姚皎光"镜

## （四）比较

最近发表的王刚怀藏镜也有一件这种铭文的全铭镜［图10］，[1] 字体差异较大，但内容相同。异文有二：

1．"曜"，王本从日从僉，僉是龠的误写。

2．"折"，王本从日从制，见《集韵·祭韵》，字同"晣"。折与制古书常通假，如"折狱"同"制狱"，"制衣"作"裳衣"。

〔1〕王刚怀《借镜喻人，托物言志》，《中国文物报》，2011年11月23日，第7版。

图 11　梁鉴藏"君行有日"全铭镜

# 第四篇："君行有日"镜

梁鉴藏镜有一件"君行有日反毋时"镜［图11］，非常罕见。铭文共十三句，四句在内圈，九句在外圈，铭文完整。今查上海博物馆也有一件这种

铭文的镜子 [图12]，惜铭文不全，只有后九句，而且丢了一个字。[1] 这篇铭文，相当难读。我读了好几天，才豁然开朗：原来这是一篇古代的两地书。镜铭说话人为女性，语言生动，性格泼辣。她对她的夫君敲敲打打，一个劲儿埋怨他：为什么你来信，不是讲自己在外如何，就是祝父母如何，反正不关心我。她强调的是"半斤换八两，人心换人心"，你要不想我，我也不想你。这篇铭文不像其他描写闺怨的镜铭，悲悲切切，一门心思吊死在丈夫身上，非常有趣。

下面是我的理解。

图12　上海博物馆藏"君行有日"半铭镜

## （一）释文

君行有日反（返）毋（无）时。

思简（念）〔忽〕，倘（尚）可沮（苴），人㕚（憨）心成不足思。（内圈）

君有远行妾私喜。

饶自次，具某止。

君征行来，何以为信？祝父母耳。

何木毋疵（枝）？何人毋友？

相思有常可长久。

【案】原文叶韵，可据以断句。韵脚：时、思、喜、止、来、耳、友、久是之部字，沮是鱼部字。两汉韵文，之、鱼二部常合韵。

〔1〕陈佩芬编《上海博物馆藏青铜镜》，上海：上海书画出版社，1987年，图版34，拓片34。

（二）注释

"君行有日反毋时"，是说夫君出门已久，回家的日子还遥遥无期。"反"读返。"毋时"是无时。毋读无，下同。"无时"与"有日"相反。

"思简忿，倘可沮，人帗心成不足思"，意思是说，你要是疏忽，想不起我，这事还可弥补，但恶心已成，故意如此，我也不把你当回事。"思"，铭文有三个思字，第一个思字写法比较怪，上面加了一短竖一长横，但对比上引上海博物馆藏镜"相思"的"思"字，可知这个形如惠字的字，其实是用作思字。"简忿"，疑是"简忽"之误。汉"内清质"镜有"忽穆"一词，忽字或从忄从忽，或从忄从忿，就是忽、忿相混的例子。"简忽"，古书常见，意思是轻慢、疏忽，这里指夫君不把自己放在心上。"倘"读尚，尚是庶几。"沮"读苴，意思是补苴。"帗"是敝字所从，《说文解字·巾部》有这个字，许慎的解释是"败衣也"，这里读憋。憋训恶，见《方言》卷十、《广雅·释诂三》。王念孙说从敝得声的字往往有恶义（《广雅疏证》卷三下）。憋是心肠恶毒。如《后汉书·董卓传》"羌胡敝肠狗态"，李贤注："言羌胡心肠敝恶，情态如狗也。《续汉书》敝作憋。《方言》云：'憋，恶也。'""人憋心成"是人之恶心已成。[1]"不足思"是不值得思念。这里值得注意的是，镜铭"尚"对"不"，这种句式，来源很早，如《诗·大雅·抑》："白珪之玷，尚可磨也；斯言之玷，不可磨也。"汉代也流行这种句式，如《史记·淮南衡山列传》："孝文十二年，民有作歌歌淮南厉王曰：'一尺布，尚可缝；一斗粟，尚可舂。兄弟二人，不能相容。'"《太平御览》卷一八七引傅玄《栋铭》："国有维辅，屋有栋梁。室之倾，尚可柱也；心之倾，不可辅也。"

"君有远行妾私喜"，是说你远行在外，别以为我会痛不欲生，其实我是暗自高兴。

---

[1] "成"亦可读诚。"诚不足"乃古代习语，如果是这样，句子结构就是"人憋心／诚不足思"。

"饶自次，具某止"，意思是任凭投宿何处，你都详细说明自己的行止，具体地点是什么。饶的意思是任凭。今北京话有"饶世界"一词，犹存古义。朱骏声《说文通训定声·小部》："饶又借为任，为由，为如，唐人所用饶他、假饶字，皆一声之转。""次"是止宿。"具某止"是具言止于何处。"某"，《广雅·释诂三》："某、命、鸣，名也。"王念孙《广雅疏证》卷三下："凡言某者，皆所以代名也。"上引上海博物馆藏镜漏掉"某"字，则不成句。"具"上多一横画，估计还是"具"字。

"君征行来，何以为信？祝父母耳"，是说自君别后，你都来信讲什么？无非是些祝愿父母的话罢了。"征行"，古书中的"征"或"征行"都是远行，不限于兵役之行。"征"字右半的第一笔（横画）有点弯曲，陈佩芬以为从辵，对比此铭，可知它的第一笔与第二笔并不连，还是从正。"来"指自"君征行"以来。"信"指来信。《晋书·陆机传》有"我家绝无书信"语。书信称信始于何时，值得讨论。顾炎武《日知录》卷三二"信"条曰："《东观余论》引晋武帝、王右军、陶隐居帖及《谢宣城传》谓：'凡言信者，皆谓使人。'杨用修又引《古乐府》：'有信数寄书，无信长相忆'为证，良是。然此语起于东汉以下，杨太尉夫人袁氏《答曹公卞夫人书》云：'辄付往信。'《古诗为焦仲卿妻作》：'自可断来信，徐徐更谓之。'魏杜挚《赠毋丘俭诗》：'闻有韩众药，信来给一丸。'以使人为信始见于此。若古人所谓信者，乃符验之别名。《墨子》：'大将使人行守，操信符。'《史记·刺客传》：'今行而无信，则秦未可亲也。'《汉书·石显传》：'乃时归诚，取一信以为验。'《西域传》：'匈奴使持单于一信到国，国传送食。'《后汉书·齐武王传》：'得司徒刘公一信，愿先下。'《周礼·掌节》注：'节犹信也。'行者所执之信，此如今人言印信、信牌之信，不得谓为使人也。故梁武帝赐到溉《连珠》曰：'研磨墨以腾文，笔飞毫以书信。'而今人遂有书信之名。"案：信是音信，无论口信，还是书信，皆可称信。书信，不过记其言于书札而已。顾炎武说古书中的信字，非信使，即符传、印信，书信称信"起于东汉以下"，此说不可信。镜铭"信"应指来信。西汉私人信件，今有出土发现[图13、14]。当时已有书信，无可疑也。"祝"是祝愿。

"何木毋疵？何人毋友？"是说谁还没个朋友，难道非你不可？你别以为，离开你我就没法活了。"疵"疑读枝或柴。疵是从母支部字，枝是章母枝部字，音近，可通假。柴与此皆从此声，亦可通假。

"相思有常可长久"，是说你常想着我，我常想着你，才能活得长久。"相思"是互相思念，"常"是恒久之义。"长久"是人长久。镜铭常见"保长久，寿万年"。"长久"是祝愿之语。苏轼《水调歌头》"但愿人长久，千里共婵娟"就是这类祝愿。

## （三）译文

夫君出门已久，不知何日归来。

你的心上没有我，如果只是疏忽，此事尚可弥补，如果良心大坏，我又何必把你放心上。

夫君出远门，妾心暗自喜。

不管到哪里，你都津津乐道，每个地点，详详细细。

自你远行在外，你都来信说什么？无非祝愿父母罢了。

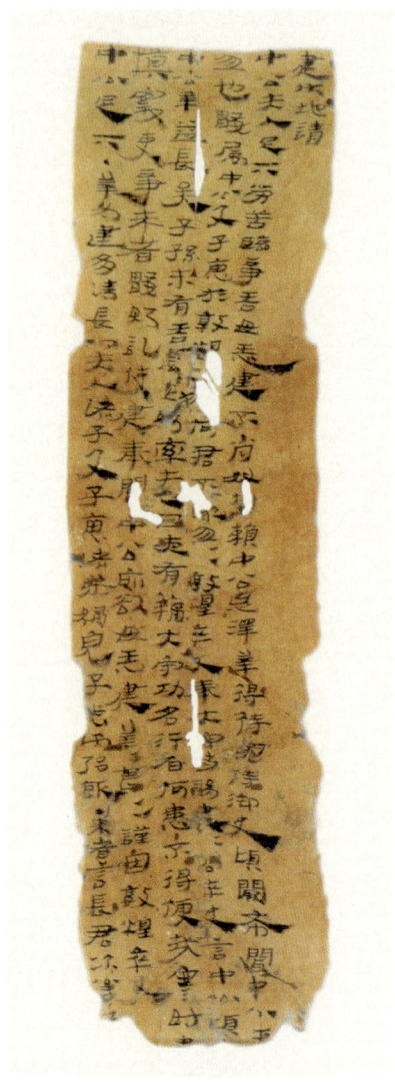

图13　西汉私人信件一，敦煌悬泉置遗址出土

哪棵树没有树枝，哪个人没有朋友？

只有你常想着我，我常想着你，才能人长久。

2012 年三八妇女节次日写于北京蓝旗营寓所

（原刊《中国文化》2012 年 5 月春季号，总 35 期，30—39 页）

补记：

上述镜铭，第一种数量最大，流行时间较长，蟠螭纹"徹字镜"约在武帝前，蟠螭纹"泄字镜"约在武帝时，重圈铭"泄字镜"约在武帝后（昭至平）。其他三种的年代大体同于第一种的第三类。四种都属西汉镜。铜镜可以纹饰风格粗分早晚，但每种风格的起止时间可能较长，彼此有重叠，要根据考古发现（主要是从共出关系看）和工艺特点加以校正。

2012 年 3 月 15 日改订

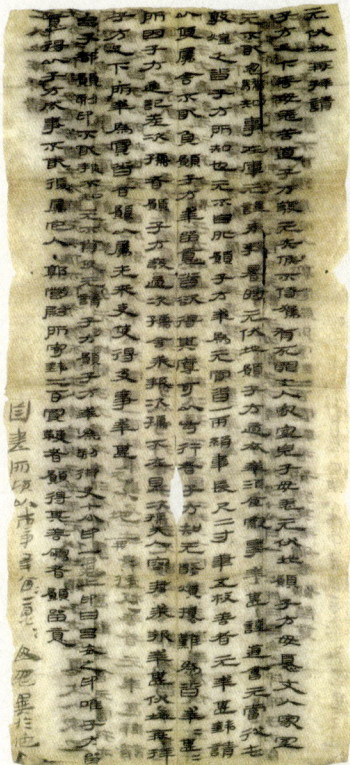

图 14　西汉私人信件二，敦煌悬泉置遗址出土

图1　铜镜上的典型"柿蒂纹"（梁鉴提供）

# "方华蔓长，名此曰昌"
## ——为"柿蒂纹"正名

汉镜纹饰有一种最流行，俗称"柿蒂纹"[图1]，日本学者多称"四叶纹"。其典型纹饰是镜纽覆掩的花纹。"柿蒂纹"，顾名思义，是说这种纹饰，形状类似柿子成熟后，从树上摘下来，留在柿子背面凹陷处的花蒂[图2]。这个名称很通俗，也很形象。花蒂，现代术语叫"花萼"（英文叫calyx）。花萼分落萼和宿萼。柿子成熟后，仍然留在柿子上的花萼属于宿萼（persistent）。

柿蒂，柿亦作柹，蒂亦作蔕，至少唐以来就有此名，如唐刘恂《岭表异录》卷中："倒捻子……有子如软柿头，上有四叶如柿蒂，食者必捻其蒂。"唐白居易《杭州春望》诗："红袖织绫夸柿蒂，青旗沽酒趁梨花。"又宋吴自牧《梦粱录》卷十八提到"绫柿蒂"，元陆友《墨史》卷下提到日本有墨"如柿蒂形"，宋洪皓《松漠纪闻》提到蜜糕"形或方或圆，或为柿蒂花"，明朱国祯《涌幢小品》卷三二引童谣"茶结子，好种柿。柿蒂乌，摘个大姑，摘个小姑"，明郎瑛《七修类稿》卷三一有诗"多君肯念还京客，为织春袍柿蒂续"。可见这是中国传统的叫法。今人以柿蒂纹指铜镜花纹是谁叫起来的，什么时候叫起来的，这件事还要查考。

学者称为"柿蒂纹"者，其实是一

图2　柿蒂

种四瓣花。其特点是每个花瓣作"一尖两弯"。过去我曾指出，战国秦汉流行以四瓣花标志四方。[1] 通常所谓的"柿蒂纹"，只是这种四瓣花的一种。[2] 它有四个大花瓣，中间有时还夹着四个小花瓣，或尖或圆，小花瓣指四正，大花瓣指四隅。说是四瓣花可以，叫八瓣花也可以。八瓣花是从四瓣花衍生，用以标志八位。

汉代的四瓣花，来源甚早，战国就有，不限于镜鉴，也见于铜器、漆器、画像石 [图3—7]，[3] 汉代流行云纹瓦当 [图8]，[4] 大家说的云纹，其实也是四瓣花的变形（对比图4的花纹）。

汉代铜镜上的所谓"柿蒂纹"，原型是战国铜镜上的大四瓣花，学者或称"大扁叶形纹饰"。[5] 它的花瓣也是一尖两弯，但比较大，不是缩在当中。

过去有个印象，大家多认为，战国镜没有铭文，铭文镜是从汉代才有。但王趁意藏镜有两件战国镜却有铭文 [图9、10]。[6]

这两件战国镜，很大，直径21厘米，约合古尺九寸。镜纽四周有一圈

〔1〕李零《说云纹瓦当——兼论战国秦汉铜镜上的四瓣花》，《上海文博》2004 年 4 期，63—68 页。

〔2〕承赵丽雅先生告，唐代是把丝织品上的四瓣花叫"出出花"，见氏著《红红绿绿苑中花》，《文汇读书周报》2010 年 11 月 19 日 09 版。

〔3〕图 3—1 采自河北省文物局编《河北文物精华·战国中山文明》，广州：岭南美术出版社，2001 年，图版 06；图 3—2 采自河北省文物研究所编《墓——战国中山国国王之墓》，北京：文物出版社，1995 年，140 页；图49。图 4—1、4—2 采自洛阳文物工作队编《洛阳出土文物集粹》，北京：朝华出版社，1990 年，52 页：图版 28。图 5—1 采自张正明、邵学海主编《长江流域古代美术（史前至东汉）》（漆木器），武汉：湖北教育出版社，2002 年，236 页；图 5—2 采自李正光《汉代漆器图案集》，北京：文物出版社，2002 年，190 页：图版 172。图 6 采自张正明、邵学海主编《长江流域古代美术（史前至东汉）》（漆木器），132 页。图 7 采自赖非主编《中国画像石全集》2，济南：山东美术出版社，2000 年 6 月，101 页：图版 108。

〔4〕图 8 采自赵力光《中国古代瓦当图典》，北京：文物出版社，1998 年 1 月，483 页：图版 453。

〔5〕孔祥星《中国铜镜图典》（北京：文物出版社，1992 年）95 页的"凤鸟镜"和 97 页的"禽兽镜"就是属于这种纹饰的战国镜。孔氏把这种纹饰叫"大扁叶形纹饰"。

〔6〕王趁意《中原藏镜聚英》（郑州：中州古籍出版社，2011 年）61—71、172—175 页。图 9 采自该书 172：图版 89—1，图 10 采自该书 174 页：图版 89—2。

图 3 战国铜器上的方花
（1974年河北平山中山王墓出土
错金银铜龙凤方案中心的纹饰）

图 4 战国铜器上的方花
（1981年洛阳西工区出土
错金银带流鼎外壁上的纹饰）

图 5 汉代漆器上的方花
5-1 1975年安徽天长出土西汉彩绘漆奁上的纹饰
5-2 1962年连云港出土西汉彩绘漆奁上的纹饰

图 6 汉代漆器上的方花
（1986年湖北江陵岳山出土
双凤纹耳杯上的纹饰）

图 7 汉代画像石上的方花
（1980年嘉祥县宋山出土的画像石）

图 8 汉代瓦当上的方花

图 9  王趁意藏镜一

图 11  王趁意藏镜一：铭文

图 10  王趁意藏镜二

图 12  王趁意藏镜二：铭文

铭文八个字 [图11、12]，[1] 为"柿蒂纹"的正名提供了线索。作者的释文是：

此日昌方，华🦋长名。

作者据此，把这两面铜镜叫"扁叶形花纹（昌方纹）镜"。今案此铭是以长、昌为韵（叶阳部韵），根据韵脚，应释：

方华🦋（蔓）长，名此日昌。[图13]

"方华"即方花，意思是标志四方的花。这个词又可读为"芳华"，指芬芳的花，一语双关。"芳华"屡见于古代诗赋，不胜枚举。如屈原《楚辞·九章·思美人》："芳与泽其杂糅兮，羌芳华自中出。"王逸注对前一句的解释是"正直温仁，德茂盛也"，对后一句的解释是"生含天姿，不外受也。"《文选》卷一九宋玉《登徒子好色赋》："臣观其丽者，因称《诗》曰：'遵大路兮揽子袪，赠以芳华辞甚妙。'"李善注指出，前一句的《诗》指《诗·国风·郑风》的《遵大路》，后一句，李善注的解释是："折芳草之华以赠之，为辞甚妙。"陶渊明《桃花源记》："芳华鲜美，落英缤纷。"梁武帝《乐府·芳树》："绿树始摇芳，芳生非一叶。一叶度春风，芳华自相接。"我们从《登徒子好色赋》李善注和梁武帝《乐府·芳树》看，"芳华"一词的"华"字，既可指草本植物的花，也可指木本植

图13 1：方；2：华；3：蔓；4：长；5：名；6：此；7：日；8：昌

---

[1] 图 11 是图 9 的局部放大，图 12 是图 10 的局部放大，图 13，除蔓字和昌字集自图 12，其他集自图 11。

图 14　汉印的曼字　　图 15　汉代的方花饰件，四川巫山县磷肥厂出土的鎏金铜饰牌

物的花。"蔓"，作者说"至今尚未有人能确识"，[1]只摹字形，阙疑不释。为什么不释？他说是"因其铭文为绕纽环置，无起始点，经请教诸多专家、学者，始终没有统一的释读标准"。[2]其实，我就是他间接问过的学者。2003年8月10日，梁鉴先生曾以此镜铭文见示，替他问过我，我为他写过释文。当时我就把此字释为蔓，看来作者疑而未用。这里把我的理由

---

〔1〕王趁意书《中原藏镜聚英》，174 页。
〔2〕同上书，68 页。

170

讲一下。此字上从艸，下从嫚，应是蔓字的异体。它所从的曼，上部似憲。这种写法的曼，汉代仍流行[图14]。[1] 蔓有蔓延义。《诗·大雅·緜》"绵绵瓜瓞"就是形容子孙绵延不绝。"昌"是古代吉语，玺印、镜鉴、砖铭多有之，常与富、贵连言。富是有钱，贵是有势，昌训盛，常指多子多孙。如汉镜铭文"子孙蕃昌"，就是指多子多孙。这两句连起来读，意思是说，方花的蔓很长，绵延不绝，它象征着子孙蕃昌，故可呼之为"昌"。

上文所说方花纹，最复杂的图像要属四川巫山县出土的一件鎏金铜饰牌[图15]。[2] 它的四个花瓣上，分别为青龙、白虎、朱雀、玄武，标志方向的作用很突出。

据此可知，"柿蒂纹"应正名为"方华纹"或"方花纹"。推而广之，我们甚至可以把它的各种变形统称为"方华纹"或"方花纹"。

2012 年 3 月 7 日写于北京蓝旗营寓所

（原刊《中国国家博物馆馆刊》2012 年第 7 期，总第 108 期，35–41 页）

附记：

感谢王趁意先生赠书，并提供清晰照片。

〔1〕图 14 采自罗福颐《汉印文字徵》，北京：文物出版社，1978 年，卷第三：十六页正。
〔2〕图 15 采自巫山县文物管理所等《重庆巫山县东汉鎏金铜牌饰发现与研究》，《考古》1988 年 12 期，77–86 页。

# 建筑、墓葬和砖瓦

唐玄宗西岳庙华山铭碑残石

# 西岳庙和西岳庙石人
## ——读《西岳庙》

  八年前，我写过一篇题为《翁仲考》的文章，重点是讨论墓前石人，也涉及庙前石人和镇水石人。[1] 这类石人，作为成规制有系统的发现，年代最早属于东汉时期。隋唐以前的石人很少，我讨论过的石人只有19件：山东14件，河南4件，北京1件，现在看来，仍有补充的余地（至少可补10件）。比如西岳庙石人就是拙作未收其实很重要的发现。

  西岳庙石人是西岳庙的一部分。要谈石人，先要考虑它所在的庙。1996—2002年，陕西省考古研究所和西岳庙文物管理所配合西岳庙的修复工程，在西岳庙做过多年的考古发掘，已经出报告。[2] 这一报告，不仅对理解古代的岳庙很重要，而且对理解古代的庙前石人也很重要。最近，我把陕西省考古研究院赠送的报告读了一遍，学到很多东西。这里，我把我的读后感讲一下，供大家参考。

## 一、石人分三种

  中国有个非常悠久的传统，喜欢在陵墓前树立石刻，其中夹神道而立

---

〔1〕李零《翁仲考》，收入氏著《入山与出塞》，北京：文物出版社，2004年，41—69页。

〔2〕陕西省考古研究院、西岳庙文物管理处《西岳庙》，西安：三秦出版社，2007年。案：报告内容丰富，材料重要，可惜错字太多。

的石人，习惯上叫"翁仲"。这种石人，大家比较熟悉，但我们不要以为，所有翁仲都是墓前石人。其实它分三种：墓前石人、庙前石人和镇水石人。这三种石人，《水经注》都提到过，[1] 如：

## （一）墓前石人：张伯雅墓石人

《水经注》卷二二《洧水》："洧水东流，绥水会焉，水出方山绥溪，即《山海经》所谓浮戏之山也。东南流，迳汉弘农太守张伯雅墓，茔域四周，垒石为垣，隅阿相降，列于绥水之阴。庚门，表二石阙，夹对石兽于阙下。冢前有石庙，列植三碑。碑云：德字伯雅，河南密人也。碑侧树两石人，有数石柱及诸石兽矣。旧引绥水南入茔域，而为池沼。沼在丑地，皆蟾蜍吐水，石隍承溜池之南又建石楼、石庙，前又翼列诸兽。但物谢时沦，凋毁殆尽。夫富而非义，比之浮云，况复此乎？王孙，士安斯为达矣。"

【案】张伯雅，不详。石人在冢前，成对。

## （二）庙前石人：郦食其庙石人

《水经注》卷十六《穀水》："阳渠水又东流，迳汉广野君郦食其庙南。庙在北山上，成公绥所谓偃师西山也，山上旧基尚存，庙宇东面，门有两石人对倚。北石人胸前铭云：门亭长。石人西有二石阙，虽经颓毁，犹高丈余。阙西即庙故基也，基前有碑，文字剥缺，不复可识。子安仰澄芬于万古，赞清徽于庙像，文存厥集矣。"

【案】此庙，庙门朝东，两石人立门前，一南一北，夹道立。北面的石人，胸前铭文类似曲阜麃君墓翁仲。

---

〔1〕《后汉书·光武记》李贤注引《水经注》佚文还提到汉光武帝鄗南千秋亭五成陌坛场的一对石人，我在《翁仲考》中已引用。

## (三) 镇水石人：千金堰石人、渭桥石人、都江堰石人

《水经注》卷十六《穀水》："穀水又东流，迳乾祭门北，子朝之乱，晋所开也。东至千金堨。《河南十二县境簿》曰：河南县城东十五里有千金堨。《洛阳记》曰：千金堨旧堨穀水，魏时更修此堰，谓之千金堨。积石为堨，而开沟渠五所，谓之五龙渠。渠上立堨，堨之东首立一石人，石人腹上刻勒云：太和五年二月八日庚戌，造筑此堨，更开沟渠，此水冲渠，止其水，助其坚也，必经年历世，是故部立石人以记之云尔。盖魏明帝修王张故绩也。堨是都水使者陈协所修也。《语林》曰：陈协数进阮步兵酒，后晋文王欲修九龙堰，阮举协，文王用之。掘地得古承水铜龙六枚，堰遂成。水历堨东注，谓之千金渠。逮于晋世，大水暴注，沟渎泄坏，又广功焉。石人东胁下文云：太始七年六月二十三日，大水迸瀑，出常流上三丈，荡坏二堨。五龙泄水，南注泻下，加岁久漱啮，每涝即坏，历载捐弃大功，故为今遏。更于西开泄，名曰代龙渠。地形正平，诚得泻泄至理，千金不与水势激争，无缘当坏，由其卑下，水得逾上漱啮故也。今增高千金于旧一丈四尺，五龙自然必历世无患。若五龙岁久复坏，可转于西，更开二堨。二渠合用二十三万五千六百九十八功，以其年十月二十三日起作，功重人少，到八年四月二十日毕，代龙渠即九龙渠也。后张方入洛，破千金堨。京师水碓皆涸。永嘉初，汝阴太守李矩、汝南太守袁孚修之，以利漕运，公私赖之。水积年，渠堨颓毁，石砌殆尽，遗基见存。朝廷太和中修复故堨。按千金堨石人西胁下文云：若沟渠久，疏深引水者当于河南城北石碛西，更开渠北出，使首狐丘，故沟东下，因故易就，碛坚便时，事业已讫，然后见之。加边方多事，人力苦少，又渠堨新成，未患于水，是以不敢预修通之，若于后当复兴功者，宜就西碛。故书之于石，以遗后贤矣。虽石碛沦败，故迹可凭，准之于文，北引渠，东合旧渎。"

【案】千金堨即千金堰，在今河南洛阳市东北，始筑年代为三国时期，准确年代是魏明帝太和五年（231年）二月八日。石人在"堨之东首"，从上《水经注》

的描述看，即太和五年所立，面朝东方，仅一件。其刻铭有早晚三套：腹上铭文记太和五年造堰事，最早；两胁铭文记晋武帝太始七年至八年（271、272年）重修事，稍晚，属于补刻。

《水经注》卷十九《渭水》："渭水东分为二水。《广雅》曰：水自渭出为荥，其由河之有雍也。此渎东北流，迳《魏雍州刺史郭淮碑》南。又东南合一水，迳两石人北。秦始皇造桥，铁鐓重不能胜，故刻石作力士孟贲等像以祭之，鐓乃可移动也。又东迳阳侯祠北，涨辄祠之。此神能为大波，故配食河伯也。后人以为邓艾祠。悲哉！谀胜道消，专忠受害矣。"

【案】秦渭桥在今陕西西安市北。石人为一对，作"力士孟贲等像"。

《水经注》卷三三《江水》："江水又历都安县。县有桃关、汉武帝祠。李冰作大堰于此，壅江作堋。堋有左右口，谓之湔堋，江入郫江、捡江以行舟。《益州记》曰：江至都安，堰其右，捡其左，其正流遂东，郫江之右也。因山颓水，坐致竹木，以溉诸郡。又穿羊摩江、灌江，西于玉女房下白沙邮，作三石人，立水中。刻要（约）江神：水竭不至足，盛不没肩。是以蜀人旱则藉以为溉，雨则不遏其流。故《记》曰：水旱从人，不知饥馑，沃野千里，世号陆海，谓之天府也。邮在堰上，俗谓之都安大堰，亦曰湔堰，又谓之金堤。左思《蜀都赋》云：西逾金堤者也。诸葛亮北征，以此堰农本，国之所资，以征丁千二百人主护之，有堰官。益州刺史皇甫晏至都安，屯观坂。从事何旅曰：今所安营，地名观坂，自上观下，反上之象，其徵不祥。不从，果为牙门张和所杀。"

【案】《华阳国志·蜀志》有类似记载。都江堰石人有三件，在今四川灌县，原来立于水中。1974年出土李冰像，胸前刻"故蜀郡李府君讳冰"，两袖上刻"建宁元年闰月戊申朔廿五日，都水掾尹龙长、陈壹造三神石人，珍水万世焉"。[1] 1975年又出土一件执锸无头石人。[2] 2005年又出土两件石人，同出有建安

---

[1] 王文才《东汉李冰石像与都江堰水则》，《文物》1974年7期，29—38页。
[2] 四川省博物馆、灌县工农兵文化站《都江堰又出土一躯汉代石像》，《文物》1975年8期，89—90页。

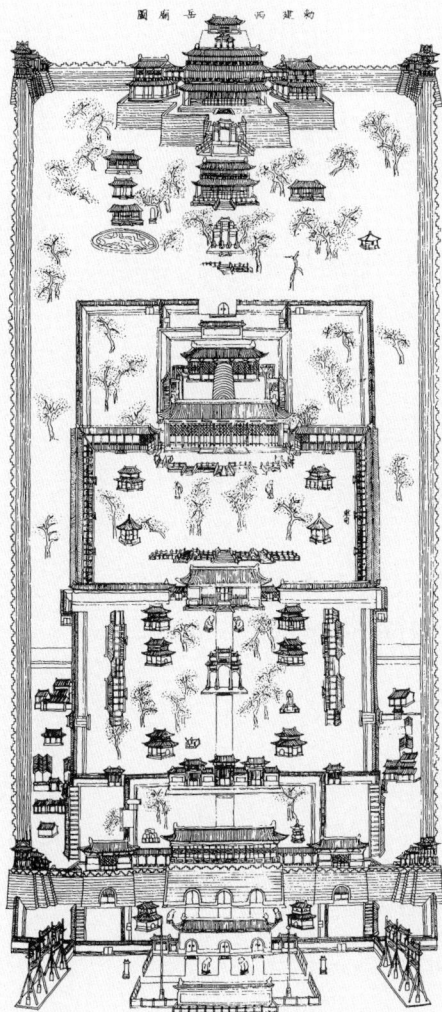

图1 西岳庙全景（八号图的摹本）

四年碑。[1] 建宁元年为168年，建安四年为199年。

## 二、西岳庙的布局

上述三种石人，都有出土发现：墓前石人最多；镇水石人，过去也出过一些，如山东青州的瀑水涧石人、兖州的金口坝石人，北京丰台的永定河石人，四川灌县的都江堰石人；庙前石人最少，过去只有中岳庙石人。[2]

西岳庙石人属哪一种？毫无疑问，属庙前石人。它与中岳庙石人属于同一类。研究这类石人，离不开庙。我们要讲这种石人，先要讲一下庙。

西岳庙，历史上经多次改建，[3]

〔1〕陈剑《都江堰建堰历史研究的新视野》，《成都文物》2007 年 3 期，66—76 页。
〔2〕李零《翁仲考》。
〔3〕年代可考者，宋代有建隆二年（961 年）的大修；明代有四次大修：洪武三年（1370 年）、成化十八年（1482 年）、嘉靖二十年（1541 年），以及嘉靖三十四年（1555 年）同华大地震后的复建和改建（又分四次：嘉靖三十六年、四十一年和万历二十九年、三十四年）；清代有五次大修：康熙四十二年（1703 年）、乾隆七年（1742 年）、乾隆四十二年（1777 年）、同治六年（1867 年）和光绪四年（1878 年）。

现在的西岳庙，是明清以来的西岳庙。石人在西岳庙中的位置很重要，对探索早期的西岳庙很重要。我们要想把这个问题搞清楚，最好把庙图的榜题好好读一下。[1]

西岳庙的庙图，报告提到十种，剔除发掘出土的《庙图残碑》和《关中胜迹图》中的《西岳庙图》，编号一至八。据作者的断代意见，一至三号是明代晚期的图，四号是清代早期的图，五号、六号是清代中期的图，七号、八号是清代晚期的图[图1]。[2]

这里，综合明清庙图和文献记载，我先把西岳庙的布局讲一下。西岳庙分内外城，外城包内城，外城前面有月城和庙前建筑，前后有七道门，一条南北甬道。[3] 下面从南到北，分五段讲：

（一）庙门以南，前有第一道门：太华山门，是个石牌坊。石牌坊后有遥参亭，遥参亭后有琉璃影壁、棋盘街和东西木牌楼。[4]

（二）月城（也叫瓮城），从头门到五凤楼。[5] 头门是第二道门，月城的门，门前立有铁幡杆和石狮。城内有钟鼓楼相对，鼓楼在东，钟楼在西。[6] 钟鼓楼的东西两侧有马厩。

（三）外城前院和左右跨院。

---

〔1〕见《西岳庙》，521—531 页。

〔2〕报告作者的断代意见是：一号图不晚于嘉靖二十年（1514 年），二号图作于万历三十四年（1606年）或稍后，三号图作于万历四十二年（1614 年），四号图作于康熙四十二年（1703 年）后，五号图作于乾隆七年（1742 年）后，六号图作于乾隆五十三年（1788 年），七号图作于道光二年（1822 年），八号图作于同治六年（1867 年）至光绪四年（1878 年）间。

〔3〕甬道，一号图有榜题。

〔4〕报告所收庙图，皆南起影壁，不画更在其南的遥参亭和山门。

〔5〕头门，一号图榜题作"头门"，八号图榜题作"连三门"。报告把这道门叫灏灵门，理解有误，详下。

〔6〕钟鼓楼，五号图，东楼榜题作"鼓楼"，西楼无字；七号图，东楼榜题作"鼓"，西楼榜题作"钟"。

外城，四角有角楼。[1] 外城正门是五凤楼，第三道门。五凤楼，上筑三楼二廊，下开三门，原名灏灵楼。[2] 灏灵楼是灏灵门上的楼，灏灵门是灏灵楼下的门。灏灵门，与灏灵殿相应，是整个庙城的大门，也叫"台门"，即通常说的"下三门"（所谓"三门"，其实都是五座门），不是月城的门。[3]

1. 外城前院，从五凤楼到棂星门。西侧，前为唐明皇碑（即《唐玄宗御制碑》），属唐代遗存；后为青牛树，是传说老子出关，在此拴青牛的槐树；[4] 东侧，明末清初有建筑，后来废弃。[5]

2. 左右跨院，有侧门，可以进出。[6]

（四）内城，分前后三进。

1. 第一进，从棂星门到金城门。[7] 棂星门是第四道门，即通常说的"中三门"。出棂星门，甬道正中有天威咫尺石牌坊，为乾隆大修后增建。院内有六座碑楼，甬道两旁，东西各三。明代有宋碑一，明碑五。清代稍有不同：东起第一座是藏宋建隆二年（961年）《宋修西岳金天王庙碑》，第二座是藏明洪武三年（1370年）《昭示五岳四渎碑》，第三座是藏清御

[1] 角楼，一号图只画南边两个角楼，榜题作"东角殿"、"西角楼"；其他图，四个角楼都画，无榜题。
[2] 一号图，灏灵楼居中（榜题作"灏灵门楼一座"），"东楼"、"西楼"在两旁（榜题作"东楼门三间"、"西楼门三间"），主楼、陪楼间有穿廊（榜题作"东旱船"、"西旱船"）。二号图，据榜题，门楼叫"灏灵楼"，门叫"灏灵门"。三至五号和七、八号图也有榜题，一律作"五凤楼"。
[3] 一号图是以"灏灵门楼"兼指五凤楼的门和楼，二号图是以"灏灵楼"指五凤楼的楼，"灏灵门"指五凤楼的门，"灏灵门"三字是标在灏灵楼下的门洞里，不是指它前面的那道门。
[4] 青牛树，四、五号图和七、八号图榜题作"青牛树"（四、八号图是把这三个字刻在碑上）。
[5] 三、四号图，除青牛树和唐明皇碑，还有两座重檐式建筑，报告指出，东为碑楼，西为香亭（报告268-269页）。四号图，于棂星门的两个侧门旁画下马碑，五号图，也在院落两侧标注"下马碑"。
[6] 五、八号图榜题作"东道院"、"西道院"。一号图，据榜题，东道院有"宰牲处"，西道院有"御香殿"、"致斋所"。七号图，据榜题，东道院有"道舍"，西道院有"御香殿"，其侧门叫"省牲门"。
[7] 棂星门，一、二、五、八号图榜题作"棂星门"。其侧门，一号图榜题作"严恭持敬门"。

制碑；西起第一座是藏某明碑，第二座是藏明万历三十年（1602年）《华阴县重修西岳庙记碑》，第三座是藏明嘉靖四十一年（1562年）复制《唐玄宗御制碑》。[1]六座碑楼两旁有冥王殿和灵官殿。[2]

2．第二进，从金城门[3]到灏灵殿。金城门是第五道门，即通常说的"上三门"。金城门也叫金天门。金天是少昊，西岳之神。出金城门，有横渠当前，水从东垣入，自西垣出，金水桥跨之。[4]过金水桥，前面是灏灵殿。[5]灏灵殿是西岳庙的主体建筑。"灏灵"指少昊，颛通昊，加水为灏，字通浩，既指金天之神少昊，又有祈雨之义。它的前面有月台。[6]月台两侧，前有御碑亭，后有碑楼。东边的碑楼是藏乾隆四十四年（1779年）《御制修西岳华山碑记》，西边的碑楼是藏乾隆四十二年（1777年）《毕沅敬录上谕碑》。[7]碑亭所藏不详，不知是否即康熙三十九年（1700年）的《华岳图碑》和《敕修西岳庙全图碑》（即刻八号庙图的碑）。

[1] 明代庙图，一号图有三座重檐式碑楼，东边一座，榜题作"金承碑楼"（"金承"疑是"金承安某年"之省），西边两座榜题作"国朝碑楼"和"元重修碑楼"（"国朝"指明代）；二、三号图有两座重檐式楼阁和四座较小的建筑，因为没有榜题，不知是否用于藏碑。清代庙图，一律为六座重檐式碑楼。七号图，东边三座榜题作"宋碑"、"洪武碑"、"御制碑"，西边三座榜题作"明碑"。

[2] 冥王殿和灵官殿，最初是神荼、郁垒殿，一号图榜题作"东郁神殿"、"西郁神殿"（即《夏言重修岳庙碑记》说的"郁垒殿二座"，见报告 579—580 页），五号图榜题作"灵官殿"，八号图榜题作"冥王殿"、"灵官殿"。此外，一号图在"元重修碑楼"西侧还有"具服殿"；四号图，在右起第二座碑楼东侧还有一碑；五号图，在碑楼群的东西两侧还有两座东西相向的建筑，榜题作"灵官殿"；八号图，在右起第二座碑楼前面还有一碑，左起第一座碑楼东侧有"挂甲树"，似乎只剩树根，相传尉迟敬德挂甲于此，报告 515 页提到这一传说，"挂甲"作"挂鞭"。

[3] 金城门，一至三号和五、七号图榜题作"金城门"，八号图榜题作"金天门"。

[4] 金水桥，八号图有榜题。

[5] 灏灵殿，一至五号和八号图榜题作"正殿"，六号图无榜题，七号图榜题作"灏灵殿"。其回廊，正北的左右横廊，五号图榜题作"阎君殿"；东西纵廊，一、八号图榜题作"东司"、"西司"。

[6] 一号图，月台上有碑十通，榜题作"御祭碑文"。二号图，月台上有碑十二通，无榜题。四号图，月台上有五座碑亭。其他图，月台上没有碑。

[7] 一至四号图，月台下只有两座重檐式楼阁（一号图在西侧，其他在东西两侧）。五至八号图，还在前面增加两个碑亭。

3．第三进，是灏灵殿的后院，即围绕寝宫[1]的宫城。灏灵殿的前后门和两边的侧门也可视为一道门，即第六道门。灏灵殿是前殿，寝宫是后殿，前后二殿，中间原有卷棚式穿廊连接，呈工字形。[2]

寝宫后是内城北垣，北垣正中是后宰门。[3]后宰门是第七道门。

（五）外城后部。

外城前2/3围着内城，后1/3围着另一组建筑：

1．出后宰门，过望华桥，为少皞之都石牌坊，石牌坊西侧为放生池。[4]放生池的水是从庙前右侧的进水道引进，经东道院，穿金水桥，最后流到后院。[5]

2．少皞之都石牌坊后，中间是御书楼，[6]藏乾隆御书《岳莲灵澍》卧碑。"岳莲"即华山，"灵澍"是喜雨（澍是大雨），也与祈雨有关。[7]御书楼两侧，东为蚕司，西为醋司。醋司北面为吕祖堂，蚕司东南为望华亭。[8]

3．御书楼后有蓐收之府石牌坊。

4．蓐收之府石牌坊后为万寿阁，[9]万寿阁的主楼叫万寿阁，陪楼叫

---

〔1〕寝宫，一号图榜题作"后殿"，八号图榜题作"寝宫"。

〔2〕穿廊，一号图榜题作"穿堂"，形象见六、八号图。

〔3〕后宰门，五号图榜题作"崇宰门"，七号图榜题作"后宰门"。

〔4〕放生池，明代庙图，二号图榜题作"鱼池"。清代庙图，四、八号图有碑，作"放生池"；五号图有榜题，作"放生池"。放生池的位置，一号图画在西侧，二、三号图画在中间，四至八号图又画在西侧，可能有变动，发掘过的遗址是在少皞之都石牌坊的西侧，中心位置被石牌坊占据。

〔5〕进水道，一号图有榜题。

〔6〕御书楼，只见于六至八号图，无榜题。

〔7〕康熙皇帝赐匾"露凝仙掌"，也是用来祈雨，见康熙四十四年（1705年）《御制重修西岳庙碑》（报告584—585页）。

〔8〕一至三号和五号图，东西两侧各有一座建筑；四号图，西侧有一座建筑，东侧没有；六至八号图，东西两侧各有两座建筑。据七、八号图的榜题，东侧是"吕祖堂"和"醋司"，西侧是"蚕司"和"望华亭"

〔9〕万寿阁，五号和七、八号图有榜题。

转藏，[1] 主楼和陪楼间有穿廊。万寿阁的后面是望河楼。[2] 万寿阁起于万寿山，即外城后部的土山。转藏是藏道经。[3]

这批建筑，除清代庙图标为放生池和醋司、蚕司的建筑，明代庙图就有，万寿阁是明万历三十四年（1606年）后增建，其他都是乾隆大修后增建。

## 三、石人的形象和位置

讲完西岳庙的布局，我再讲一下石人本身 [图2]。

这件石人，报告21页有两段描述：

图2　西岳庙石人

1982 年秋出土于御书楼西侧深约 1 米处。石人用石灰岩雕刻而成，呈站立状，头戴平冠，脸庞圆润，鼻头稍矮，面微平，双目向前平视。身着右衽宽领阔袖长服，腰间系带，足穿方口浅脸窄帮履，右手持笏，左手搭在右臂上。身高 1.75 米。据文献记载：在石人的下身前篆刻有"西岳庙神道阙"六字，现因时代久远，长期受风雨剥蚀，表面麻点痕迹密布，字迹已漫

〔1〕转藏，八号图有榜题。
〔2〕望河楼，八号图有榜题，楼前有牌楼，即报告 417 页说的游乐坊。
〔3〕见清王宏《募修万寿阁疏》，"阁有东西翼，为转轮之致敕颁道经藏焉"（报告 583 页）。

漶严重，不能辨识。

　　石人为圆雕，耳、鼻、眼、口用线雕技法刻成，双目炯炯有神，但体型线条拙朴，形态生硬，有早期石雕之风格。持篲人物在东汉画像石中多见，其形态与此石人不尽相似，但从雕刻技法和风格看，其时代为东汉无疑。据史书记载，西岳庙曾有汉代弘农太守张勋建造的石阙和《段煨造华山堂阙》碑，这次出土的云纹石阙檐，佐证了庙前曾建有石阙和石人身前篆刻有"西岳庙神道阙"六字之说。

　　石人原来是一对，现在发现的石人只是两件中的一件。报告说，"据文献记载：在石人的下身前篆刻有'西岳庙神道阙'六字"，[1] 没说根据何书。今查乾隆五十三年（1788年）陆维垣、许光基修纂《华阴县志》卷十六《金石》，有"汉西岳神道阙"条，原文作"'西岳神道阙'五篆字，刻在石人胸前，虽剥蚀尚仿佛可辨，今在西岳庙中"，铭文没有"庙"字。现在发现的石人，身上看不出文字，恐怕要考虑，文字有可能在另一件石人身上。它很可能还埋在御书楼附近。

　　研究石人在庙中的位置，要看明清的庙图。

　　第一，我们先看一至三号图［图3］。我们要注意，报告说，今西岳庙后部的万寿阁是明道士席殿魁于万历三十四年（1606年）后增建。一、二号图，画面最后，只有土山，没有万寿阁。这两幅图都没有万寿阁，可见是1606年前的庙貌。当时，石人是在内城北，今万寿阁的前面。一号图，放生池在西，石人在中间，左右相向立，背景是土山。二号图，放生池在中间，石人在两侧，左右相向立，背景也是土山。三号图有万寿阁，晚一点儿，但石人还是在内城北，放生池的位置在中间，同二号图，石人

---

[1] 强跃、张江涛说，"据载此石人右上角镌刻有'华山神道阙'"，又不同。见氏著《西岳华山庙》，
　　西安：三秦出版社，2006年，30页。

画得十分草率，好像竹笋，也在放生池的两侧。

第二，其他几幅图［图4］，都有万寿阁，同三号图。但放生池在西，不在中间，则与一号图相同，而有别于二、三号图。这五幅图，除六号图没画石人，其他四幅都有，不是画在万寿阁前，而是画在灏灵殿的月台前，左右相向立，与明代庙图的位置不一样。这有两个可能：一个可能，石人原在内城北，后移置灏灵殿月台前；另一个可能，石人被废弃，埋在地下，灏灵殿月台前的石人是后来仿刻。但无论哪种可能，石人原来的位置都在内城北。

石人的位置原来在什么地方，这个问题很重要。

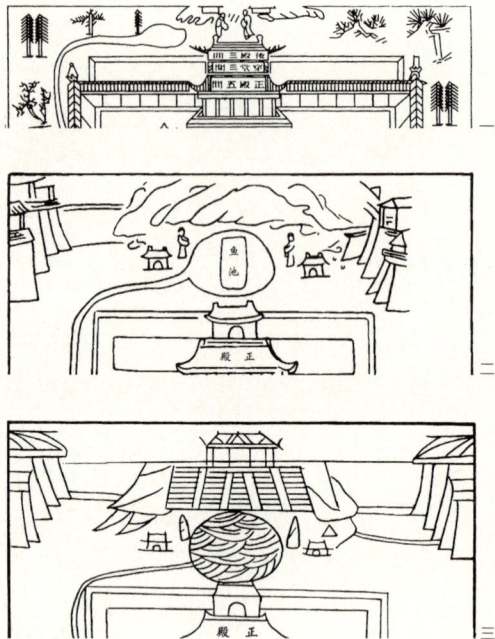

图3　西岳庙石人位置一（一至三号图局部）

报告介绍，1996−2002年的发掘，各个时期的发现几乎都有，包括两汉遗存、南北朝遗存、隋代遗存、唐代遗存、五代遗存、宋代遗存、金元遗存、明代遗存、清代遗存、中华民国时期遗存。其中两汉遗存，主要是遗物，没有建筑，[1] 建筑是从南北朝开始。南北朝和隋唐的庙域约当今内城的后半，即金城门以北，宋代向南扩建，才有了现在的内城，金元并加了外城。月城未发掘，始建年代不详，但从三号图看，至少明代末年已经

--------

〔1〕隋代、五代和中华民国时期，也只有遗物，没有建筑遗迹。

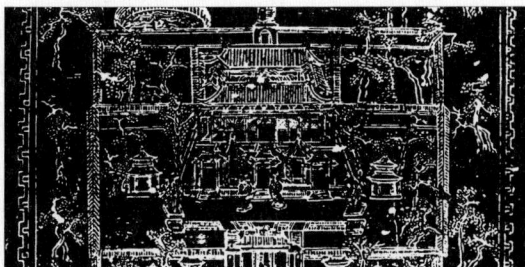

四

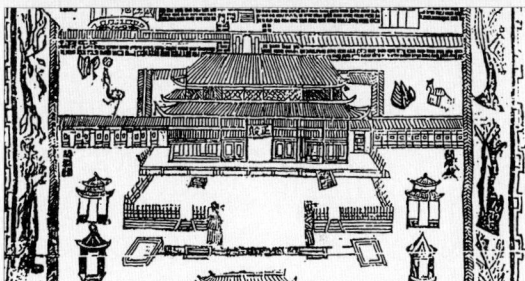

五

七

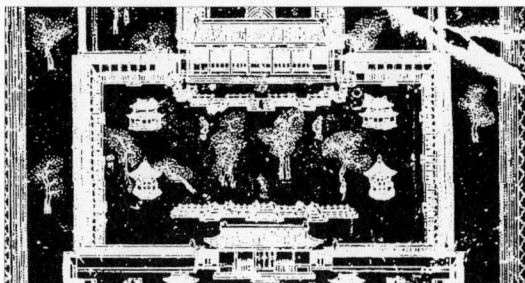

八

图4  西岳庙石人位置二（四、五号图局部和七、八号图局部）

有了。

今西岳庙，给人的印象是，它的后半比较空旷，报告23页说："两汉时期的遗存分布在庙内后部（少皞之都石牌坊以北），受破坏比较严重，这次做的工作很少，没有发现建筑遗迹，出土的遗物也不多，建筑材料有板瓦、筒瓦、石阙檐残块和生活用具及货币等。因未发现建筑遗址和瓦当、条砖之类的建筑材料，遗址的性质尚难确定。不过这些遗物的发现，为找寻两汉时期的西岳庙提供了新线索。"

西岳庙，《太平寰宇记》卷二九："华阴县有南北二庙，北庙有古碑九所。"[1] 其中汉碑有四：

1. 延熹八年（165年）《西岳华山庙碑》，是记弘农太守袁逢于延熹四年至延熹八年（161–165年）修华山庙事。原碑已毁，有拓本传世。

2. 光和二年（179年）樊毅《修华山庙碑》和《修华山亭碑》，是记弘农太守樊毅于光和元年至二年修华山庙和华山亭事。原碑已毁，文见《华阴县志》。

3. 建安年间（196–219年）段煨《造华山堂阙碑》，是记汉镇远将军段煨造华山堂阙事。原碑已毁，文见《华阴县志》。

这四件汉碑都是东汉石刻。它们可以证明，东汉时期，原址已有西岳庙。

这里值得注意的是，1982年出土的西岳庙石人，出土位置在西岳庙后部，今少皞之都石牌坊以北。1996–2002年的发掘，两汉遗物绝大多数都出自这一带，特别是外城东北角楼外的探沟（G48H1），也在附近。其中最值得注意的是两件石阙檐残块。[图5]它们都以石刻的卷云纹瓦当为装饰。中岳庙前的太室阙，也有这种带瓦当装饰的屋檐。

文献记载，庙前石人，石人是立庙前，神道又在石人前，石阙又在神

---

[1]《西岳庙》，510 页。九碑，除《隶释》卷二著录的上述四碑、西晋《华百石都训造碑》和北周《修西岳华山神庙之碑》，这六碑最古老，当在其中，我估计，唐《玄宗御制华山碑》、《述圣庙碑》、《华岳精享昭应之碑》也在其中。

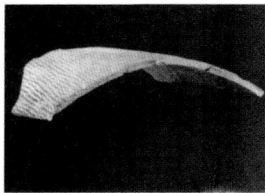
板瓦（G48H1：3）

筒瓦（G48H1：4）

石阙檐（采：133）

阙楼檐（望华桥：2）

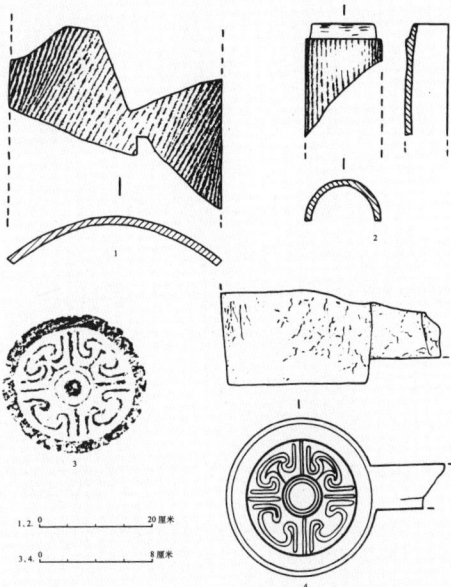
图5　西岳庙出土的西汉建筑材料

道前。如上引《水经注》卷十六《穀水》所记郦食其庙，就是庙宇朝东，门前有两石人夹道立，石人的前面有二石阙。中岳庙石人，也是石人在庙前，夹神道立，石阙在神道之端。

既然，石人有铭，曰"西岳庙石阙"，段熉《造华山堂阙碑》也提到"又造祠堂，表以三阙，建神路之端"。那么，如果石人的位置原来就在内城北，位置没有变动，东汉西岳庙就很可能在石人背后，前面是神道，神道前面有三阙，今万寿阁所在的万寿山，也许就是汉庙的废墟。

当然，这些怀疑还有待证明。

## 四、西岳庙的历史透视

华山，古分二山，东曰太华，西曰少华，一在华阴，一在华县。少华是太华余脉。谭嗣同有诗，"河流大野犹嫌束，山入潼关不解平"（《潼关》），就是指华山。

古代岳庙，多在山南，庙与山

相距不太远，<sup>[1]</sup>但西岳庙却在山北5公里。古人为什么把西岳庙安在山北？道理很简单。古代官道走山北，大体沿旧西潼公路，阴晋、宁秦、华阴古城都在这条大道上。唐代以前，官道在今庙北，唐代以来，官道在今庙南。<sup>[2]</sup>庙在路边，往来便也。

今西岳庙，位置在阴晋古城西、华阴古城东，今华阴市西北，南面正对华山五峰。过去有一种说法，西岳庙是从汉武帝的集灵宫发展而来，集灵宫在山下，后来搬到官道北，才有今西岳庙。报告550—555页不同意这种说法，认为集灵宫是集灵宫，西岳庙是西岳庙，并不是一回事。

这里顺着作者提供的线索，不妨再作一点讨论：

**（一）秦人早期的岳山是吴山，不是华山。**

秦人是从今宝鸡一带崛起。西周晚期，周孝王召非子养马于汧渭之间，马大蕃息，周人分土为附庸，秦人立国于今宝鸡一带，始称秦。当时秦人的岳山是宝鸡西北的吴山。后来犬戎攻灭西周，秦襄公护送周平王东迁，平王与秦襄公誓，曰秦能攻逐西戎，即有其地。秦人是沿周人的足迹，顺渭水，经今咸阳、西安，占领临潼、华阴，出潼关，逼近崤函，才奄有西土。秦国的核心地带是八百里秦川。《初学记》卷六引《三辅旧事》："初秦都渭北，渭南作长乐宫。桥通二宫间。表河以为秦东门，表汧以为秦西门，二门相去八百里。"吴山在秦境西端，华山在秦境东端，正好是它的一头一尾。这是秦人晚期的说法。秦人早期的岳山是吴山，不是华山。

---

[1] 北岳恒山，今名大茂山，位置在今河北涞源、阜平、唐县三县交界处，北岳庙在河北曲阳县城，相距甚远，似乎是例外。但今北岳庙只是北岳庙的下庙，上庙是在恒山脚下。参看王丽敏《北岳恒山探源》，石家庄：河北美术出版社，2006年，21—24页。
[2]《西岳庙》，56—57页。

（二）华山原属晋，公元前332年才归秦。

华阴是汉以来的名称，以其在华山之北，故名（山之南为阳，山之北为阴）。华阴古称阴晋，本指晋国的河西之地（河东为阳，河西为阴）。阴晋古城遗址，在今华阴市东北岳庙乡东城子村。其西侧筑有魏长城，就是为了防御秦。这里是秦、魏争夺的要冲。《史记·秦本纪》："（惠文君）六年，魏纳阴晋，阴晋更名宁秦。"秦惠文君六年是公元前332年（当时他还没有称王）。华山是这一年才纳入秦的版图。两年后，魏献河西之地于秦，秦才全部占领渭水流域。宁秦，顾名思义，是安定秦国的意思。[1] 地名从"阴晋"变"宁秦"，足以表明领土已经易手。宁秦古城，位置很重要。1980–1983年，陕西省考古研究所在华阴市西北碨峪乡西泉店村发掘的西汉京师仓（也叫华仓）遗址，就是利用宁秦古城的旧址改建。这里出土过带"宁秦"戳记的砖头，以及带"华仓""京师仓当""京师庾当""与华无极"铭文的瓦当，是西汉的漕运码头和仓城。[2]《水经注》卷十九《渭水》引《华岳铭》："秦晋争其祠，立城建其左者也。"就是指秦、魏争夺华山的祭祀，立宁秦于阴晋的东面（左指东面）。公元前332年很重要：此年之前，华山属魏；此年之后，华山属秦。1993年出土的秦骃祷病玉版，是秦惠文王称王（前324年）以后的东西，就是秦人祭祀"华大山"的历史证明。

（三）吴山和华山是秦代西土名山的代表。

中国的山川祭祀很有传统，早在先秦时期，天下尚未统一，就已形成五岳四镇和四海四渎的祭祀系统。[3] 司马迁说，秦得天下后，是以华、崤

---

[1]《造华山堂碑》："乃纪于《禹贡》而分秦晋之境界，鄙晋之西，则曰阴晋，边秦之东，则曰宁秦。"（报告 575 页）

[2] 陕西省考古研究所《西汉京师仓》，北京：文物出版社，1990 年。

[3] 李零《古人的山川》，《华夏地理》2010 年 1 月号，40–65 页。

分东西，"自崤以东，名山五，大川祠二"，"自华以西，名山七，名川四"（《史记·封禅书》）。他说的"自华以西"其实是崤山以西，即今河南灵宝市以西。这七大名山，华山、薄山（也叫襄山，原文误作"衰山"，即首阳山），地当河渭之会，在东边；垂山（太白山，原文误作"岳山"）、岐山（箭括岭）、吴岳（吴山）、鸿冢（疑指雍山），在西边；渎山（岷山），在今四川。华山和吴山，一座是东二山的代表，一座是西五山的代表，正好代表秦国之望。

(四) 秦代的五岳。

《尔雅·释山》有两套五岳：

1. "河南华（华山），河西岳（吴山），河东岱（泰山），河北恒（恒山），江南衡（衡山）。"

2. "泰山为东岳，华山为西岳，霍山（天柱山）为南岳，恒山为北岳，嵩高（嵩山）为中岳。"

前一套五岳是秦代的五岳，秦代的五岳是公元前332年后才有。后一套五岳是汉代的五岳，则是汉武帝元封五年（前106年）后才有。汉代的五岳和秦代的五岳不同，一是剔除吴山，加入嵩高，二是以天柱山代替衡山。这两套五岳都有华山。

秦地的岳山是吴山和华山。华山的地位越来越高，吴山的地位越来越低，可以反映地理重心的转移。汉以来，吴山不再是岳山，唐以来更降为镇山。

(五) 太华山祠和集灵宫。

《汉书·地理志上》京兆尹华阴县，班固注："故阴晋，秦惠文君五年更名宁秦，高帝八年更名华阴。太华山在南，有祠，豫州山。集灵宫，武帝起。莽曰华坛。"一般认为，"五年"是"六年"之误。秦汉的祭祀之所，或称"畤"，或称"祠"，或称"庙"。畤很少，只有泰畤、雍五畤等，皆与五帝祭祀有关。庙也少，只有后土庙、泰山庙、太室山庙、少室山庙、济庙、淮庙、渭阳五帝庙等。当时使用最多的还是"祠"字。

太华山祠，班固叙在武帝集灵宫前，我推测是秦祠，位置可能在黄甫峪遗址。黄甫峪遗址，即古人说的黄神谷口，是秦人祭祀华山的地方。

集灵宫，[1]《水经注》卷十九《渭水》"敷水又北迳集灵宫西"，敷水即今罗夫河。郦道元只说此水流经集灵宫西，没讲离水多远。我们只能判断，集灵宫在这条水的东边。

集灵宫的位置，古人多说在华山下（桓谭《华山赋序》、《西岳华山庙碑》），但报告551页据《华阴县志》说，则谓"武帝拜坛，唐代更名'镇岳灵仙寺'，宋代改名'胜会院或昭庆寺'，明成化二年又改名为'昭兴寺'。其址在今西岳庙以西2.5公里处的古华阴县城东门外，即今华阴县人民医院东北百米处"。如此说可靠，则集灵宫在汉华阴古城附近，不在山脚下。二说孰是，还有待证实。

（六）下庙、中祠和南祠的关系。

《水经注》卷四《河水》讲华山，有段话很重要：

> 常有好事之士，故升华岳而观厥迹焉。自下庙历列柏，南行十一里，东回三里，至中祠；又西南出五里，至南祠，谓之北君祠。诸欲升山者，至此皆祈请焉。从此南入谷七里，又届一祠，谓之石养父母，石龛木主存焉。又南出一里至天井。井裁（才）容人，穴空，迂回顿曲而上，可高六丈余。山上又有微涓细水，流入井中，亦不甚沾人。上

---

[1] 集灵宫，犹言集仙宫，汉桓谭《华山赋序》说："宫在华山下，欲以怀集仙者王乔、赤松子，故名殿为存仙殿，端门南向山，曰望仙门。"（报告551页）

者皆所由涉（陟），更无别路。[1]

　　报告认为，下庙是西岳庙，庙前原有列柏夹道，南行十一里，一直通到山下。然后，往东绕行三里，到黄甫峪口，是中祠。然后，往西南三里是南祠。南祠"在华山西山口偏东约六七百米处"，是古人登山的必经之处。[2]

　　华阴，北面是渭河，南面是华山，西岳庙在平地。古书中的下庙一般是对中庙、上庙而言。[3]《水经注》的"下庙"即《太平寰宇记》卷二九的"北庙"，中祠即《太平寰宇记》卷二九的"南庙"。中祠疑即太华山祠，称中是对下庙而言。所谓"北君祠"者，可能是以下庙的方向为君位，北面事之。南祠在中祠西，华山脚下，也许是太华山祠的相关建筑。

　　前人多说，西岳创庙，始自汉武，报告也这样讲，说法有点含混。如果这是指今西岳庙以外的那两座庙，还好说；如果这是指今西岳庙，就和作者对今庙的断代发生矛盾。因为报告讲得很清楚，今庙是北魏以来才有。

## （七）迁庙说。

　　西岳庙，旧有迁庙说，谓今庙是从黄神谷口（今黄甫峪）迁到今址，也就是说，从南往北迁。迁庙年代有兴光、元光、兴平、桓帝、黄初等说，备载于报告554页，很多都是以讹传讹。报告有两种断代：509—510页说，"在今庙内发现的时代最早的西岳庙遗址，当是北魏太武帝神元三年（431年）以后、孝武帝永熙三年（534年）以前创建的"；报告555页说，"今西岳庙所见年代最早的庙址当是北魏文成帝兴安三年（453年）从故

---

〔1〕《水经注》卷二十《渭水》："（是）〔晋〕太康八年弘农太守河东卫叔始为华阴令，河东裴仲恂役其逸力，修立坛庙，夹道树柏，迄于山阴，事见永兴元年华百石所造碑。"也提到"夹道树柏"。案：晋太康八年为287年，永兴元年为304年。此碑残块出土于唐代后殿（F4）内（报告49页）。
〔2〕上述三庙，《水经注》卷十九《渭水》又称为"汉文帝三庙"。
〔3〕如《水经注》卷二四《汶水》引《从征记》："泰山有下、中、上庙……上庙在山顶，即封禅处也。中庙去下庙五里，屋宇又崇丽于下庙。"

址迁建于此的庙址"。两种说法有矛盾，既言453年才迁来，则庙址上限不能早到431年。

这一说法，根本没把今西岳庙后部的两汉遗存纳入考虑范围。虽然到目前为止，在今西岳庙的范围里，我们还没有发现两汉时期的庙址，但汉代石人的存在和汉石阙檐的出土，却不容忽视，它提醒我们，这里很可能有汉代庙址。不然，我们很难理解，这些和祠庙有关的东西何以会出现在这里。它们总不会是从黄甫峪遗址搬来的吧？

（八）有关遗址。

1. 黄甫峪遗址。报告551页和593页有介绍。作者说，1993年5月或6月（551页说是6月，593页说是5月），因修进山公路，在"黄甫峪口西侧，东距河道约80米，南距山根约100米"处出土战国时期祭祀华山的秦骃祷病玉版和玉璧、玉圭等物，以及汉代的"与华无极"瓦当等物，是个汉代到明代的古遗址，遗址面积约两万平方米。作者认为，这个遗址很可能就是郦道元讲的"中祠"，比较有道理。但这里既然出土了战国时期祭祀华山的玉版、玉璧、玉圭等物，可见年代早于西汉，不仅可以上溯到秦，还可早到战国。我以为，很可能，太华山祠就在这一带。

2. 华阴古城遗址。今西岳庙如果是两汉时期的遗址，则与汉高祖八年（前199年）始建的华阴古城有关，距离也比较近，都在山北的平地。古代祭祀遗址和帝王的驻跸之所不一定在一处，但往往离得很近。今后，我们应该注意一下这一带的有关发现。华阴古城，遗址在今华阴市西五方乡杨家城村柳叶河西，是个1000米×750米的城邑。华阴出土汉瓦当，除华阴西北的京师仓遗址，当属这一带最集中。如五方、仿车、王道三村，经常出土带"与华无极""与华相宜"和"华苑"铭文的瓦当，说明当地不仅有宫殿，还有苑囿。[1]

---

〔1〕张鉴宇《华阴瓦当欣赏》，西安：陕西旅游出版社，2002年。

## 五、比较：西岳庙石人与中岳庙石人

现在，我们的印象，华山在陕西，属于雍州之地，但《汉书·地理志上》却说，华山是豫州山，本来和嵩高一样，也是豫州的名山。

中岳庙，和西岳庙不同，不在太室山之北，而在太室山之南。泰山、恒山、衡山的岳庙也都在山之南，可见西岳庙是个特例。

现在的中岳庙是1942年重修，前后七进。[1] 它原来的庙貌是什么样，要看金承安五年（1199年）的庙图 [图6]：《大金承安重修中岳庙图》（下简称"金图"）。这里也从南向北讲：

1. 第一进，从中华门到天中阁，两门之间有遥参亭。中华门是1942年改名，原来叫"名山第一坊"。中岳庙石人，东西相向，立在这个牌坊前的神道旁，1957年加盖了保护亭。神道向南延伸，南距汉太室阙有600米。与西岳庙比较，名山第一坊前的部分相当西岳庙的庙前部分，遥参亭后面的部分相当西岳庙的月城，名山第一坊相当太华山门，坊后有遥参亭，两者也一样，但它把山门和遥参亭收在相当西岳庙月城的范围内，还是很不一样。金图与此不同，天中阁前有三道墙，遥参亭在第一道墙后，山门在遥参亭后。它把太室阙直接画在遥参亭前，图中没有石人，属于缩略的画法。

2. 第二进，从天中阁到崇圣门，两门之间有配天作镇坊和两个碑亭。天中阁是明嘉靖四十一年（1562年）后改名，原来叫"黄中楼"。与西岳庙比较，天中阁相当五凤楼。这是中岳庙的前三门，一般叫"下三门"。它的后面才是庙城本身。金图，庙城四角，画有角楼，现在阙如；两门之

---

〔1〕参看郑州市嵩山历史建筑群申报世界文化遗产委员会办公室《嵩山历史建筑群》，北京：科学出版社，2008年。

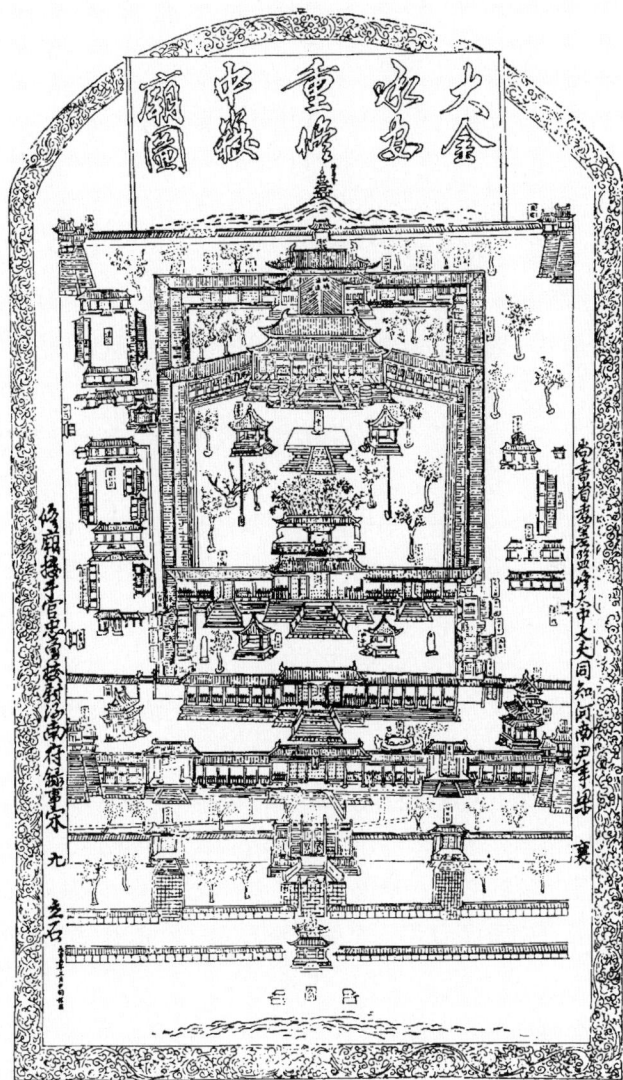

图 6 《大金承安重修中岳庙图》

间，只有两座碑楼，没有牌坊。

3. 第三进，从崇圣门到化三门，两门之间有古神库和无字碑亭。古神库，四角有宋铸铁人，原来是个火池，金图没有崇圣门，第二进和第三进合为一个部分。它把火池画在东南部，靠近天中阁。

4. 第四进，从化三门到峻极门，院落两侧为四岳殿：东岳殿、南岳殿、西岳殿、北岳殿。化三门，也叫"外三门"、"中三门"。与西岳庙比较，化三门相当棂星门。

5. 第五进，从峻极门入，前有嵩高峻极坊，中有拜台，后有峻极殿。峻极门是中岳庙的主体建筑。这一部分，外有回廊环绕。与西岳庙比较，峻极门相当于金城门，峻极殿相当灏灵殿。金图与此不同，峻极殿前原有一台一阁，今唯台在，阁被嵩高峻极坊代替。嵩高峻极坊也是清代增建。

6. 第六进，峻极殿后有寝殿，与西岳庙比较，峻极门相当于金城门，峻极殿相当于灏灵殿。金图，两殿之间原有卷棚式穿廊，如工字形。

7. 第七进，中岳庙后有御书楼，乃明万历年间增建，在金图上也没有。

中岳庙石人 [图7]，立庙前，夹神道，前有神道阙，对探讨西岳庙石人的位置很重要。

这对石人，比较矮，只有1.22米，作挂剑状。他们的背面有很多小洞，不知何用，东边一件，头顶还刻有"马"字。

现已发现的石人，形象各异：有挂杖者（麃君墓石人、鲁王墓石人），有挂剑者（中岳庙石人、北魏景陵石人、北魏静陵石人），有持盾者（永定河石人）、有持棍者（邹城西关石人）、有拥篲者（中岳庙石人），还有作胡人形象者（濮水涧石人、临淄石人）。多数都是以亭长、谒者、掌迎宾客者的形象而出现，当时还没有规范化。后世，主要有两大发展，一是统一形象，汉魏时期，充当仪卫者多为武臣形象，挂剑石人逐渐成为范

图 7 中岳庙石人

式，这是后世武臣像的原型；二是唐泰陵以后，分出文武臣。[1]

上述石人，断代是个大问题。

中岳庙石人的年代，目前是参考太室阙的年代而定。太室阙有延光四年（125年）的刻铭，记此阙作于元初五年（118年）。

西岳庙石人的年代，也可参考《西岳华山庙神碑》的年代。《西岳华山庙神碑》刻于东汉延熹八年（165年）。可能比前者晚一点。

中岳庙的庙前部分，基本上是东汉时期的遗存。中岳庙，石人在庙

---

[1] 李零《翁仲考》。案：临淄石人，见王新良《山东临淄出土一件汉代人物圆雕石像》，《文物》2005 年 7 期，91 转 96 页。

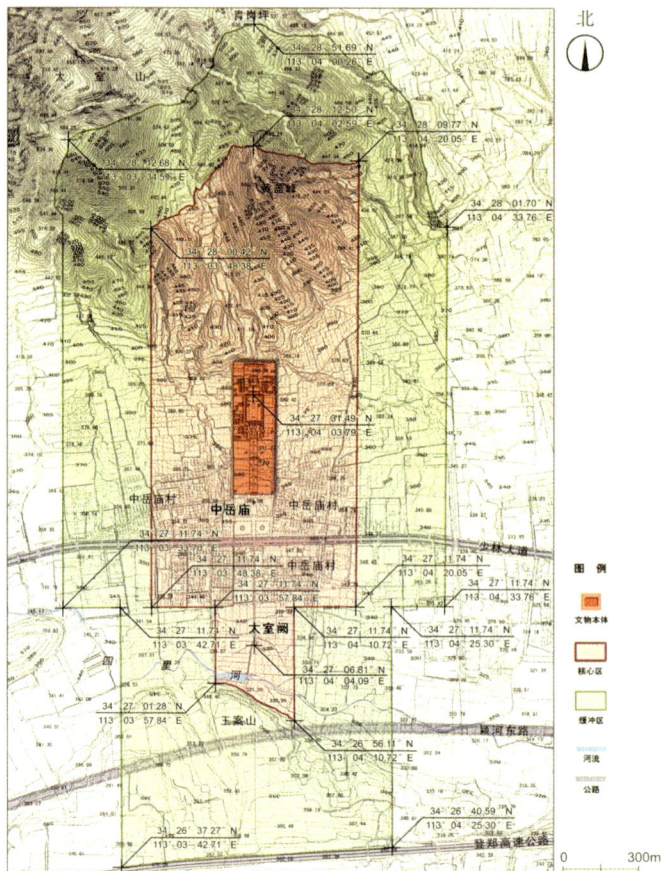

图 8　中岳庙石人和太室阙的位置（石人位置即图中的两个圆圈）

前，太室阙在神道南端［图8］，这对西岳庙是不可多得的参考。

2010 年 8 月 24 日写于北京蓝旗营寓所

（原刊《秦始皇帝陵博物馆》2011 年总壹辑，西安：三秦出版社，2011 年 6 月，99—118 页）

申谢：

　　感谢陕西临潼秦始皇帝陵博物院和西岳庙文物管理所，特别是曹玮先生。去年12月15—18日，曹玮先生请我到秦始皇帝陵博物院讲课，亲自陪我去西岳庙考察，使我大饱眼福。西岳庙，我前后跑了两趟，第一趟，只闻其名，未睹其容，拿钥匙的人不在，很遗憾；第二趟，进了库房，但见石人趴在地上，太重，没人帮忙，翻不过身，只见其背，看不到正面，也很遗憾。最后，回到北京，曹玮先生又派人去西岳庙，从西岳庙文物管理所拿到一张数码照片，电邮寄我，我才看到石人的正面。

附记：

　　黄甫峪遗址出土玉器。见刘云辉《陕西出土汉代玉器》（北京：文物出版社，2009年）94页。

皇甫峪遗址出土的玉器一

皇甫峪遗址出土的玉器二

印山越王陵
浙江省文物考古研究所
绍兴县文物保护管理局　编著

文物出版社

# 印山大墓与维京船葬

## ——读《印山越王陵》

　　印山大墓是春秋晚期的越王陵，1996—1998年发掘。发掘结束后，被评为1998年的全国十大考古发现。1999年发简报，[1]2002年出报告，[2] 讨论并不多，当时没注意，2004年冬，我到上海博物馆参加周秦汉唐文物大展的讨论会，顺便到绍兴转了一圈，才对这座大墓有了一点轮廓的印象。看过这座大墓，我有一个联想。2000年春，我在挪威参观过维京船博物馆。看印山大墓，不由自主让我想起维京船葬，两者有不少相似处。我是因为这个联想，才对印山大墓产生浓厚兴趣。

　　这两年，我一直想把印山大墓的报告找来读一下，总抽不出时间。书刚出时，我在文物出版社见过样书，当时没买。现在要看，却找不着，不但朋友没有，图书馆没有，书店没有，就连文物出版社也没有存书，北京买不到。最后，我想起来，真是的，干吗不给曹锦炎先生打个电话，看看他那边还有没有存书。电话打过去，曹所长在，他说，嗨，还买什么买，我猜你没兴趣，上次没送你，我给你寄一本好了。谢谢曹所长，承浙江省文物考古研究所赠送，现在，这本书已放在我的案头。我把全书仔细看了一遍，觉得很有收获。

　　本文就是读后感，一个外行读者的读后感。

---

〔1〕浙江省文物考古研究所等《浙江绍兴印山大墓发掘简报》，《文物》1999 年 11 期，4—16 页。

〔2〕浙江省文物考古研究所等《印山越王陵》，北京：文物出版社，2002 年。

一

《印山越王陵》不厚，一口气就读完了。它包括六章，前三章是描述发现，后三章是讨论问题。和一般的考古报告不同，它是材料少，讨论多，内容略显枯燥。由于大墓被盗，汉代以前就被洗劫一空，残存遗物太少。我能想象，读者会感到遗憾。因为国内外的博物馆，凡印展览图录，总爱用"宝藏"、"精华"作书题，大家已经习惯这类视觉享受。如果满怀希望，你会感到失望。

但我并不失望。

考古，墓葬被盗，是家常便饭，很多大墓，即使空墓，也有研究价值，价值是什么？主要是墓葬形制，当然，还有其他方面，如考古文化的比较研究。我想，这本书的价值，主要在这一方面。正如李伯谦先生在序言中说，发掘者在完整性和客观性方面已经尽了努力，在此基础上还对相关的学术问题提出了一些很有启发的意见。

我同意他的评价。

印山大墓在浙江省绍兴市西南13公里，离兰亭很近，只有2.5公里。我第一次到绍兴是1969年冬。这是第二次。35年后的这一次，也是冬天，而且是雨雪霏霏。因为下雪，能见度差，大墓是包裹在一片雾气之中，朦朦胧胧。走近大墓，首先映入眼帘，是大墓四周的环壕，壕中有水，挺宽。报告有从空中鸟瞰的彩色照片，让我想起这第一瞥。

这一眼，我忘不了。

现在，打开报告，我们再看线画的平面图 [图1]，布局更清楚。印山居中，环壕分四组，作曲尺形，围绕四角。壕随山形，略向右侧（即东面）倾斜，但大体上还是正方形，四面正中，留有通道，封而不闭，水不是连起来的。我记得，罗泰先生曾跟我说，印山大墓似乎有日本味道，我不知道他的确切意思是什么。我在京都，看过日本天皇的陵墓，陵的四周

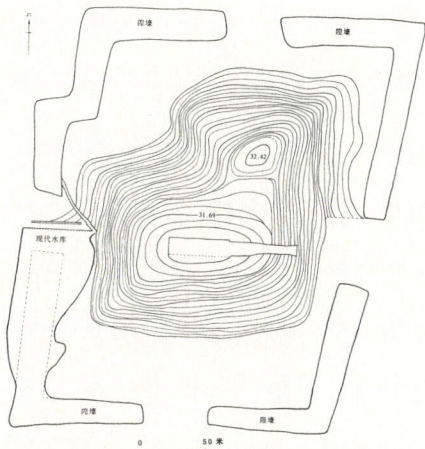

图1 印山大墓的平面布局

图2 印山大墓的墓穴和包裹炭灰的墓室

也有水，但水面的轮廓是椭圆形，没有缺口。我的印象，它更像吴哥窟，寺庙居中，四周环水，水池四面的中间留有道路，好像一个十字。

　　大墓本身，埋葬方式很独特。它是在印山的山顶上凿石为穴，东西向，整个墓形，俯视是长条形。墓穴，口大于底，坑口为46米×19米，坑底为40米×12米，坑深12.4米。穴底铺木炭灰，厚1米，上面铺设两条平行垫木，也是东西向，然后在垫木上构筑墓室，墓室的侧墙和顶部也裹着同样厚的炭灰。包裹炭灰的墓室，从外面看，断面为梯形［图2］。

　　整个墓穴，从里到外，分五层［图3］：

　　1.墓葬的核心，是墓主所在的船棺；

　　2.船棺的外面是木构的墓室；

　　3.墓室的外面用树皮包裹（140层左右，不知是什么树的树皮）；

　　4.树皮的外面用炭灰包裹，连同墓室底下的炭灰，形成密闭的保护层；

（5）炭灰的外面用青膏泥夯填，然后在墓顶起封土堆。

印山大墓的墓室[图4、5]，完全是木结构，也是长条形。东西长34.8米，南北宽6.7米。报告有详细介绍，简单讲，是两面坡一道梁，横截面作三角形。它的左右墙，是用枋木拼接，南北向，斜铺，垂直于大梁；底板，也是用枋木拼接，和左右墙的枋木为同一方向，每一断面自成一个框架，好像矿井坑道的构筑法。后墙在墓室西，用立木封死。墓门在墓室东，外接木构甬道和墓道，通往墓顶，棺材从地面经此运入墓室，也用立木封死。墓室分前室、中室和后室，彼此之间有隔墙。中室，有三根垫木，垫木上是大型船棺，船棺用独木刳制，一剖两半，半为盖，半为底，长6.05米，口宽1.12米。

出土遗物，比较少，有铜铎（1件）、玉镇（19件）和玉钩（2件）等物，器物有明显的越国特征。所谓玉镇，最近发掘的江苏无锡鸿山越国贵族墓有青瓷制品，也是这个样，该墓发掘者叫它悬铃，以为乐器；[1] 玉钩，有点像楚镇墓兽的上部（下面有座），报告推测是用来悬挂青铜乐器。

报告前三章，讲概况，讲墓葬，讲出土物，这是一些要点。

后三章，报告有很多讨论。

第四章，讲墓主和年代，作者认为，印山大墓就是越王允常的"木客大冢"，墓主是越王允常，年代是他的卒年，即公元前497年。这是基本判断。

第五章，讲发掘意义，作者强调，主要是墓葬形制。

第六章，讨论五个问题，重点是第四个问题，就是讲墓葬形制。作者对印山大墓的埋葬制度有五点归纳：

---

〔1〕张敏《江苏无锡鸿山越国贵族墓》，国家文物局编《2005 中国重要考古发现》，北京：文物出版社，2006 年，95—99 页。

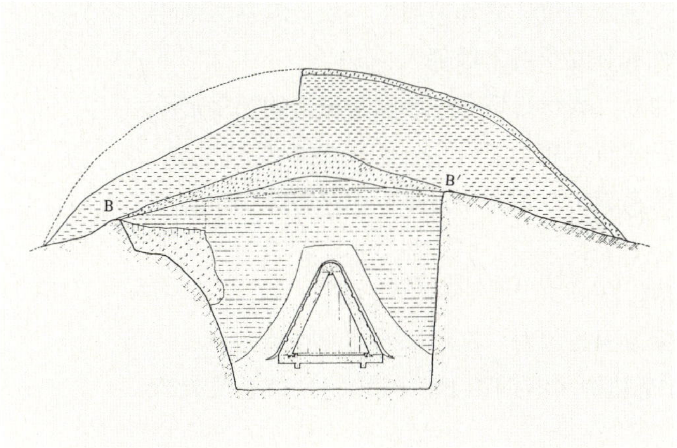

图 3　印山大墓的南北向剖面

图 4　印山大墓的墓室

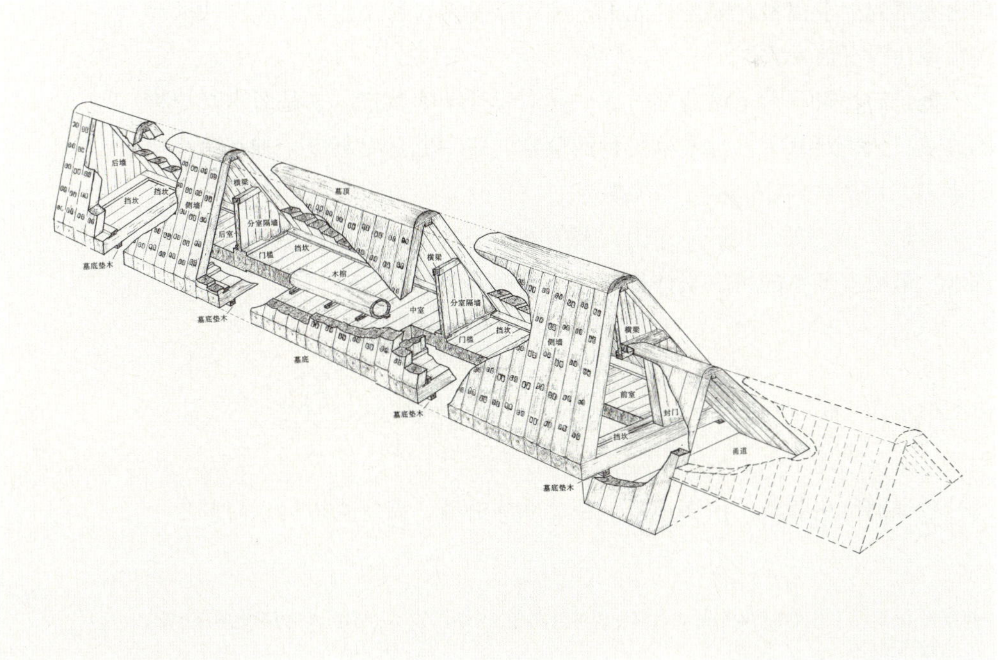

图 5　印山大墓的墓室结构

1.墓道和墓穴，是长墓道，竖穴深坑，它和西周中期后吴越地区的土墩墓不同，又早于战国越地流行的竖穴土坑木椁墓。

2.墓室和独木棺，墓室与西周、春秋土墩墓中断面呈梯形的长条形石室相似，可能有联系，独木棺也流行于越地。[1]

3.膏泥和积炭，土墩墓无所谓填土，用膏泥封墓和积炭防潮也不是越地的传统。

4.墓上封土，是延续土墩墓。

5.隍壕，土墩墓没有，战国越墓也没有，在浙江无渊源可寻。

作者认为，（2）（4）两条是越地本身的因素，（1）（3）（5）是外来因素。

通过与楚地、中原地区和秦地的墓葬制度进行比较，报告的结论是，印山大墓的外来因素，和楚地无关，和中原无关，最为相似，是陕西凤翔南指挥村的秦公大墓。

报告后，附有六个鉴定报告。一是对青膏泥的鉴定，二是对木炭树种的鉴定，三是对墓室、独木棺树种的鉴定，四、五是对墓室、独木棺漆皮的鉴定，六是对14C标本的年代测定。

附录二、三告诉我们，印山大墓的木炭是栎木，船棺是杉木，墓室是锥木。但贴裹墓室的树皮是什么树种，没有鉴定。


二


我说的维京船葬，山海遥隔，在北欧的挪威，离绍兴很远。时间也不

---

[1] 报告 46 页说，不仅绍兴地区的战国墓发现过独木棺，与浙江邻近，福建、江西等地的悬棺葬，也流行独木棺。

相干，大约在公元9世纪，相当于我国的唐代，上距印山大墓，有近1400年。这些发现，对我有什么启发，我想做一点介绍。

维京船博物馆（Viking Ship Museum），位于挪威首都奥斯陆市的Bygdøy。展馆的平面呈十字形，参观者由门厅进入前室，首先看到的是奥斯伯格船（Oseberg Ship）。看完这艘船，向前走，有一个过厅，左右两边各有一个展室，左室展出的是戈克施塔德船（Gokstad Ship），右室展出的是图恩船（Tune Ship）。看完这三艘船，再往前走，就到了后室。后室展出的是奥斯伯格船的随葬品。

这三艘船，旧藏于奥斯陆大学，原来是放在一所临时建筑中，1929年才移入本馆。它们都是在陆地上出土，不同于海上打捞的沉船，船是埋在墓穴中。船，船上的尸骨，还有随葬物，连同墓穴，墓穴顶部的封土和石冢，作为埋藏单位，是一个整体，合在一起，应该叫船葬。它们的发现地点，都在奥斯陆峡湾的两岸上，离奥斯陆很近。

下面按发现早晚做一点介绍。

## （一）图恩船 [图6]

1867年发掘，保存情况很差，船壳损毁，甲板还在，已无法复原，年代大约在公元850–900年。这艘船，名气不如后面两艘船，但对后来的修复和研究很有参考价值。下述二船，都是以甲板上的船舱为墓室，把墓主的尸体放在里面。此船的墓室，形式不太一样，它是平顶，而非两面坡。船上的遗物已被盗一空。

## （二）戈克施塔德船 [图7]

1880年发掘，长24米，最宽处有5米，船壳是橡木，甲板是松木，出土时，除船头、船尾残缺，大体完好 [图8]，出土后，曾原封不动在奥斯陆大学展出，后来补了船头、船尾。其年代和图恩船相近。墓室 [图9]，

图 6　图恩船

图 7　复原后的戈克施塔德船

图8　出土时的戈克施塔德船

图9　戈克施塔德船的墓室

和维京船常备的帐篷相似，断面是三角形，位于船体的后半。它的长度不如印山大墓的墓室，但构造方式却酷为相似，也是两面坡一道梁。左右斜墙，用枋木拼接，纵铺；前门后墙，用立木拼接。这些都与印山大墓相似。墓主，只剩骨架，身材高大，躺在墓室内的木床上，是个约60岁的男子。墓室外壁，用多层的桦树皮包裹；墓穴很深，用青膏泥密封，具有防腐作用；墓上有封土和石冢。这些也和印山大墓相似。该墓早年被盗，但同出有轻舟3艘、雪橇1辆、海盗跳板1块，盾牌64件。这艘大船，设计制造极为精良，船底有龙骨，船尾有舵，墓室前有既可竖起又可放倒的桅杆，用来悬挂巨大的横帆。它比奥斯伯格船更适于海上航行。1892年，为纪念哥伦布发现美洲400年，挪威人按原样复制了这艘船，并于次年驾驶它横渡大西洋，在芝加哥的世界博览会上展出。它的名气很大。

(三) 奥斯伯格船 [图10]

1906年发掘，长22米，与前者类似，船壳也是橡木，甲板也是松木。

图 10　奥斯伯格船

船舷两边各有15个桨孔。其年代和前两艘船相近。这艘船是从海上拖到岸上，埋在一条大沟内，也是上有封土和石冢。由于墓室塌陷，船被砸成两三千个碎片，现在展出的船，是费很大力气，重新组装，有些部位也是补上去的。它的墓室与戈克施塔德船相似，也是两面坡，室内有漂亮的壁毯。墓中尸骨是两位女性，一位约20—30岁，一位约50岁。在维京船博物馆中，它是镇馆之宝。这不光是因为，它的船头、船尾雕刻很精美，更重要的是，它的随葬物也非常丰富，上述两例，不能相比。尽管此墓也经盗掘，盗墓贼已偷走了墓中的珍宝，但还是留下不少随葬物：4辆雪橇、1辆四轮车，以及其他一些物品。很多物品都是女性的物品（如厨具和纺织工具）。

　　这些船葬，等级很高。有人推测，奥斯伯格船，墓主是Queen Åsa；戈克施塔德船，墓主是Geistada-alv。这些推测，虽然不能肯定，但它们都属于王室一级的贵族，没问题。

# 三

下面，让我做一点比较。

（一）印山大墓，给我的突出印象，可归纳为两个字，上面说了，就是"独特"，和同时期的墓葬相比，哪个都不像，起码目前，还是独一无二。研究考古，发现频率高，有统计学意义，当然很重要，但我以为，偶尔发现，绝无仅有，也一样重要，甚至更重要。印山大墓就是属于后一种，我对这类发现，兴趣更浓。

下面是我的比较：

1. 印山大墓和越地流行的早期土墩墓，有一点可比，是墓室的大形。报告说，印山大墓的墓室，与土墩墓中断面呈梯形的长条形石室相似，是延续土墩墓的传统，这点值得注意。例如，最近发表的江苏无锡鸿山的越国贵族墓，年代比印山大墓晚，估计是越王勾践时期的墓，就仍然是长条形。但两者的不同处更多。比如封土，土墩墓有封土，是平地掠土堆起的冢；印山大墓有封土，是山顶凿穴，夯填青膏泥，再加封土。土墩墓和竖穴墓，完全是两个概念。

2. 印山大墓和越地的晚期木椁墓，虽然同属竖穴墓，而且同样有木构的墓室，但越地的竖穴木椁墓，是截断土墩墓的传统，从外面引进，不但墓穴的形式不同，墓室的形式也不同，根本没有可比性。

3. 和其他国家或地区比，情况也一样。比如楚地，倒是流行竖穴木椁墓，而且也用膏泥封墓。但楚地根本没有这种长条形墓穴和断面为三角形的墓室，也没有贴树皮和积炭的做法，更没有隍壕；中原地区，有积石积炭的传统，除竖穴、木椁和积炭，其他条件，也不符。

4. 报告认为，印山大墓可能是受秦公大墓的影响，这是作者最大胆的推测。秦公大墓是竖穴深坑，既有膏泥封墓，又有积炭垫底，还有隍壕围墓，这是共同点。但即使这三点也还是很不一样。比如隍壕，秦公大墓就很不一样，填土也是以五花土为主，作者已经注意到。更何况，印山大墓的基本特点，长条形墓穴和断面为三角形的墓室，这两个条件，同样不具备。不同也是显而易见。

印山大墓是诸侯王一级的大墓，它的真正特色，主要是两点，长条形墓穴和断面为三角形的墓室。这种特点，低等级的墓没有，很正常；其他地区的墓没有，也很正常。没有普遍性，正是它的特点。除非发现类似的越王大墓，我们没有可比材料。

（二）印山大墓，跟异国他乡的维京船葬倒是有许多相似之处。这些大墓也是高规格的墓葬，也是被盗一空，但墓穴、墓形在，埋葬方式很相似。

其共同点是：

1. 维京船葬的墓穴，都是竖穴深坑，用青膏泥和泥炭封墓，墓上有封土和石冢，这与印山大墓的埋葬方式非常相似。

2. 维京船葬的墓室，以戈克施塔德船和奥斯伯格船为例，都是两面坡一道梁，外面贴裹桦树皮，这也与印山大墓的墓室非常相似。

我讲维京船葬，无意表明，两者之间有文化联系，而只是提供一种思路，看看这两种葬俗，它们后面的设计，有什么共同点，在道理上或可相通。

维京船葬，是维京人特有的葬俗。这种葬俗和航海有关。维京人是北欧土著，他们以造船、航海著称于世。公元8—11世纪，他们成为瑞典人、挪威人和丹麦人，不但在英伦三岛、法国、西班牙、俄罗斯烧杀抢掠，还袭击君士坦丁堡，到达北非、中亚和近东。公元992年，先于哥伦布500年，他们还到过美洲。维京人的生活是以船为中心，船是他们的生命。这可以解释，为什么他们的墓要埋在海边，死者要葬在船上，墓室要模仿帐篷式的船舱。他们活在船上，死在船上，体现的是事死如生的宗教观念。

（三）我们不要忘记，吴、越也是重要的航海国家。中国的航海史和海军史，翻开第一页，首先要提到的，就是吴越二国。吴国和北方有关，但文化是以越文化为底色。越文化不仅是吴越地区的土著文化，还广泛分布于长江中下游和它以南的纵深地区。泛言舟楫，长江流域很突出，蜀、楚、吴、越都有份。比如船棺葬，长江流域，很多地方都有，但要讲航海，还是吴、越最突出。印山大墓，墓主躺在船棺内，它外面的墓室像什么？最像船舱。我有点怀疑，印山大墓，其墓室设计是模仿大船，环壕是象征大船停泊的湖海，而不是起防御作用。土墩墓的石室，可能也是出于类似的想法。[1]

他山之石，可以攻玉。

## 四

最后，再谈一下有关文献。

报告论证，印山大墓就是古书中的木客大冢，而不是其他墓，我很赞同。具体论证，可看原书，我不再重复。这里，与木客大冢有关，有三条文献，最重要：

1.《越绝书·外传·记地传第十》："木客大冢者，勾践父允常冢也。初徙琅琊，使楼船卒二千八百人伐松柏以为桴，故曰木客。去县十五里。一曰勾践伐善材，文刻献于吴，故曰木客。"

2.《吴越春秋·勾践阴谋外传第九》："种曰：'吴王好起宫室，用工不辍。王选名山神材，奉而献之。'越王乃使木工三千余人，入山伐木。一年，

---

[1] 船葬或以船随葬，在考古发现中，是值得注意的现象。例如，战国时期的中山国，地当河北中部，控制着滹沱河流域，中山王墓的前面就是滹沱河。这座大墓出过四艘长 12–13 米的大船（可惜保存情况太差）。参看河北省文物研究所《䃂墓——战国中山国国王之墓》，北京：1996 年，上册，95–100 页；327–332 页。

师无所辜。作士思归，皆有怨望之心，而歌《木客之吟》。一夜，天生神木一双，大二十围，长五十寻。阳为文梓，阴为楩枏。巧工施校，制以规绳。雕治圆转，刻削磨砻。分以丹青，错画文章。婴以白璧，镂以黄金。状类龙蛇，文彩生光。乃使大夫种献之于吴王，曰：'东海役臣，臣孤勾践，使臣种，敢因下吏，闻于左右。赖大王之力，窃为小殿，有余材，谨再拜献之。'吴王大悦。"

3.《吴越春秋·勾践伐吴外传第十》："越王使人如木客山，取允常之丧，欲徙葬琅邪。三穿允常之墓，墓中生燝风，飞砂石以射人，人莫能入。勾践曰：'吾前君其不徙乎？'遂置而去。"

这三条材料，《越绝书》最重要。它指出，越王允常的大墓在木客山，山离会稽县15里，这点很清楚，但木客山为什么叫木客山，似乎与山多美材，可以造船有关。勾践派人到此山伐木有两说，一说勾践要迁都琅琊，曾派楼船卒，即当时的海军，到此山伐木造船，甚至想把他父亲的尸体搬走，迁葬到琅琊，最后放弃了这个念头；还有一说，是勾践为了讨好吴王夫差，到这里取材，用来盖宫殿。《吴越春秋》的两段话，就是讲这两件事，（2）是讲为吴王造殿，（3）是讲为迁都造船。造殿在灭吴前，造船在灭吴后。

另外，《越绝书外传·记地传第十》还有几条史料，有助理解舟师和航海对越国有多重要，如：

1."无余初封大越，都秦余望南，千有余岁而至勾践。勾践徙治山北，引属东海，内外别封削焉。勾践伐吴，霸关东，徙琅琊，起观台，台周七里，以望东海。死士八千人，戈船三百艘。"

2."舟室者，勾践船宫也，去县五十里。"

3."种山者，勾践所葬大夫种也。楼船卒二千人，钧足美，葬之三蓬下。种将死，自策：'后有贤者，百年而至，置我三蓬，自章后世。'勾践葬之，食传三贤。"

216

公元前485年，吴国曾派徐整率舟师自海入齐（《左传》哀公二年）。这在中国海军史上是重大事件。他们的航海路线，估计是从会稽（今浙江绍兴）到东海（今江苏连云港）到琅琊（今山东胶南）。勾践灭吴后，徙治琅琊，估计是走同样的路线。勾践重视航海，重视舟师，他为允常迁墓，为文种营墓，都是动用海军。

印山大墓会不会是一种船文化的缩影，这是我想提出的问题。

不是答案，只是思考。

2006 年 11 月 4 日写于北京蓝旗营寓所

（原刊《中国历史文物》2007 年第 3 期，双月刊，55–62 页）

附记：

越式人字顶大墓也见于福建、广东，如广州农林东路的发现。参看广州市文物考古研究所《广州市农林路南越国"人"字顶木椁墓》（收入该所编《羊城考古发现与研究》（一），北京：文物出版社，2005年，35-48页）。

广州农林东路人字顶大墓（顶部）

广州农林东路人字顶大墓（底部）

海昏侯墓地出土的云纹瓦当

# 说云纹瓦当

## ——兼论战国秦汉铜镜上的四瓣花

图1　汉代的云纹瓦当

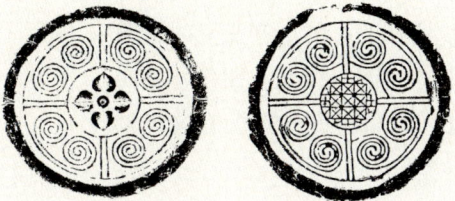

图2　战国时期秦国的云纹瓦当

图3　秦代的云纹瓦当

在汉代的瓦当中，云纹瓦当最流行。这一名称是怎么叫起来的，我没有查考，暂时搁置不论。我想说的是，这一名称其实很有问题。我把理由简单讲一下。

汉代的云纹瓦当[图1]，来源可能是战国时期秦国的云纹瓦当[图2]和秦代的云纹瓦当[图3]。通常，它是以单线或双线的十字纹划分当面，中间有单线或双线的圆圈扣在十字纹交叉的部分，中心圆内作十字纹、网状纹、花叶纹、连珠纹、圆圈纹、圆点纹，有各种不同形式，外圆和内圆之间的四个角落，则有旁出的卷曲纹，好像云气。[1] 这种瓦当，中心圆

[1] 参看赵力光《中国古代瓦当图典》，北京：文物出版社，1998年。战国时期秦国的云纹瓦当，见该书图156—178、180—183；秦代的云纹瓦当，见该书图184、186—191、193—197；汉代的云纹瓦当，见该书图198—223。案：图156、157、172、197不是典型的云纹。

图 4　汉代带钩绳纹的云纹瓦当　　　　　　　　　　　　　图 5　钩绳图（双古堆汉墓出土式盘的背面）

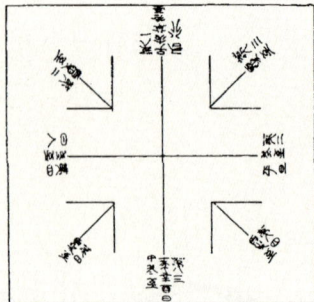

的图案虽然颇多变异，但共同点是有旁出的卷曲纹。云纹瓦当之所以叫云纹瓦当，主要就是因为有这种卷曲纹。

　　但是，我们应当注意的是，云纹瓦当的中心圆，圆内的花纹，除上述各种，还有一种是作钩绳图或钩绳图的变形 [图4]。[1] 所谓钩绳图 [图5]，就是四钩加二绳，二绳是表示四正（东、南、西、北）的十字交叉线，四钩是夹在十字线的四个空当里表示四隅（东北、东南、西北、西南）的四个折角，角与角的连线是四维。汉代的式盘、博局和日晷都含有这类设计。我把它叫作"式图"类的设计。[2]

　　过去，学者对汉镜的花纹进行分类，约有十多种。[3] 这些花纹，大部分都是习惯性的叫法，或取地纹为名，或取局部纹饰为名，各种构成要素往往交叉使用，分类和定名，标准极不统一。它们的共同点主要在于，很多对称性的图案在构成原理和布局上都属于"式图"类的设计，与汉代的

〔1〕赵力光《中国古代瓦当图典》，图 199、202、204—207。案：图 192 虽为"三角乳丁纹瓦当"，但实为云纹瓦当的变形，其中心圆内也有钩绳纹，图 203 的中心圆内有八角星，也应是钩绳图的变形。

〔2〕一般讨论，可看拙作《入山与出塞》，北京：文物出版社，2004 年，171—200 页。

〔3〕参看孔祥星《中国铜镜图典》，北京：文物出版社，1992 年。

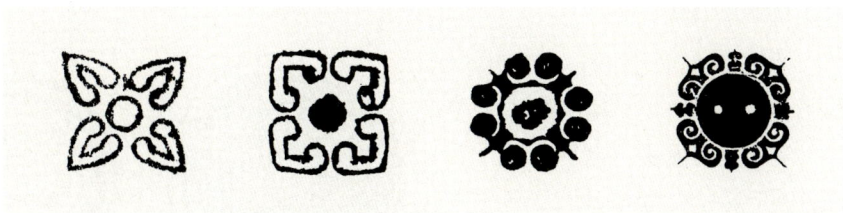

图6 四瓣花（左二为A形花，右二为B形花）

式盘、博局和日晷在图式上彼此相通。而且，值得注意的是，它们往往都有四瓣花的装饰。四瓣花分两种，一种是三角形的所谓桃形瓣，有一个约90°或60°的瓣尖和两个内卷的钩；一种是倒T形的所谓并蒂四叶纹，则有一个长针状的瓣尖和两个圆形或内卷式的侧瓣，有些还变形，略如蝙蝠形。下面，为了讨论的方便，我们把前一种四瓣花称为A形花，后一种四瓣花称为B形花 [图6]。

下面做一点讨论。

## （一）蟠螭纹 [图7]

这类纹饰，不是从图案的主题设计和花纹的总体布局命名，而是从图案的地纹命名，如果从总体布局讲，有些是用类似草叶纹的花纹表示四方（和变形四叶纹有相似之处），有些是早期的四乳纹或博局纹。此类一般没有四瓣花。[1]

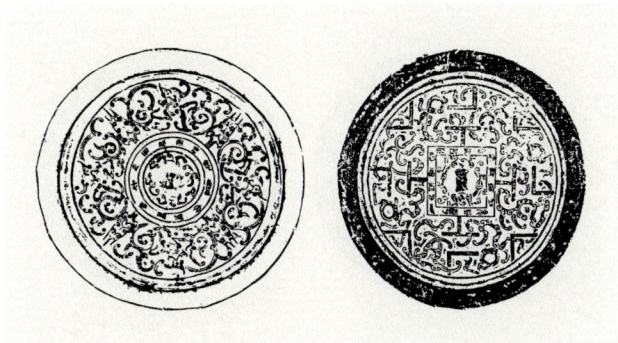

图7 蟠螭纹镜

--------

[1] 孔祥星《中国铜镜图典》，164—170页。

## （二）蟠虺纹 [图8]

也是以地纹命名，情况与上类似，有些是早期的四乳纹，从布局角度讲，也是属于四方类。这种四乳纹或围以A形花。[1]

## （三）星云纹 [图9]

也是以地纹命名。这种花纹其实也是四乳纹的一种，同样属于四方类。其四乳或围以B形花。所谓星云纹，其实是与蟠螭纹、蟠虺纹类似的地纹。[2]

## （四）花瓣纹 [图10]

一般以四乳表示四正，而以所谓一苞二叶纹（B形花的变种）表示四隅，四乳所围是A形花或B形花，内方或中心圆内，围绕镜纽，往往有B形花，瓣尖对准四隅。所谓花瓣纹主要就是指四乳所围的A形

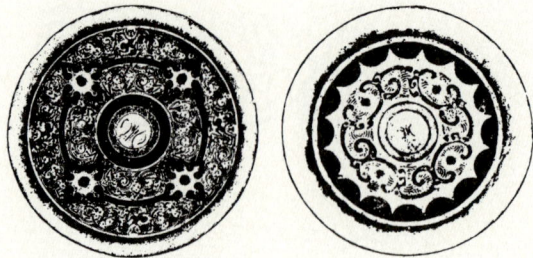

图8 蟠虺纹镜

图9 星云纹镜

图10 花瓣纹镜

[1] 同前书，171—178 页。
[2] 同前书，207—215 页。

图 11　变形四叶纹镜

图 12　草叶纹镜

花或B形花，其实只是纹饰中的局部，布局属于八位（四正加四隅）类。[1]

## （五）变形四叶纹 [图11]

是以B形花（多变形，类似蝙蝠）表示四正，四正之间用弧线相连，布局属于四方类。[2]

## （六）草叶纹 [图12]

是指一种形状类似麦穗的花纹。这种花纹也是纹饰的局部。它主要用于两种图案，一种是八位的图案，一种是十二位（四方各三分）的图案。前者是以草叶纹或其他纹饰表示四正，一苞二叶纹表示四隅。后者是以四乳纹或其他纹饰表示四正，一苞二叶纹表示四隅，而把草叶纹插入四正和四隅之间，即四正的两旁，由此构成分布内方四面的十二位。后者有时还会增加博局十二道，其实就是早期的博局纹。它的四乳或围以A形花，内方则多有B形花，瓣尖对准四隅。[3]

---

〔1〕同前书，179—191 页。
〔2〕同前书，375—409 页。
〔3〕同前书，192—206 页。

## （七）四乳纹〔图13〕

布局属于四方类。四乳
多无装饰，往往与禽兽纹相
配，但有些四乳镜，四乳或围
B形花，则与上花瓣纹为一大
类。[1]

## （八）多乳纹〔图14〕

是四乳纹的变形，有五
乳、六乳、七乳三种，也往往

图13　四乳纹镜

与禽兽纹相配。[2]此外，还有八乳和十二乳，则往往与博局纹相配，属于
博局镜，不再另分为一类。

## （九）连弧纹〔图15〕

多为八角连弧，和四乳纹、八乳纹属于同类设计，其实是用八角表示
八位。其八角连弧内，围绕镜纽，常有B形花。[3]十六角连弧是它的变形，
在各类铜镜中应用极为广泛，也不再另分为一类。

## （十）博局纹〔图16〕

特点是有博局十二道，即内方四正用T形纹表示，外圆四正用L形纹
表示，四隅用V形纹表示，布局属于十二位类。其内方四隅和外圆四隅之
间往往有四乳，或在内方四隅和外方四隅的连线（四维线）两旁各有二
乳，共八乳，有时内方还有十二乳。此外，这类铜镜还往往以四神纹（青

〔1〕同前书，216—226页。
〔2〕同前书，328—365页。
〔3〕同前书，227—228、230—232、235—238、240、241、366—374页。

224

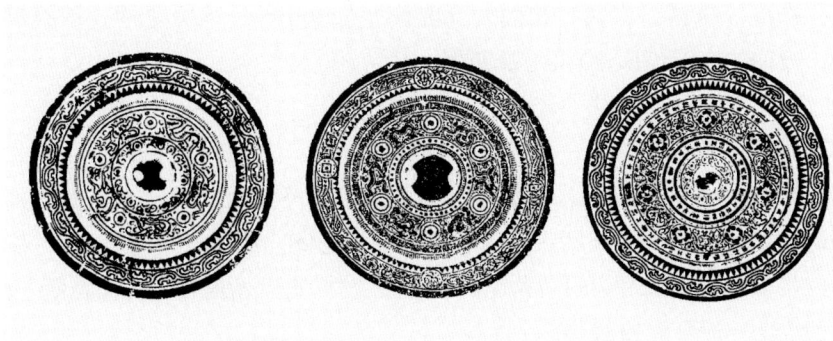

图 14　多乳纹镜

图 15　连弧纹镜

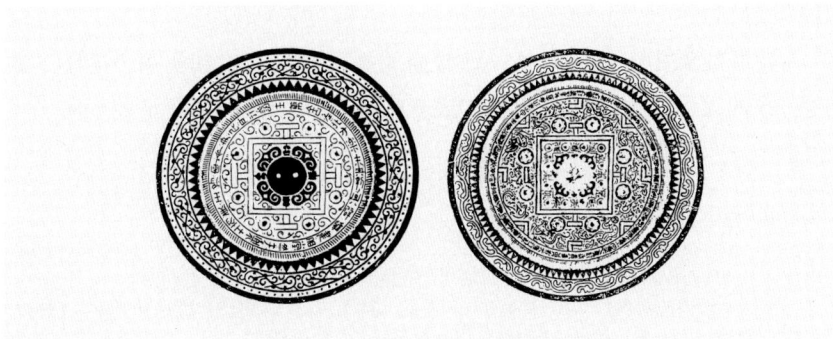

图 16　博局纹镜

龙、白虎、朱雀、玄武）和仙人、瑞兽等花纹相配，内方之中，围绕镜纽，则往往有B形花，瓣尖对准四隅。[1]

## （十一）禽兽纹

有龙凤纹、龙虎纹（龙纹、虎纹是其局部）等多种。[2]龙虎纹是四神纹的缩略形式，或作交媾状（下有龟或拄杖老者，则喻其求寿之义），估计应与东汉房中家所谓的"龙虎戏"有关。[3]龙代表东方，虎代表西方。这种纹饰一般不配四瓣花。

## （十二）神兽纹和画像纹

是以神人、瑞兽为主题的复杂纹饰。其中东王公和西王母也有表示东西方的意义。[4]这类纹饰一般不配四瓣花。

上述纹饰，从"式图"设计的角度看，其实可以归入三大类：

1. 四方类。包括四乳纹、星云纹、变形四叶纹，以及蟠螭纹和蟠虺纹中类似四乳纹者，还有四神纹、龙虎纹和东王公、西王母纹。

2. 八位类。包括花瓣纹、八乳纹、连弧纹，以及草叶纹中的四叶者。

3. 十二位类。包括草叶文和博局纹，以及蟠螭纹中带博局纹者和草叶纹中的八叶者。

在这些纹饰中，四瓣花是一种普遍的构图要素。它其实是个缩小了的二绳图或四维图，或者代表四正，或者代表四隅，和钩绳图是属于同一类设计。

---

〔1〕同前书，265—327页。

〔2〕同前书，463—494页（包括三国六朝镜）。

〔3〕其说见于《神仙传》卷四《天门子传》和《太阴女传》，以及道教文献《黄书》。

〔4〕孔祥星《中国铜镜图典》，410—434页（神兽纹，包括三国六朝镜）；435—462页（画像纹，包括三国六朝镜）。案：原书"神兽纹"的意思是神人纹和瑞兽纹。

图 17　嘉祥宋山村出土的汉画像石

　　我们拿这种花纹和汉云纹瓦当上的卷曲纹作对比，当不难发现，它们完全属于同一类设计，不同点只是，镜子上的花瓣一般比较小，往往缩在外圆的四正或四隅，或内圆、内方的四隅，花瓣有角或起尖；瓦当上的卷曲纹一般比较大，多半不起尖。

　　总之，我的看法是，通常所说的云纹其实就是四瓣花的变形，或至少与之相当，主要是用来表示四隅和四维。从总体上讲，它是属于钩绳图的设计或"式图"类的设计。

　　在汉代的画像石上，我们曾看到过用两组四瓣花为装饰的石刻，如山东嘉祥县宋山村就出土过多件 [图17]。[1] 这种石刻，表示四正（东、南、

[1] 朱锡禄《嘉祥汉画像石》，济南：山东美术出版社，1992 年，图 75。

西、北）的四瓣花，花瓣较小，表示四隅的四瓣花，花瓣较大，中间突起的圆面，和瓦当的中心圆相似，不同点是上面有线刻的五铢钱。

四瓣花的装饰到底起源于何时，恐怕还应做进一步考察。这里举一个有趣的例子。大家都知道，战国中山王墓出土过一件精美的错金银四龙四凤方案［图18］。这件方案也有四正四隅。四龙当四隅，四凤当四正，四凤之尾交于中央的一件圆形饰物上。这件饰物上的花纹就是四瓣花。四瓣花的花瓣有尖，大体指向凤尾弧线的切点，相当四隅，但和四隅略有错位。[1]

上文主要是以汉镜和汉瓦当进行比较，其实四方、八位或十二位的设计，在战国铜镜上已非常流行［图19］，并不始于汉代。如所谓花叶镜，就是以花叶表示四方或八位；[2] 山字镜，则用四山（所谓"山"者类似博局纹中的"T"形纹）表示四方；[3] 菱纹镜，也往往以四乳或八乳，以及近似八角形的图案（中间的图案类似变形四叶纹）表示八位；[4] 禽兽镜，也往往以动物和其他图案组成四方或八位。[5] 其他，如饕餮镜、蟠螭镜、羽鳞镜、连弧镜（有六角、七角和八角之不同）等等，其实也都有四方对称的图案。[6] 可见这类设计实起源于战国。

不仅如此，在战国铜镜中，我们还见到一些类似汉代四瓣花的纹饰［图20］，如花叶镜中的花叶，其实就是汉代四瓣花的雏形，一种类似A形花，一种类似B形花，一种类似草叶纹，这类纹饰也见于山字镜、菱纹镜和禽兽镜，或者围绕四乳，或者围绕镜纽，形状、作用和布局都与汉代的

〔1〕河北省文物研究所《𰀉墓——战国中山国国王之墓》，北京：文物研究所，1996 年，上册，139—141 页：图版四九（A）（B）（C）；下册，彩版一四，图版九一、九二。
〔2〕孔祥星《中国铜镜图典》，22—36 页。
〔3〕同上书，37—58 页。(此类还有五山镜和六山镜，四山镜和五山镜、六山镜的关系则类似四乳镜和五乳镜、六乳镜的关系)
〔4〕同上书，59—65 页。
〔5〕同上书，66—99 页。
〔6〕孔祥星《中国铜镜图典》，100—163 页。

图 18　战国中山王墓出土错金银四龙四凤方案（报告插图不够清晰，感谢河北省文物考古研究所张守中先生惠赐手绘原图）

图19　战国铜镜上的四方、八位和十二位（依次为花叶镜、山字镜、菱纹镜、禽兽镜、蟠螭镜、连弧镜）

图 20　战国铜镜上类似四瓣花的纹饰（左：类似 A 形花；中：类似 B 形花；右：类似草叶纹）

四瓣花有相似之处。

云纹瓦当的叫法，现在已成习惯，不烦改名。但我们应该知道，它的花纹其实是四瓣花的变形，原来并不是云纹。

2004 年 10 月 10 日写于北京蓝旗营寓所

（原刊《上海文博》2004 年第 4 期，12 月 28 日，63—68 页）

上博楚简《容成氏》简 4、5

# "邦无飤人"与"道毋飤人"

上博楚简《容成氏》有段话，是讲上古盛世 [见左图]：

> ……於是虐（乎）不赏不罚，不型（刑）不杀，邦无飤人，道逪（路）无殇死者。上下贵贱，各得亓（其）殜（世）……

简文"飤"字，左半是食旁，右半的笔画有点残，但很明显是人字，而不是几字，更不会是幾字，因此我把它释为"飤"。我的注释是："飤人，即'食人'，指吃人（人吃人或兽吃人），或者'飤'是'饥'之误写。"[1]

为什么我说这个字"或者是'饥'之误写"，这是因为，我记得中国历史博物馆，今国家博物馆，有一块小篆12字砖，过去在通史陈列，上面有类似的话，正是释为"饥人"。

中国国家博物馆的这块砖 [图1]，见于中国历史博物馆编《中国通史陈列》，北京：朝华出版社，1998年，76页，图版5—1—6，题为"小篆体十二字砖"，长30.8厘米、宽26.7厘米、厚4厘米，定为秦代。承王睿先生

---

[1] "飤"，陈剑释"饥"，括注问号，"世"读为所，见氏著《上博楚简〈容成氏〉与古史传说》，收入中央研究院成立 75 周年纪念论文集——《中国南方文明学术研讨会》，台北："中研院"历史语言研究所，2003 年，2 页。案："飤"字不误。"各得其世"，与"殇死"相反，犹言各享其天年，各享其寿数，并无格碍。陈剑说，最后一字所从的"世"，楚简与"乍"相似，他是先把这个字说成"作"，再读为"所"，似过迂曲。

代为查询，此砖是1950年代入藏，来源不详。其铭文释文作：

海内皆臣，岁登成孰（熟），道毋饥人。

简文是讲盛世，砖铭也讲盛世，宜其有相似的语句。

过去我们熟知的是这种12字砖。

前两年，我去西安碑林博物馆拜访赵力光先生，他给我看过不少砖瓦拓片，我问起这种砖。赵先生说，近年西安的古董市场上，这类地砖很多，很多藏家手里都有。他们的馆刊有介绍，其中既有12字砖，也有16字砖。前者有拓本两种发表 [图2]，同中国国家博物馆所藏；后者有照片一幅 [图3] 和拓本八种发表。[1] 赵先生送我两张拓片，一张是朱拓 [图4]，一张是墨拓，就是属于16字砖。这种16字砖，比前者多出四字，铭文作：

海内皆臣，岁登成孰（熟），道毋飤人，践此万岁。

多出的四个字很重要，说明这类方砖都是地砖，可供天子践踏。"道毋飤人"也可纠正过去的释读。

赵先生说的文章，是他们馆的两位副研究员马骥、任平所撰。他们对西安流传的16字砖有很好的介绍：

2005年以来，西安古玩市场陆续出现了一些汉代十六字吉语砖，另有少数十二字砖。砖约29.5—34厘米见方，厚约3—4厘米。阳文篆字，范制。字行之间有界格，外有边栏。文曰："海内皆臣，岁登成熟，

---

[1] 马骥、任平《山西洪洞县新出的汉十六字吉语砖》，《碑林集刊》（十二），西安：陕西人民美术出版社，2006年，303—304页，又封底和305—307页：图一至图三。

图 1　中国国家博物馆藏 12 字砖

图 2　12 字砖拓本（《碑林集刊》十二，第 305 页，图一）

图 3　16 字砖（《碑林集刊》十二，封底）

图 4　16 字砖拓本

道毋飤人，践此万岁。"(图见封底)十二字者，仅有前三句，无'践此万岁'四字。字形古朴精美，文义吉祥。据说，这些砖均出自晋西南临汾市洪洞县一带。因洪洞距西安较近，到今年10月份大约已有100多方流入西安市场，大多残破，完整者较少。据目前所见，共有十几种版式。笔者以为，这批十六字砖具有较高的史料价值和艺术价值，在中国书法史上应该占有一席之地。不管是因何种原因流散于民间的，当地文物部门都应负起责任，保护遗址并对其进行收集整理与研究。笔者最近在西安收集到10种不同版式的拓片，相互比较，觉其文字变化丰富，颇有意趣，因成此短文，简介于后。

文章中的信息很重要。作者说的两种尺寸，"29.5厘米"是12字砖的长度，和中国国家博物馆所藏的12字砖长度相近。这种砖的宽度，作者没有讲，估计应与中国国家博物馆所藏相近，也在26.7厘米左右。这是一种长度大于宽度的长方形砖。"34厘米见方"是16字砖的尺寸，则是正方形的砖。因为多四个字，尺寸也自然大一些。"厚约3-4厘米"是两者共同的尺寸。他们根据16字砖，指出12字砖的"道毋饥人"应改释为"道毋飤人"，这种看法很正确。

2009的下半年（2009—2010年第一学期），我在北京大学带学生读简帛，曾拿这两种汉砖与上博楚简《容成氏》作比较。我把拓本拿给学生看，让他们讨论，简文中的"飤"字会不会是"饥"字之误，大家的结论很快就统一起来。

这两种砖，如果单看12字砖，确实很容易把"飤"字当成"饥"字，今得16字砖，才真相大白，砖铭的这个字是个从食从人的字，毫无疑问是"飤"字。它可以证明，简文的这个字并不是"饥"字的讹写。简文也好，12字砖也好，16字砖也好，全都是以"飤人"为句。

飤 陰甲 一二七
畫審（寢）而夜飤黍月

飢 老甲 〇八二
人之飢也

飤 老乙 二二三
人之飤也

二〇〇九
飢餓不得食

十 一二七
昆□□□飤

图5　马王堆帛书"飤"字和"饥"字

飢
54
80
98
914
914

图6　银雀山汉简"饥"字

飤字所从的人和饥字所从的几，战国文字，写法完全不一样，[1] 根本用不着讨论。汉代的饥字和飤字 [图5、6]，个别写法有点像，但饥字所从的几，其正规写法是左边一直笔加右边一曲笔（略如乙字），[2] 和人字仍有区别。[3] 当时的"人"，它的第一笔，一般都像16字砖那样，写成向左出头的样子。

"飤人"应该怎么读，仍是问题。仅就字面含义而言，似乎应读为食人（即吃人）。

"飤"，古文字多用为食，传世古书很少用飤字，无论名词，还是动词，一般都是用食字。[4] 陈直先生说："西汉人谓自食曰食，飤人曰飤。""飤人曰飤"的"飤"（意思是以食与人），字亦作"饲"。《素问·至真要大论》"以辛散之"下，王冰注曰："饲己曰食，他曰饲。"即陈氏所本。上述作者引陈氏说，谓"飤人"是"需要喂食之人"，意

〔1〕何琳仪《战国古文字典》，北京：中华书局，1998年，上册，1190页。
〔2〕陈松长《马王堆简帛文字编》，北京：文物出版社，2001年，571页。
〔3〕罗福颐《汉印文字徵》，北京：文物出版社，1978年，卷五，第10页背；《汉印文字徵补遗》，北京：文物出版社，1982年，卷五，第4页正。陈松长《马王堆简帛文字编》，207页。骈宇骞《银雀山汉简文字编》，北京：文物出版社，2001年，184页。
〔4〕陈直《读金日札》，西安：西北大学出版社，2000年，9页。

思是乞丐。[1]

太平盛世，吃人的事不该发生，但不吃人就算盛世，标准未免低了点儿。与此相比，乞丐说当然更好。但我查了一下，古书好像没有把乞丐叫"飤人"或"食人"的例子。

问题还要作进一步查证。

这两种铺地砖应是大型宫殿遗址所出，对考古研究是重要线索，出土地非常重要。上述文章提到的出土地只是16字砖的出土地。

现在经我多方打听，上述汉砖的出土地点，据说有两处：12字砖出自山西夏县禹王城西一个高约170厘米俗称"金銮殿"的遗址，大批出土在2000−2001年，16字砖则出自山西洪洞县范村。

最近，我在一个私人藏家的手里见到一批山西夏县出土的汉砖，包括整砖四块 [图7—10]，残砖两块 [图11、12]，都是12字砖，同出还有几何纹砖 [图13、14]。

这两个遗址都在山西，应引起有关方面的重视，采取必要的抢救措施和保护措施。

2010 年 12 月 25 日写于北京蓝旗营寓所

（原刊《文物》2012 年第 5 期，68−73 页）

图 7　夏县出土 12 字砖

图 8　夏县出土 12 字砖

[1] 马骥、任平《山西洪洞县新出的汉十六字吉语砖》，303 页。

238

图 9　夏县出土的 12 字砖

图 10　夏县出土的 12 字砖

图 11　夏县出土的 12 字残砖

图 12　夏县出土的 12 字残砖

图 13　夏县出土的几何纹砖

图 14　夏县出土的几何纹砖

补记：

2015年1月中旬，借便开会，我曾在运城地区访古。16日，游安邑古城，访安邑12字砖出土地，遗址在一废弃的解放军营房旁边。出土铭文砖，该县文管所有三，一件完整两件残。［图15］完整者，铭文作"海内皆臣，岁登成孰（熟），道无飢人"。另外两件，一件稍大，铭文作"家富〔贵〕，〔田〕大得谷，〔后世〕长乐〔未央〕"；一件较小，有"恭言"、"思问"等字。看来，当地出土的铭文砖不止一种。1月下旬，见一私人藏镜［图16］，铭文作"海内皆臣，岁登成孰（熟），道"，后面缺"毋飢人"，正与安邑12字砖合。

12月18日运城文物局李百勤局长又寄来一种安邑古城出土的砖铭［图17］，铭文作"〔家〕富贵，〔田大〕得谷，后世〔长〕乐未央"。又《四川文物》2011年6期29—44页刊熊龙《西汉"海内皆臣"砖研究》，可参看。

图15 安邑古城铭文砖（三种）

图 16 "海内皆臣" 镜

图 17 安邑古城铭文砖

大河口1号墓出土的人像

# 雕刻和绘画

北海承露仙人（局部）

# 关于中国早期雕刻传统的思考

一

研究思想史的某甲跟研究艺术史的某乙说"一切历史都是思想史"。某乙不服，说你要这么讲，我还说"一切历史都是艺术史"呢。

什么叫"艺术史"？我们有很多疑问。

陶器＋铜器＋玉器＋木器＋石刻＋绘画就等于艺术史吗？

有人说，一部艺术史，除了绘画史都是雕刻史，只要不是平面图绘，都属于雕刻。这样的雕刻史，简直可以把一切人工制品统统装进去，难道不太宽泛吗？

还有，不同材质的人工制品，构成"某器时代"代替"某器时代"的演进序列，这不仅是考古学的先声，也是艺术史的框架。难道艺术的"灵魂"，或某种ideology，就是穿过"陶器－铜器－玉器－木器－石刻－绘画"的隧道而一路前行吗？

还有，古代艺术注重实用性，很多作品都是匠人的创造，即使注重观赏性，也往往是同实用性结合在一起，并不符合18世纪以来所谓的纯美术（fine art）。我们到底应该按什么标准，从这些批量生产的工业制品或工艺制品中选取"合格"的艺术品呢？艺术创造和工业复制的矛盾，现代有，古代也有。什么叫"艺术"，本身就是问题。

我心里有个指掌图：

考古学的文化比较和类型比较，都是谱系性的比较，横有横比，纵有纵比，每件东西都是时空坐标或类型坐标中的一个点，就像我们的手掌，既可以每个指头一节一节纵着比，也可以指头挨着指头一节一节横着比。俗话说，十个指头还不一般齐呢。艺术史也是这样。

不同材质的艺术品，它们往往是平行发展，但不是齐头并进，头和头不一定齐，尾和尾也不一定齐。而且只要系统还在，没有外力打破，就有连续性。"一种代替一种"，本身就值得怀疑。

陶器不等于泥塑，铜器不等于铜雕，石器也不等于石雕，木器也不等于木雕。同一种材质，并不一定构成连续性。比如史前石器，什么砍砸器，什么刮削器，和佛道造像都是用石头做成，但两者没什么关系。

中国古代雕刻，各自有各自的"用途"，"用途"背后有文化背景。研究雕刻，我们最好还是按文化意义上的"用途"来分类，材质只是次一级标准。比如佛道造像，不管石雕还是泥塑，都是一大类，石雕和泥塑只是它下面的两类。材质不同，还是属于一大类。

这里说的雕刻，主要指圆雕，特别是以表现人物和动物为主的圆雕（表现山水花草的雕刻，早期非常少），[1] 其中也包括泥塑和陶制的作品，与绘画接近的浮雕作品或线刻作品（如画像石和画像纹铜器），暂不涉及。


二


中国雕刻史（或雕塑史），过去关注较多，主要是魏晋以下，特别是南北朝以来的佛道造像，更早的传统是随考古发现的日益增多，渐渐展现在我们的面前。

---

[1] 山西绛县横水大墓和湖北荆州天星观 2 号墓都出土过木制的"神树"。

我们先说秦汉时期。

秦汉时期是大型雕刻突然涌现和广泛流行的时期，大家注意较多，主要是石雕。这类作品是否受外来刺激，值得研究。如果光是注意佛道造像的传统，我们会以为这是受了印度的影响。其实，更大可能，还是其他方向，比如欧亚草原，比如中亚，比如波斯，从这些地区辗转传播。因为这是秦代就已露头，西汉就已出现的一种现象。秦代和西北地区，汉代和更远的西域各国，都有较多接触。

大型石雕，虽历千载，不断毁灭，仍有很多还残留在地面，大家比较熟悉。

标志性的事件是墓前神道石刻的出现。

这种成套的石刻出现于东汉（从光武帝刘秀开始），但酝酿是在西汉，甚至更早。越早，我们的目光越集中于中国的西部和北部。

秦国，僻处雍州，依托大西北，早在春秋晚期，就有石鼓之刻。

中山，源出晋陕地区的白狄，也有守丘刻石。

秦代，更有著名的秦刻石。

西汉，有甘泉宫、昆明池、太液池、霍去病墓的石刻。

东汉以来的神道石刻是个两千多年的大传统。其基本种类，包括翁仲、辟邪、石虎、石马、石羊（有时还有石象）。[1] 这是一种制度化的历史遗存。后代虽有品种上的增益，但格局摆在那里，只是延续和发展。它们是一大类，佛道造像以外的一大类，年代更早的一大类。

大型铜雕，纪念性的铜雕，在中国似乎缺位，大家关注比较少。原因是，实物毁灭，在地面上已看不到。但看不见，不等于没有。这类东西，文献颇有记载，还是不容忽略，至少心里要有这一类。

这种铜雕，和石雕不一样，不是和陵墓有关，而是和宫殿有关。主要

---

[1] 参看李零《翁仲考》，收入《入山与出塞》，北京：文物出版社，2004 年，41—69 页。

特点，是附属于宫殿：[1]

## （一）金人

1. 秦代金人，有秦始皇金人（12件）。始皇金人是模仿匈奴的祭天金人（即"临洮大人"或"翁仲"），用来承托悬挂巨大编钟的钟簴，形式可能类似曾侯乙墓的钟簴，但比曾侯乙墓的钟簴要大得多，光是金人就高达7米。这批金人，原在秦都咸阳，立在阿房宫的宫门前，汉徙长安，放在长乐宫的大夏殿，9件毁于董卓之乱，3件亡于霸城。

2. 西汉金人，有汉武帝金人（件数不详）。武帝金人，是汉破休屠掳获匈奴的祭天金人，置于云阳甘泉宫，设金人祠，当时很有名，汉以后下落不明。

3. 东汉金人，有汉灵帝金人（4件）。灵帝金人在洛阳南宫玉堂殿，亦毁于董卓。

比这三组金人晚，还有魏明帝在许昌景福殿和洛阳司马门外南屏中铸立的金人（前者件数不详，后者是两件），以及赫连勃勃在统万城铸立的金人（件数不详）。

看来，用金人装饰宫殿，至少延续了600年。

过去，大家的印象是，人物雕像，中国不发达，秦俑的发现改变了这种印象。

其实，金人是更早的例证。

## （二）铜柱

古书有所谓"昆仑铜柱"，号称"天柱"（《神异经·中荒经》）。汉武

---

[1] 参看李零《翁仲考》的最后一节（65—69页）。但最近，秦始皇陵园 K0007 陪葬坑出土了一批青铜水禽，却属于墓葬。参看陕西省考古研究所《秦始皇陵园 K0007 陪葬坑发掘简报》，《文物》2005 年 6 期，16—38 页。

图1　北海承露仙人

帝作柏梁台，台上立有铜柱，可能就是附会这类传说。

后世也有铜柱，如东汉的马援铜柱（是作界标）、西晋的武帝铜柱，都是很著名的例子。

唐代，武则天于洛阳定鼎门立八棱铜柱，号称"大周万国述德天枢"，高九十尺，径十二尺，以唐尺（一尺等于30.3厘米）推算，当有27米高、3.6米粗（唐刘肃《大唐新语·文章》）。

古代明堂类的建筑，中心建筑往往有中心柱，也是值得注意的现象。

这种铜柱也有800年的历史。[1]

（三）承露仙人掌

也应归入铜柱类。承露仙人掌，是汉武帝所立，一件在神明台，一件在甘泉宫。神明台上的那件，柱顶有仙人捧盘，承云表之露，据说高三十丈，大七围，以汉尺（一尺等于23.1厘米）推算，当有69米高、4米多粗（？）。汉亡，魏文帝欲徙洛阳，未果，铜柱倾倒，声闻数十里。

清代，乾隆皇帝在北京北海铸造承露仙人 [图1]，下面是石柱，上面是铜像，就是附会汉武故事。

---

[1] 大型的独立圆柱，西方也流行。如著名的图拉真石柱，下面是石柱，上面是铜像（先是铜鹰，后改图拉真铜像）。

## （四）金凤

有汉武帝金凤，是建章宫东阙和北阙上的装饰，比较大。其玉堂殿上也有金凤，则是类似现代风向标的装置。

曹操于邺城筑三台，曰金凤、铜雀、冰井，金凤、铜雀二台有类似装饰。

魏明帝于洛阳司马门外也立有铜黄龙、铜凤凰各一。

铜龙、铜凤也是中国宫殿装饰的传统项目。

## （五）铜飞廉

汉武帝在长安上林苑中起飞廉观，铸有铜飞廉，后被汉明帝徙于洛阳。赫连勃勃也铸过铜飞廉。

## （六）金马

1. 西汉金马，有汉武帝金马，是表现天马（大宛马），原在长安未央宫金马门前，汉明帝徙之，置于洛阳平乐观。

2. 东汉金马，有马援金马，为相马模型，在洛阳宣德殿下。

## （七）铜驼

魏明帝徙西京旧物于洛阳，有铜驼（2件）。洛阳南宫和北宫之间有铜驼街，就是以此命名。赫连勃勃也铸过铜驼。

中国古代，陵墓用石雕，宫殿用铜雕，一直是个传统，明清仍然如此。后者，虽然看不见早的东西，但晚期的东西还在，传统还在。

宫殿铜雕，可能早一点，是秦始皇开的头，汉武帝定的型。汉武帝的影响最大，定型是在西汉。

神道石刻，是光武帝开的头，稍微晚一点，定型是在东汉。它们与铜雕，除了石马是交叉，大部分都不一样。

古代，铜很贵。石雕可以弃置荒郊野外，铜雕不行，必须放在城里和

图2-1 长沙马王堆2号汉墓墓道西侧出土的"镇墓兽"

图2-2 长沙马王堆2号汉墓墓道东侧出土的"镇墓俑"

宫里。如果扔在外面，等于把钱撒在地上。改朝换代，这类雕刻，只有两个前途，一是被新朝迁于新都，重新利用，二是被销毁铸钱，后世很难见到。这类遗物，如果出土发现，一定十分惊人。

秦汉雕刻，特点是大，形体大，气魄也大。有些品种，可能受外来影响，带有"蛮气"和"胡风"（如金人、铜柱、金马、铜驼）。

秦始皇陵陪葬的兵马俑，形体也比较大（比常人大）。

陶俑是秦汉雕刻的第三个大类。

泥塑，比较罕见，不能自成一类，但值得留意。

过去，马王堆2号汉墓和河南淮阳平粮台西汉墓，有一种"镇墓兽"或"镇墓俑"[图2]，坐在墓道里，形象是一种头插鹿角的偶人，就是用草泥制作的泥塑。[1]

---

[1] 李零《入山与出塞》，151—154页。承刘绪教授告，陕西韩城梁带村春秋墓和山西翼城大河口的西周墓都出土过随葬的偶人，位置在墓穴内的二层台上。前者可能是木偶，已朽坏，只剩空洞，灌了石膏；后者正在清理，是彩绘的偶人。

# 三

古代尺度，常以人身作标准，如丈、尺、寸和仞、寻、步，都是取之于身。艺术品的体量大小和视觉效果，是以人身为尺度。比人大，仰而视之是大，比人小，俯而视之是小。可以拿在手中看是更小，人眼看不清是微小。大可以很大，小可以很小。比如周原甲骨，已近于微雕；尹湾木牍，已近于微书。

秦汉以前的雕刻，特点是小。它们不是宫殿、陵寝等大型建筑的附属物，体积和重量比较小，便于移动。

商周时期，铜器和玉器很发达。

铜器，是用于祭享的器皿，多以手持为度，和日用器物大小相近。此类虽可归入广义的雕刻类（制范还和泥塑有关），但都是模式化、批量化的产品，工艺性强，成套成组，自成一类，很少是独立的作品。

玉器，与石刻有类似性，主要用作佩饰，一般比较小，很多也是模式化、批量化的产品。

石刻，早期比较少，大型石刻更少，但殷墟大墓出土过一批圆雕的作品，楚幽王也有类似的东西，一早一晚，值得汇总研究。

还有一个种类，比较值得注意，是漆木器。

漆木器，现在发现，主要是东周楚器，早期不是没有，其他国家也不是没有，很多都是因为保存条件不好，或者烂掉，或者取不出来。楚国漆器很丰富，除实用器皿，最有艺术表现力的，主要是下面五种：

（1）镇墓兽，是人头或兽面化的人头，头插鹿角，竖于方座。

（2）虎座飞鸟，作鸟踏虎背，多用为鼓座。

（3）小座屏，由飞鸟组合或鹿、鸟组合。

（4）双鹤立于蟠蛇的木雕（长沙出土，克里夫兰博物馆藏）。

（5）彩绘木俑。

这五种器物，除人，主要涉及四种动物：虎、鹿、鸟、蛇。其中鸟踏虎背、鹤立蟠蛇的造型，属于飞禽加走兽、飞禽加爬虫，最值得注意。

2002年，湖北荆州天星观2号墓出土了一件"羽人"[图3]，[1]更有意思。它是把人和动物组合在一起。

这件器物，上面是羽人，下面是飞鸟，人站在飞鸟的头上。人和鸟的身体是用一整块木头雕成。鸟的翅膀和尾巴，人的胳膊和鸟尾，则是用竹签榫接，加上去的。

羽人，通体髹黑漆，鸟尾用红色彩绘。他的嘴是鸟喙，腿是鸟腿，腿上刻鳞纹，和鸟脖子、鸟身上的花纹一样，踏在鸟头上的脚也是作鸟爪，但双臂没有羽毛或翅膀。同出有两件漆木鸟翅，也许原来做好，准备加在他的身上，还没来得及加工。其头顶有一2.5厘米×2.5厘米的方孔，估计上面还有榫接的部分。

飞鸟，是以黑色为底，用红、黄、蓝三色彩绘。头颈和身子主要用红色彩绘，翅膀和尾巴主要用红、黄、蓝三色彩绘，比较花哨。鸟足下面有榫，从比例尺看，最宽处只有两厘米多，下面还有榫接的部分。

这件器物，现在展出，是与同墓出土的蟾蜍状器座拼合在一起[图4]，拼接的榫是一根很粗的新木头。下面是蟾蜍状器座，中间是飞鸟，上面是羽人，上下三层，呈立柱状。[2]

这件器座[图5]，作蟾蜍匍匐形，四爪下有一条长蛇盘绕，通体以黑漆为地，并用浅红、深红、朱红和灰色彩绘。蟾蜍背部，中间有一4.8厘米×4.5厘米的方孔，孔沿到底，从比例尺推算，有13.4厘米高，孔深不详。上面的羽人，其榫部，从比例尺推算，大约有11厘米长，也许可以插在上面，但宽度不合。报告把它们当作两件器物是比较慎重的。[3]

---

〔1〕湖北省荆州博物馆《荆州天星观二号楚墓》，北京：文物出版社，2003年，181-184页。
〔2〕首都博物馆编《中国记忆——五千年文明瑰宝》，北京：文物出版社，2008年，图版玖拾贰。
〔3〕我曾写信求证于发掘者彭浩先生，他说这些器物未必是一套。

图 3　荆州天星观 2 号墓出土的 "羽人"

图 4　拼合在一起展出的 "羽人" 与蟾蜍状器座

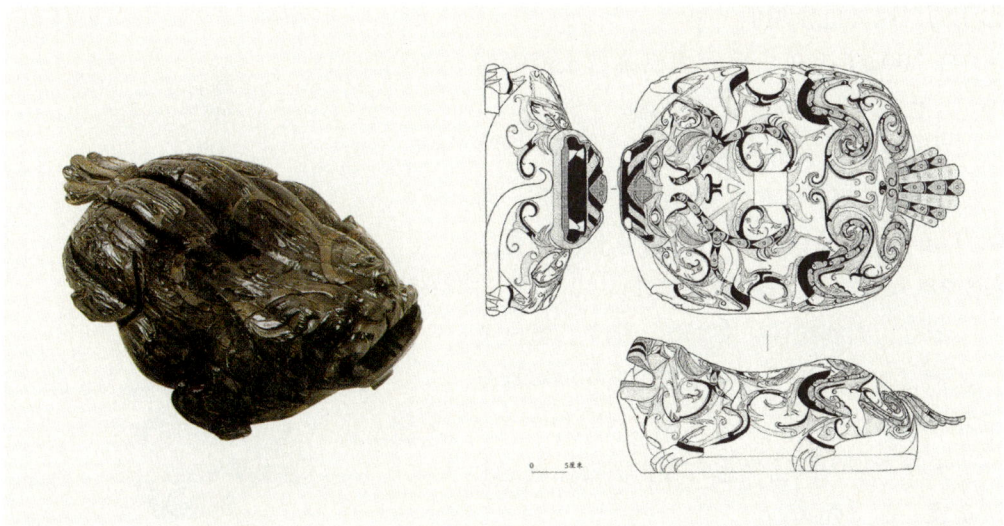

图 5　荆州天星观 2 号墓出土的蟾蜍状器座

　　我的看法，这两件漆器，最好是分别展出。羽人展出，没有器座，无法站立。我的建议是，最好用有机玻璃配个器座，以别于真东西。

　　天星观羽人是一件少有的艺术品，感官刺激很强。第一眼看上去，简直像非洲雕刻。

　　这件雕刻，很有想象力，以前从没见过。

　　我们见过的组合有两种，一种是人和动物组合，如镇墓兽，一种是动物和动物组合，如上面提到的虎、鸟组合和鹿、鸟组合。

　　虎、鸟组合是上下两层的立柱式，值得注意。

　　这种组合，后世仍有发展，如汉代的龟、鸟组合。

　　龟、鸟组合，也是一种很古老的设计。如：

　　1. 1988—1992年陕西西安龙首原汉墓120号墓（位于西北医疗设备厂）

出土的"凤鸟龟座陶俑"[图6]。[1]

2. 2002年山东日照海曲汉墓出土的铜灯[图7]，也是鸟踏龟背，上承灯盘。[2]

这种造型，在我国很有传统。

比如山东青州市博物馆的院子里有一对明万历十二年的铁鹤[图8]，就是作鹤立龟上（据说原来是立在一座道观的门口）。

清宫，太和殿前，有铜鹤、铜龟。鹤立龟上，清宫也有，叫"龟鹤齐龄"。龟、鹤都是长寿的象征。

天星观羽人跟这类组合有相似处，也是上下叠置，作立柱式。

这件作品，主题是表现人的羽化登仙，羽人是从鸟变化而出。

这种主题是神仙类的主题。

中国古代的神仙思想有多早？是个重要问题。

羽人和神仙有关。神仙是什么？我们要注意，他（或她）可不是住在天上，从天而降的

图6　陕西西安龙首原汉墓 M120 出土"凤鸟龟座陶俑"

图7　日照海曲汉墓出土的铜灯

---

〔1〕西安市文物保护研究所《西安龙首原汉墓》，西安：西北大学出版社，1999年，142页，线图见144页：图九五：1，彩版见图版一：左下；高曼《西安地区出土汉代陶器选介》，《文物》2002年12期，32—36页，彩版见35页：图八。类似器物，不止一件。据西安市文物保护研究所的杨军凯先生告，西安出土的同类器物有四五件，都是用来承托钟簴。前两年，我在陕西省考古研究所的库房也看见过两件。

〔2〕《山东日照海曲汉代墓地》，收入国家文物局主编《中国重要考古发现2002》，北京：文物出版社，2003年，75—80页，彩图见封面和80页。

图 8　青州市博物馆院内的铁鹤（铸于明万历十二年）

神祇，而是住在地上，从地上飞升，从普通人变成的一种神，严格讲，是一种超人。

汉晋时期的《列仙传》、《神仙传》就是讲这类神仙。

神仙，是老而不死的人。这种人分两种，一种是天仙，住在天上。另一种是地仙，住在地上。天仙，整天在天上飞来飞去，"高处不胜寒"，并不舒服。有人宁愿留在地上，享受人间欢乐。地仙跟人更接近。

"仙"和"迁"字有关，和飞升、超越一类意思有关。古代各国都有这类幻想。如西方宗教（祆教、犹太教、基督教和伊斯兰教）的天使（angel），佛教壁画和石刻中的飞天（提婆），都属于这类幻想。但这些长翅膀的家伙，都是从天而降，不像我们的神仙是从地上到天上，甚至干脆就生活在地上。

人对动物的艺术幻想，主要是把不同的动物掺在一起，构成一种非此非彼、亦此亦彼的动物。特别是飞禽变走兽，走兽变飞禽，干脆把飞禽、走兽捏一块儿。

曾侯乙墓的铜鹿角立鹤，[1] 就是把飞禽和走兽捏一块儿。

这种现象，全世界都有。中国的龙、凤、麒麟、天禄、辟邪、飞廉，欧亚大陆流行的格利芬（griffin）、独角兽（unicorn），希腊的齐美拉（chimera）、飞马（pegasus），亚述的拉马苏（lamassu），波斯的森莫夫（senmurv）等等，莫不如此。在这类幻想中，翅膀经常扮演重要角色。

人对人的幻想，是把人和动物糅合在一起。

人和走兽结合，最典型，要算埃及的斯芬克司（sphinx）和希腊的人马（sagittary）。狮子是非洲的特产。这是典型的非洲幻想。它的特点是人面狮身：脸是人脸，身子是狮身。人马则来自农人对游牧人的想象。楚国的镇墓兽，勉强可以归入这一类，但它没有兽身，主要靠脸部的兽化。汉

---

〔1〕湖北省博物馆《曾侯乙墓》，北京：文物出版社，1989年，上册，250页。

258

画像石有三头或九头的人面怪兽，但在中国的艺术形象中，这不是主流。

中国式的幻想，主要不是这一种，而是人、鸟组合（Hybrid Bird-man）。[1] 羽人是这种幻想的代表。

我们常说，让想象插上翅膀。人类对人类的想象，也主要是飞——让人像鸟一样，插上翅膀。现在的飞机和宇航器，仍然是这类幻想的延续。

中国的神仙是怎么变成的？汉以来的神仙传说，一般是这样讲：

一是吃药，吃金丹大药或其他什么药；二是身轻力健、疾行善走，越走越快；三是两臂生毛，越长越长。最后，是像鸟那样，由疾行善走变低空滑翔，扑棱扑棱翅膀飞起来，越飞越高。

神仙思想，什么时候产生，是个值得研究的问题。两汉时期，当然是神仙思想大流行的时期。

出土发现，这种形象很多，除汉代铜镜、画像石、棺饰上的羽人，形象最生动，还是下面两件：

1. 1964年陕西西安市南玉丰村出土、西安市文物保护研究所藏的鎏金铜羽人器座 [图9]。[2]

2. 1987年河南洛阳市东郊出土、洛阳市文物工作队藏的鎏金铜羽人器座 [图10]。[3]

有人认为，汉以前没有神仙思想，我想，是值得商榷的。对于探讨神仙思想的起源，羽人形象的出现，是重要线索。这个问题还和寻找金玉朱

---

[1] 关于这类羽人，苏芳淑教授搜集了不少玉器和石器中的例子。参看 Jenny F. So, "Exploring ancient Sichuan's cultural contacts: evidence from jade and stone," included in *New Frontiers in Global Archaeology: Defining China's Ancient Traditions*, edited by Thomas Lawton, The AMS Foundation for the Arts, Sciences and Humanities, 2008, pp. 299—320.

[2]《中国青铜器全集》第 12 卷，北京：文物出版社，1998 年，图版 138—139；西安市文物保护研究所编著《西安文物精华》青铜器，北京：世界图书出版公司，2005 年，图版 267。

[3]《中国青铜器全集》第 12 卷，图版 140。这类铜器还有一些例子，如李学勤、艾兰《欧洲所藏青铜器遗珠》，北京：文物出版社，1995 年，图版 188（羽人莲花灯）、189（羽人器座）、190（铜羽人）。

砂的热潮，以及昆仑山、西王母的传说有关，这里不能详谈。

过去，我们发现过大洋洲商墓出土的玉羽人，[1]可以对比。

汉代羽人，一般都是两臂长毛，而不是在胳膊外面另外加两个翅膀，脸也是人脸，并没有鸟喙。但天星观羽人不一样，他有鸟喙，和大洋洲羽人[图11]一样。大洋洲羽人，翅膀是在胳膊的下方。上面已经说过，天星观羽人，同出，有两个翅膀，也许就是准备加上去的。

这是它们的不同。

汉代的羽人更像人。

2008 年 9 月 1 日写于北京蓝旗营寓所

（原刊《新美术》2009 年第 1 期，4—10 页；又收入范景中等主编《考古与艺术史的交汇》，杭州：中国美术学院出版社，2009 年，60—72 页）

图 9  西安出土的鎏金铜羽人器座

图 10  洛阳出土的鎏金铜羽人器座

图 11  新干大洋洲出土的玉羽人

[1] 江西省文物考古研究所等《新干商代大墓》，北京：文物出版社，1997 年，159 页，线图见 158 页：图八○，彩版见彩版四六。

补记:

　　承王牧先生提醒,龟鹤组合的器物造型还有个例子,是四川简阳东溪园艺场元墓出土的两件蜡台 [图12]。参看:四川省文物管理委员会《四川简阳东溪园艺场元墓》,《文物》1987年2期,70—87页,器形,见图版捌,1;80页:图三五,11。

图 12　简阳东溪园艺场元墓出土的蜡台

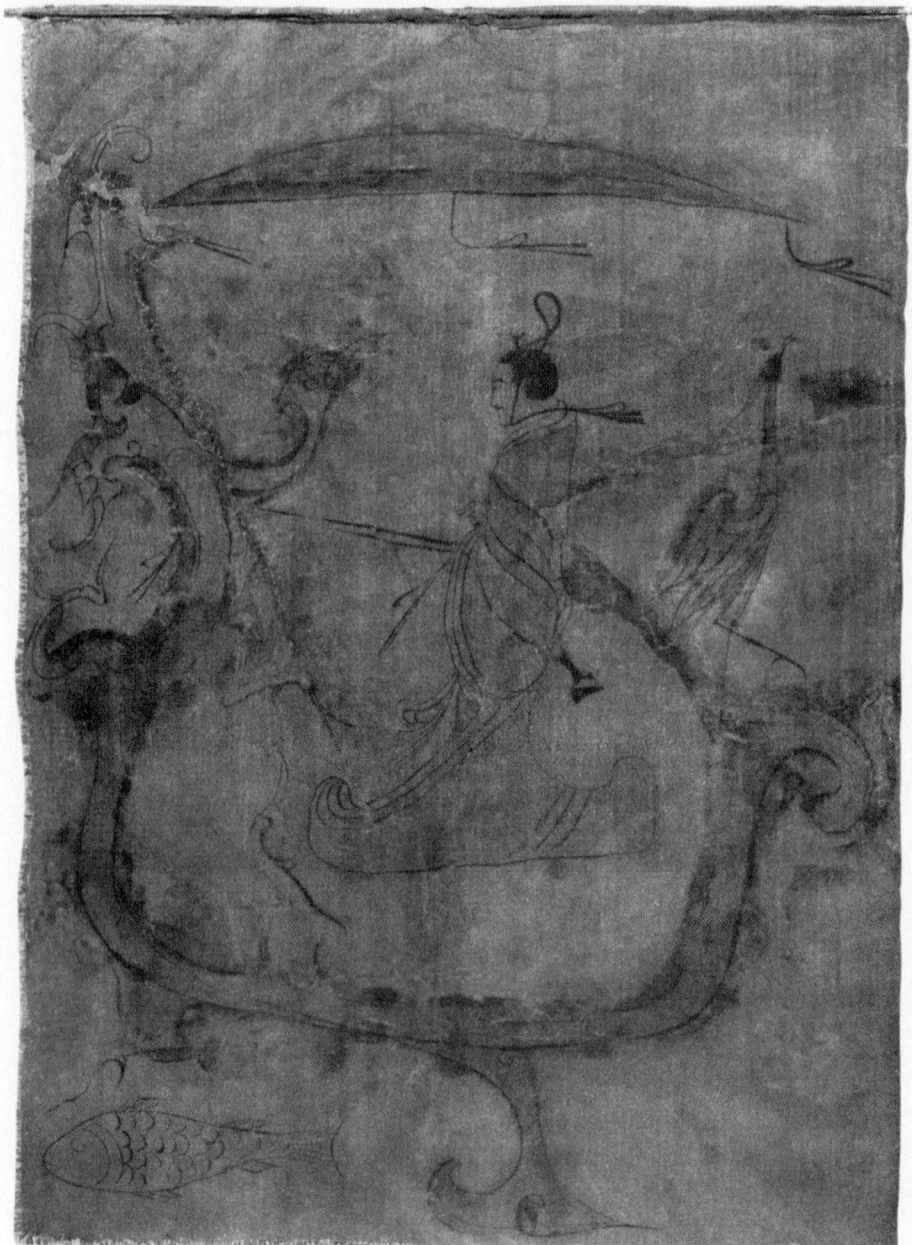

长沙子弹库出土的"人物御龙帛画"

# 中国古代的墓主画像

一

　　最近，首都博物馆举办了"中国记忆——五千年文化瑰宝"展，展品中有两幅帛画弥足珍贵：[1]

　　1."人物御龙帛画"，1973年湖南长沙子弹库出土，湖南省博物馆藏[图1]。

　　2."T形帛画"，1972年湖南长沙马王堆汉墓1号墓出土，湖南省博物馆藏[图2]。

　　这两幅画，都是图绘墓主，在性质上不同于长沙出土的其他帛画，比如马王堆3号墓出土的地图，城郭、宫室、墓葬的平面图，数术用途或其他用途的图，以及子弹库帛书和马王堆帛书的插图。

　　这是专门一类。

　　中国帛画，图绘墓主，战国帛画，目前只出过两件，一件是陈家大山帛画[图3]，

图1　长沙子弹库出土的"人物御龙帛画"（摹本）

<hr>

[1] 首都博物馆《中国记忆——五千年文化瑰宝》，北京：文物出版社，2008 年，图版壹佰零壹、图版壹佰肆拾。

图 2　长沙马王堆汉墓 1 号墓出土的 "T 形帛画"

图3　长沙陈家大山楚墓出土的"人物龙凤帛画"（摹本）

1949年湖南长沙陈家大山楚墓出土，蔡季襄捐献；一件是这件子弹库帛画。两件都是长沙所出。这两幅画，名气很大，邮电部专门出过邮票。汉代，与此用途相似的帛画，马王堆汉墓也出过两件，都是T形帛画，另一件出自3号墓[图4]。

这四件帛画都是出自长沙，都是湖南省博物馆的藏品。

其他帛画，属于这一类，历年出土，还有十来件，听上去，好像不少。其实，它们绝大多数都是残件，比较完好，只有山东临沂金雀山9号墓出土的一件[图5]。[1]

中国的帛书，目前只有两批，都是与帛画同出：

一批是子弹库帛书，与子弹库帛画同出。它们，除商志醰先生捐献的一片，现存湖南省博物馆，其他都保存在美国的赛克勒美术馆。

一批是马王堆帛书，也与马王堆帛画同出。

研究帛书帛画，长沙是重镇。

--------

[1] 参看陈锽《古代帛画》，北京：文物出版社，2005年，51—84页。有关材料，有关讨论，此书收集较全，极便参考，除个别地方，均请查见此书，本文不再一一注明。据陈书统计，类似出土物，除上面四件外，还有马山1号（战国楚墓）出土的帛画一件，金雀山汉墓（汉武帝前后的墓葬）出土的帛画十余件，南越王墓（汉武帝前后的墓葬）出土的帛画一件，武威磨咀子汉墓（两汉之际的墓葬）出土的铭旌六件。

图 4　长沙马王堆汉墓 3 号墓出土的 "T 形帛画"

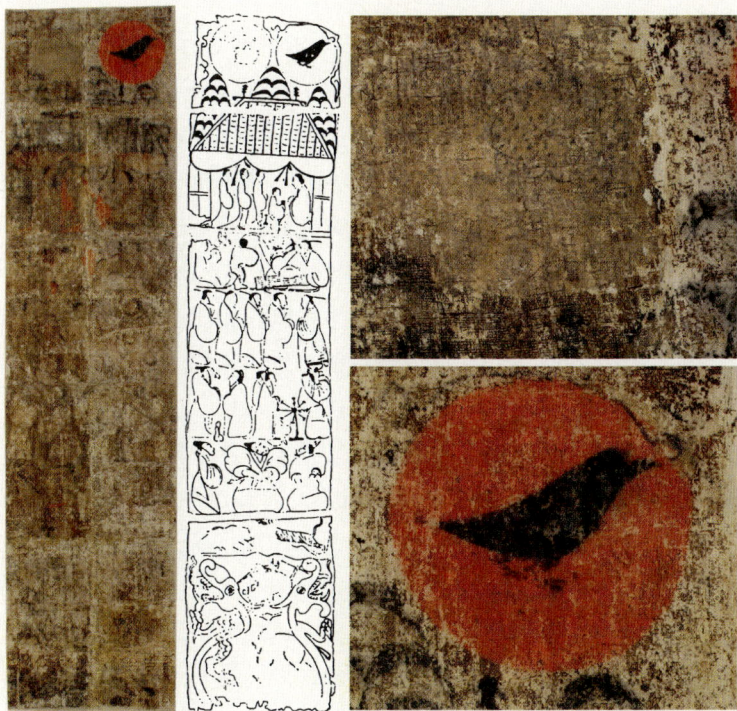

图 5　临沂金雀山 9 号墓出土的帛画

## 二

　　关于早期帛画，十五年前，我做过一点讨论。[1] 这次目验展品，又有一些想法，想跟大家讨论一下。

---

〔1〕李零《楚帛书的再认识》（写于 1993 年），收入《李零自选集》，桂林：广西师大出版社，1998 年，227—262 页。

（一）子弹库帛画

出土位置：帛画是平放于椁盖板和它下面的衬板之间。若把墓室比房屋，就是发现于天花板上。1946年，任全生等人盗掘此墓，盗洞打在帛画的旁边，没有伤到帛画。当时，没拆椁板，不可能发现帛画。1973年，湖南省博物馆重启此墓，帛画出土，保存完好，很幸运。

形制：这幅帛画是画在一幅长约37.5厘米、宽约28厘米的长方形的帛上，只比八开本的书稍微大一点，和马王堆帛画相比，小得多，但两者是同一类东西。这次观察原物，可以看得很清楚，它的上缘卷着天杆，有可供悬挂的绳子；右边是织边；左边和下边经过裁切，还留着毛边。

构图：画面上的男子是子弹库楚墓的墓主。墓主佩剑，手执缰绳，驾龙作水上游。画面上的龙，不是一般的龙，而是弯曲如舟状，等于龙舟。龙舟上方有伞柄，伞柄被略去，虚悬于上方；水，什么都没画，只在船头的下方画条鱼，船尾的下方画个水鸟。这种手法，古人常用，比如青铜器上的水陆攻战图，就是用鱼鳖表示水。作者表现船行，想法很巧妙，伞盖上的三个流苏，还有墓主的冠缨，全都朝后飘，很有动感。这里，值得注意的是，他的脸向和其他帛画一样，都是朝向画面的左方。

（二）马王堆1号墓的帛画

出土位置：是平铺在内棺的盖上。它也在死者的头顶上，等于放在小天花板上。

形制：长205厘米，上宽92厘米、下宽47.7厘米，它是从一块长约273厘米的整幅帛上横截下四分之一长（长约68厘米、宽约22厘米），再从中一裁两半，然后一左一右，缝在这幅帛的上端，目验原物，缝的痕迹很明显。画幅上端有悬绳，画幅下端有两个穗，两翼下端也有两个穗。

构图：左右画日月星辰，太阳在东（观者的右边，被观者的左边），月亮在西（观者的左边，被观者的右边），八颗星星在太阳的下边。[1] 中间，从上到下分为若干层，好像一个电梯井。墓主是站在中间一层，我们要注意，他的脸也是朝向画面的左边。画面的左边，从被观者的角度讲是右边，正好相反。

古人画日月，都是"左日右月"或"东日西月"，北京的日月坛，就是这么安排。画面上的日月，日所在是东方，月所在是西方。毫无疑问，墓主是立于东，面朝西方，古人叫"西面"。礼书上的讲法，这是主人的位子。汉画像石，孔子见老子，老子为主，孔子为客，往往也是这样站。

这幅画，怎么分层，每层代表什么，学者有各种猜测，我想把比较可靠，能够肯定的东西，尽量肯定下来。

研究这幅画，一定要与3号墓的帛画对比。3号墓所出，是把画面整齐地分为五层。

1. 第一层和第二层，好像是一层，但3号墓分两层，悬钟以上是一层，悬钟到天门是另一层。这里，也是两层，第一层是日月和日月间的天神（估计是太一）。第二层是双龙和双龙间的悬钟和天门。天门即悬钟以下，二人对坐的门阙。这两层都挤在两翼所在的横幅之内，画得比较靠上。天门以上是天上，天门以下还是人间。

2. 第三层，是墓主与其随从所在的一层，上面是天门和华盖，下面有界标，是墓主所立的地面。

3. 第四层和第五层，有界标为隔，也分为两层。谷纹璧和垂璜在第四层，垂璜与悬钟相对，疑是表示地户。地户以下是地下，地户以上还是人间。托地的裸人和两条大鱼在第五层，当是表现地层深处的黄泉。裸人，和帛画上端的天神相对，疑是地神。

---

[1] 八颗星星作红圆点，或以为太阳。参看湖南省博物馆等《长沙马王堆二三号汉墓》，第一卷：田野考古发掘报告，北京：文物出版社，2004年，104页。

这五层，第一、二层是天和天上，第三层是人间，第四、五层是地和地下。

后面三层，两侧有飞龙升腾，当即所谓"龙升"。

中国早期，是把宇宙空间分为天、地、人三界。《淮南子》有《天文》、《坠形》、《人间》三篇，就是讲这三界。三界往来，有天门、地户，有人门、鬼门（六壬式盘上标有这四个术语）。上天，要通过天门，入地，要通过地户。天门以上是苍天，地户以下是黄泉。黄泉是地层深处的地下水。这是古书的说法，它不等于后世所说的天堂、地狱和人间。

学者分层，或把头两层合在一起，叫"天府"；中间一层，叫"人间"；下面两层，叫"阴间"和"水府"。这四个词，除去"人间"，都有问题，"天府"，见于《周礼》和《庄子》等书，从不指天；"阴间"当地下世界，更是后起；"水府"是河海一类水下世界（投龙简中的水简经常提到"水府"），也不是黄泉。我们讲古代，还是要用古代的概念。

古人认为，魂是托于神，轻清如气，死后升于天；魄是附于体，死后和尸体一起葬于地下。所谓"龙升"，就是这种魂飞魄散的过程。


三


研究这两幅帛画，应该做一点同期比较：子弹库的帛画要和陈家大山的帛画比，马王堆的帛画，1号墓的帛画要和3号墓的帛画比。

这里讲一下对比材料：

（一）陈家大山帛画。1949年盗掘出土，没有可靠记录。出土位置，有三种传说，一说叠放在陶敦内，一说叠放在竹笥内，一说叠放在竹笥上，都不可靠。我很怀疑，它是出在棺盖上，和马山出土的一样，而不是像子弹库帛画那样，放在椁室顶部的夹层内。如果是像子弹库帛画那样，盗墓者很难发现。这幅画，长约30厘米、宽约20厘米，从八开变十六开，比子弹库帛画更小。画面上的人物是女子，也是背东面西。画面左上，是一龙一凤。

（二）马王堆3号墓的帛画。1973年底出土，也是平铺在内棺的盖上。这幅画，长234.6厘米，上宽141.6厘米、下宽50厘米，比1号墓的帛画长一点，宽一点。它是从一块长约343厘米的整幅帛上横截下约三分之一长（长约54厘米、宽约50厘米），再横截为两块，缝在这幅帛的上端。它也有四个穗，但我们从报告的照片和线图却看不见悬绳的存在。其构图与1号墓所出大同小异，但画面是整齐地分成五段，分层更清楚，第一层在两翼之间的横幅内，画日月星辰，以及飞龙、飞鸟和游鱼，上端中间据说是天神（残），下面有界标；第二层在这道界标下，画悬钟和天门；第三层在天门下，画华盖，华盖下是墓主和随从，墓主所立的地面也是一道界标；第四层在这道界标下，画谷纹璧和垂璜，垂璜下面也有一道界标；第五层在界标下，画托地的裸人和两条大鱼。画面的中心人物是一男子，也是背东面西。后面三层，两侧也有龙。

值得注意的是，马王堆3号墓，除T形帛画，还出了另外两幅帛画：

1.《车马仪仗图》（挂在西壁）。

2.《行乐图》（挂在东壁）。

上述帛画，陈家大山帛画和子弹库帛画是战国帛画，马王堆帛画是西汉帛画。

前两幅与后两幅相比，不同点是：

1. 位置不同：子弹库帛画是放在椁盖板的夹层内，马王堆帛画是平铺在棺盖上。

2. 形状不同：陈家大山帛画和子弹库帛画都是长方形，比较小；马王堆帛画作T形，相当大。

3. 构图不同：陈家大山帛画和子弹库帛画都是背景小，人物大，墓主本人的形象很突出，背景比较简单；马王堆帛画都是背景大，人物小，画面的构成要素非常复杂，上下分五层。两者的"焦距"不一样。

但两者的差异只是表面上的，从功能考虑，还是一类东西。

上述墓葬，陈家大山楚墓，因系盗掘，墓主的性别已不得而知，其他三座，都有尸体或遗骨在。经鉴定，子弹库楚墓，墓主是40岁左右的男子；马王堆1号墓，墓主是50岁左右的女子（有软尸）；马王堆3号墓，墓主是30—40岁的男子。他们的性别与画面符合。由此，我们可以反推，陈家大山楚墓，墓主一定是女性。

所有这类帛画，它们的共同点是：

1. 都是葬仪用具。

2. 都是图绘墓主。

3. 墓主都是背东面西。

我曾指出，连接这两类，有一个线索很重要，是马山1号墓的帛画。帛画已残，但是发现于棺盖上。它说明，战国时期，这类帛画也有放在棺盖上的。


四


这种画叫什么？过去有四说："非衣"说、"画荒"说、"铭旌"说、"魂幡"说。[1]哪种说法对，我发表过意见，这里再说得详细一点。

1. "非衣"说，出自唐兰等人。这种说法是根据随葬遣册，认为遣册上的"非衣"就是T形帛画，T形帛画像双袖展开的衣袍。这一说法有两个疑点。第一，马王堆1、3号墓的T形帛画，尺寸不一样，但遣册都作"非

---

〔1〕参看陈锽《古代帛画》，18—21页。

衣一，长丈二尺"，显然不合理。第二，西汉的一丈二尺，等于今天的277.2厘米，不但比一般的衣服长很多，就是比这两幅帛画，也长出42.6厘米或72.2厘米。马王堆1号墓的报告说，遣册"非衣"当读"裴衣"。[1]《说文·衣部》对"裴"字的解释是"长衣"。这个字，古书或作姓氏，或读为"徘徊"之"徘"，好像没有当"长衣"讲的例子。我怀疑，"裴"就是"被"，所谓"非衣"，实指寝衣，既不是指墓中出土的T形帛画，也不是指墓中出土的衣服，而是包裹尸体的衾被。寝衣是古代的被子，有袖，古人也叫衣。所谓被，是取其覆盖之义。被子只是晚上睡觉，盖在身上的长衣。《论语·乡党》说寝衣"长一身有半"，许慎解释"被"字就是引这句话。比如身高170厘米，被子就要长255厘米；身高180厘米，被子就要长270厘米。这是大概的标准。277厘米长，只有被子最合适。我们要注意，"非"是帮母微部字，"被"是并母歌部字，古音相近，可以通假，它们很可能是通假字。[2]"非衣"和帛画没有关系。

2. "画荒"说，出自陈直等人。这个词，见于《礼记·丧大记》，是荒帷的别名。荒帷是棺罩，当然覆于棺盖，但这不等于说，覆于棺盖的就一定是荒帷。荒帷什么样？过去缺乏实证，现在很清楚，根本不是这种东西。最近发掘的横水大墓1号墓（毕姬墓），有凤鸟纹荒帷（只有印痕保留），就是证明。

3. "铭旌"说，出自顾铁符等人。主要是靠与武威铭旌比较。这种说法，比较靠谱。

4. "魂幡"说，出自孙作云等人。主要着眼点，是它类似后世的魂幡。这种说法也有一定道理，因为子弹库帛画有悬绳，说明这类帛画，原来是用于张挂，类似旗幡。马王堆帛画、金雀山帛画，从形制看，也是幡。这

〔1〕湖南省博物馆等《长沙马王堆一号汉墓》，北京：文物出版社，1973年，上册，149页。案：报告整理者说"出土物中无与此尺寸近似者"。
〔2〕参看高亨、董治安《古字通假会典》，济南：齐鲁书社，1989年，690页"彼与匪"条。

种说法，与铭旌说并不矛盾。铭旌叫旌，也是一种幡。

过去，我的看法是，上述帛画最接近古书说的"铭旌"，但同严格意义上的"铭旌"还有区别。这里也补充一下。

"铭旌"见于《周礼·春官·司常》，礼书也简称"铭"。如：

> 为铭，各以其物。亡，则以缁长半幅，赪末长终幅，广三寸。书铭于末，曰："某氏某之柩。"竹杠长三尺，置于（宇）西阶上。（《仪礼·士丧礼第十二》）

> 铭，明旌也。以死者为不可别已，故以其旗识之。爱之，斯录之矣；敬之，斯尽其道焉耳。（《礼记·檀弓下第四》）

> 复与书铭，自天子达于士，其辞一也。男子称名，妇人书姓与伯仲，如不知姓，则书氏。（《礼记·丧服小记第十五》）

这种东西，特点是有铭，即有文字书写的墓主名。这是严格意义上的"铭旌"。

出土铭旌是什么样？也有出土实物，比如武威磨咀子汉墓出土的铭旌。武威铭旌，其铭文一般是作：某乡+某里+死者名+之+柩。如：

1."姑臧西乡阉道里壶子梁之〔柩〕"（4号墓所出）。

2."姑臧渠门里张□□之柩"（22号墓所出）。

3."平陵敬事里张伯仟之柩。过所毋哭"（23号墓所出）。

4."姑臧东乡利居里土（?）□……"（54号墓所出，[图6]）。

这种铭例正合于《仪礼·士丧礼》说的"某氏某之柩"，肯定是铭旌，毫无疑问。

我们拿武威铭旌与马王堆出土的T形帛画相比，有相同点，有不同点。

共同点是：

1.武威铭旌也是长幡，幡的上端也有天杆和悬绳。

图6 武威铭旌铭文

2.武威铭旌也在长幡的顶端画日月，日月的画法和日月的位置也大同小异。

不同点是：

1.武威铭旌没有上端缝缀的两翼。

2.武威铭旌没有日月以下的图绘，既没有墓主画像，也没有其他东西。

铭旌，从文献看，战国就有，但没有发现。类似铭旌的帛画，不写字，光画像，是不是也可以叫铭旌，恐怕是个问题。这里，最最重要的差异是，铭旌要写墓主名，我们讨论的帛画，只画墓主像。

从马王堆帛画到武威铭旌，中间有一个过渡环节，是金雀山9号墓出土的帛画。

这幅画是长幡，和马王堆帛画一样，也是上面画日月，下面画墓主，构图相似。但它们有两点不一样：

1.马王堆帛画是T形，它只有长幅，没有两翼，这点反而和武威铭旌一样。

2.马王堆帛画分五层，对天上两层和地下两层比较强调，一头一尾，占了画面的五分之四。它呢，突出的是人间部分，华屋之下，墓主和墓主的随从，男男女女，分五层，占了画面的绝大部分。天，只画日月在上，代表天；地，只画二龙在下，代表地。

上述帛画墓，马王堆1、3号墓是汉文帝时期的墓葬，金雀山9号墓是汉武帝时期的墓葬，磨咀子4、22、23、55号墓是东汉时期的墓葬。

金雀山9号墓的帛画，年代正好在中间，是个过渡环节。

# 五

最后，让我们总结一下，这些发现的意义在哪里。

我想讲两点：

1. 这种帛画，绘有墓主形象，对判断墓主的性别、年龄和身份很重要，是墓主的身份证明，早期人物画，它们也是最重要的标本。

绘画史，人物画像是单独一类。古代没照相术，但有画像。早期画像多半是全身像，这种画上的人物也是，而且一律是侧身，背东面西。

画像，不止图形，还要传神。形的背后，藏着人的灵魂。对古人来说，有特殊含义（比如扎小人，属伤害巫术）。

很多学者都认为，这种帛画的主题是画墓主的灵魂如何升天。

古代，生者怀念死者，想得不得了，怎么办？有两个办法。一个法子是像如今的"模仿秀"，找个模样差不多的当替身，比如他的子孙，这叫尸。还有一个法子，更聪明，就是画张画，或塑个像，用以寄托哀思，用以慎终追远。

现在的墓地，坟前立碑，碑上刻死者的姓名和生卒年代，有时还有照片或肖像，甚至雕像，道理是一样的。

上述帛画和铭旌，原来是葬礼上打的旗幡，上面画着墓主像，或写着墓主名，棺材放进墓室，最后是把这种东西放在棺盖上，就像各国的阵亡将士，上面盖国旗一样。所谓"某某之柩"，已经说明，最后的位置是棺材。

帛画相当墓碑上的照片或画像，铭旌相当墓碑、墓志上的铭文。

东汉魏晋，有墓上树碑、墓中埋墓志的习惯，或与此有关。

2. 我们要注意，这种帛画，除了人物，还有背景，背景可以画得很大，人是摆在这个宏大背景中。特别是马王堆帛画。这种大背景的绘画，对理解壁画墓的起源很重要。

图7　泰州森森庄明墓出土的铭旌

我们都知道，马王堆3号墓，除T形帛画，还有两幅帛画：一幅挂在墓室西壁，一幅挂在墓室东壁。

马王堆3号墓的第一种帛画，画日月星辰，是放在棺盖上。它的前身，战国帛画，还放在椁室的顶部。这些都让人联想到汉代壁画墓的穹顶（多画日月和二十八宿）。

马王堆3号墓的第二种帛画，是画人间宴乐，也让人联想到壁画墓的四壁（多画人间宴乐）。

中国的壁画墓，多在北方，属于洞室墓。南方的木椁墓，没有壁画，只有这种东西。它们之间，恐怕存在类似的想法。

壁画墓是个两千多年的大传统，上述帛画只是一个开端。

2008 年 9 月 14 日写于北京蓝旗营寓所

（原刊《中国历史文物》2009 年第 2 期，12—30 页）

补记：

　　晚期铭旌，过去介绍不多，近有两件铭旌发表，一件铭"□□王公之〔柩〕"（2号墓:8），一件铭"故王孺人许氏之"（1号墓:14）[图7]，"之"下省"柩"字，见泰州市博物馆《江苏泰州森森庄明墓发掘简报》，《文物》2013年11期，36—49页。

叶县旧县乡四号墓出土多戈戟，饰龙、虎、鸟、蛇

艺术中的动物

神木纳林高兔出土鹿首格里芬

# 读《萌芽·成长·融合——东周时期北方青铜文化臻萃》

　　这次由秦始皇帝陵博物院举办的东周北方青铜文化展，调集宁夏、内蒙古、陕西、甘肃四省区的文物，邀请国内外学者进行讨论，对我来说，是一次难得的学习机会。展览图录，内容丰富，印刷精美，让我学到很多东西。在这篇读书笔记中，我想把其中的动物造型和动物纹饰梳理一下，供大家参考。[1]

## 一、分类与定名

**（一）虎（tiger）**

　　1．图录中的"虎"，有些确实是虎，如页码85、86、90、116—117、119、125左（剑首有二虎）、126—127上（刀柄背面有二虎）、126下、127下—129、131、173、176右上、177、178、179、180—181、182—183、186、187、188—189、194、195左、196右、218上、246—247、256下、257、258上、276、277、281、284。

---

[1] 参看曹玮主编《萌芽、成长、融合——东周时期北方青铜文化臻萃》，西安：三秦出版社，2012 年，下简称"图录"；田广金、郭素新编著《鄂尔多斯式青铜器》，北京：文物出版社，1986 年，下简称《鄂尔多斯》；山西省山西考古研究所编《侯马陶范艺术》（中文版），普利斯顿大学出版社，1996 年，下简称"侯马陶范"。

虎

85

86

90

116—117

119　　125 左

126—127 上

126 下

127 下—129

131

173

176 右上

177

178

179

180—181

182—183

186—187

187

188—189

194—195

195左

195右

218上

246—247

256下

257下

258上

276

277

281

284

## 非虎或不能断定是虎

63

81

134上

171中

220上

75

76—77

78—79

2．有些或许是虎，如页码63（作虎食鹿形）、81、134上、171中、220上。

3．有些不是虎，如页码75、76—77、78—79、87、88、184—185、279是狼，162是熊。

【讨论】

页码95：子母豹形透雕青铜扣饰。所谓"豹"，无花纹，不能肯定是虎是豹。

页码109—110：动物纹青铜短剑。剑柄花纹似虎（宽嘴），剑身花纹似狼（尖嘴）。

页码150—151：圆雕狻猊车辕饰。所谓"狻猊"，乃盖山林定名。盖先生说，"狻猊可能是牧民们见过的凶猛野兽"。[1] 但狻猊是狮子的别名，中国不产狮子。此兽也许是幼虎。

---

[1] 参看盖山林《准格尔速机沟出土的铜器》，收入《鄂尔多斯》，372—374页。

88

184—185

279

162

95

109    110

150—151

页码178：虎食动物形青铜饰牌。所食动物看不清。

页码179：虎咬鹿形青铜饰牌。虎口下有蹄，可能是鹿蹄。

页码182–183：虎豕咬斗纹金饰牌。此器很有名，西沟畔出土，估计是秦取云中郡后所作。背有铭文"一斤五两四朱（铢）少半"（左）和"故寺豕虎三十"（右），字体属于秦系。[1] 所谓"豕"是野猪。图录只摹左铭，缺右铭。

页码186：虎噬鹿形青铜饰牌。虎口下为盘羊。羊旁还有一兽，不像鹿，似狼。

页码187：虎兽咬斗形金饰牌。一虎搏六兽：二兽近口（上为狼，下为野猪？），四兽在腹、臀（其一为狼，余三似幼虎）。

---

〔1〕参看伊克昭盟文物工作站、内蒙古文物工作队《西沟畔战国墓》（田广金、郭素新执笔），收入《鄂尔多斯》，351–365 页。铭文摹本见该书 353 页：图二。

页码188—189：虎牛咬斗纹金饰牌。一牛横卧，头朝左，四虎搏之。两虎咬其喉，两虎咬其腹。牛角贯穿前两虎之耳。牛有长毛。请对比页码82的卧牛。

页码194和195：虎噬羊形青铜饰牌。虎口下为盘羊。

(二) 豹 (leopard)

图录中是否有豹，不能肯定。

【讨论】

页码112：双豹首青铜短剑。剑首所饰"双豹"，无花纹，不能肯定是虎是豹。

页码118：双虎戏蛙首青铜短剑。剑首所饰"双虎"，与上"双豹"相似，不能肯定是虎是豹。

(三) 狼 (wolf)

草原艺术中，狼很突出。图录中的动物，应有尽有，就是没有狼，似不太正常，如以下各例，或称"兽"，或称"虎"，或称"狮"，仔细核查，都是狼。

【讨论】

页码58、59：透雕动物纹青铜带扣。器形作S形。这种双首双足嘴很长的动物，应为狼。我们从它的尖牙利爪判断，肯定不是蹄足动物。

页码65：鸟兽形青铜带钩。英文译名作Bronze Hook with Bird a Beast Design，a是and之误。所谓"兽"，实为狼。

页码74：怪兽纹金带饰。所谓"怪兽"，实为狼。

页码75：虎噬羊镀锡青铜带饰。所谓"虎噬羊"，

不能肯定是虎是豹

112

118

286

58

59

65

74

75

76—77

78—79

80

84

实为狼噬鹿。狼背有一鹰头。

页码76—77：虎噬鹿青铜饰牌。所谓"虎噬鹿"，实为狼噬鹿。

页码78—79：虎噬兽形青铜饰牌。所谓"虎噬兽"，实为狼噬鹿。

页码80：狮形青铜饰牌。所谓"狮"，实为狼。中国无狮，前已言之。

其上半身的花纹与页码76—77、78—79属于同一类，只是比较简化罢了。

页码84：透雕动物纹青铜饰牌。同页码58、59。

页码87：虎噬鹿形透雕青铜饰牌。所谓"虎噬鹿"，实为狼噬麀。

页码88：透雕虎形青铜饰牌。所谓"虎"，实为狼。

页码89：动物形青铜饰牌。所谓"动物"，实为狼。形象模糊，但鼻头似上卷，请对比页码80。

页码184—185：虎食羊形鎏金饰牌。此器出于鄂尔多斯，过去鄂尔多斯也出过一件"虎咬羊纹铜饰牌"（E·1063），[1] 可以对比。所谓"虎"，E·1063是狼是虎，不好分辨，但此器头形狭长，应为狼。所谓"羊"，口边一头，左右各一头，此器头形模糊，是羊是鹿，不好分辨，但E·1063的羊皆有角，角向后弯，若从角形看，当是北山羊。

页码190：马咬羊形青铜饰牌。所谓"马咬羊"，实为母狼和狼崽作亲昵状。马是食草动物，不可能咬羊，译文作tiger eating a sheep（虎食羊）也不对，母狼身下趴着的动物是狼崽，不是羊。注意：此狼花纹与页码80同，狼崽花纹与母狼同。

页码191：伫立怪兽纹青铜鎏金饰牌。所谓"怪兽"，从头形和爪形看，应为狼，但从獠牙看，又类似野猪，与他器异。其背有一鹰头，与页码75同。这里仍定为狼。

页码192：双兽嬉戏形青铜饰牌。所谓"双兽嬉戏"，实为狼噬麀。鹿有蹄，与狼不同。

页码279：虎噬羊金饰带。所谓"虎"，鼻头上卷，实为狼。所谓"羊"，看不太清。

---

[1] 参看《鄂尔多斯》，177页：图一二四，1。又93页：图六一，2。

87

88

89

184—185

190

191右

191左

192

279

狐

66上

68下

熊

146

208中

209上

162

（四）狐（fox）

见页码66上、68下、208中、209上。

【讨论】

这四件器物，大同小异。页码66上同209上，只有狐狸头，没有连纽；页码68下同208中，除狐狸头，还有连纽。图录只把页码208中的动物头叫"狐狸头"。其他或称"兽头"，或称"兽面"，不够统一。

（五）熊（bear）

见页码146、162。

【讨论】

182—183

214 上

214 下

215 上

215 下

130

　　页码162：虎头形银节约。此器很有名，西沟畔出土。所谓"虎头形"，是据田广金夫妇命名，[1] 其实是熊头。同出共七件，背面皆有铭文，字体属于赵国，估计是赵云中郡的器物。此器铭文是"琢工，二两五朱（铢）"。

**（六）野猪（boar）**

　　见页码182—183（与虎咬斗）、214下、215。

**【讨论】**

　　页码130：野猪首菱形纹柄青铜刀。所谓"野猪"，不能肯定。

----

〔1〕参看《鄂尔多斯》，摹本见 358 页：图七。

有角鹿

91

92

154 上

154 下

126—127 上

217 上

210 上

248

（七）鹿（deer）

图录所见鹿，皆为卧鹿，有些有角，有些无角。

1．有角鹿。见页码91、92、126—127上（刀柄正面有三鹿）、154上、154下、210上、217上、248。

2．无角鹿。见页码51、52、53上、53中、60、61、62、63上（作虎食鹿形）、93、147、155、156—157、246、249、250—251、254。

3．双鹿交媾形。见页码94、219上。

4．鹿石式纹饰。见页码125左。

【讨论】

页码93：透雕卧驴形青铜饰牌。所谓"卧驴"，身形、嘴形俱似上无角鹿，恐怕是鹿。

页码125左：双虎首鹿羊纹柄青铜刀。所谓"鹿羊"，不详何意，或

51

52

53上

53中

60

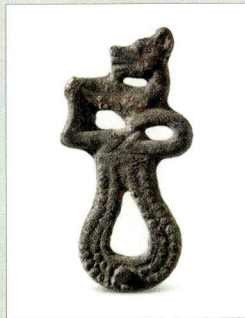

61

62

63上

93

147左

147右

155

156—157

246

249

250—251

254

94

219 上

125 左

于其形置疑，是鹿是羊不能定？今按仍以鹿纹为是。此器很有意思，剑柄、剑身的花纹与鹿石酷似。

111　　118　　134中　　134下　　145左　　145右

145中　　204　　207下

（八）马 (horse)

见页码111、118、134中、134下、145左、145中、145右、204、207下。

【讨论】

页码111：双豹对卧纹青铜短剑。所谓"双豹对卧纹"，乃草原艺术流行的对马纹。

页码118：双虎戏蛙首青铜短剑。剑首有双虎和蛙，剑格还有双马。

页码134中：双鹿首悬铃青铜帐铃件。所谓"双鹿"，对比134下，也可能是双马。所谓"铃件"，乃"饰件"之误。

页码145右：圆雕马青铜竿头饰。马首有一小筒。

页码207下：双马双驼纹青铜饰件。"双马"相背，"双驼"是"双蛇"之误。英文译名作Broze Ornament with Horses and Camels，Camels是据"双驼"误译。

**野驴或驴**

142

218 下

**牦牛**

82

202—203

（九）野驴（ass）或驴（donkey）

见页码142、218下。

【讨论】

页码218下：双驴形青铜饰件。所谓"双驴"，一大一小，应为母子驴。

（十）黄牛（cattle）或牦牛（yak）

见页码82、202—203。

【讨论】

页码82：卧牛形鎏金青铜饰牌。英文译名作Gilded Bronze Plaque in the Shape of a Recumbentox，Recumbentox应断为两词，作recumbent ox。此牛有长毛，有点像青藏高原的牦牛（*Proëphagus grunniens*）。黄牛是cattle，牦牛是yak。

54 上

54 下右

56

148—149

152—153

166

167

168—169

171 下

174 上

208 上

219 下

252 上

258 下

283 下

（十一）**盘羊**（sheep）

见页码54上、54下右、56、148—149、152—153、166、167、168、169、171下（？）、174上、208上、219下、252上（？）、258下、283下。

【讨论】

页码56：牛头纹透雕铜带饰。所谓"牛头"，从角形看，似为盘羊头。

（十二）北山羊（ibex）

见页码83、143、144、216、221、275、280。

【讨论】

此类与上一类不同，特点是角很长，向后弯。这批长角羊，图录叫法不统一，有些叫"羚羊"（英文译名作antelope），如页码83、143、144；有些叫"大角羊"（英文译名作bighorn sheep），如页码216、221、275、280；有些只笼统叫"羊"（英文译名作sheep），如页码171下。这八个例子，页码83、216、221额下有须，也是北山羊的特征。"大角羊"是盘羊的别名，不能用于这一类。北山羊是ibex，不能译为sheep。

（十三）黄羊（gazelle）

见页码53下。

【讨论】

图录四次提到"羚羊"，见页码53下、83、143、144。中国的羚羊，主要是原羚，俗称黄羊。这四个例子，只有页码53下体形和角形像黄羊，其他三例是北山羊。

（十四）骆驼（camel）

见页码135、203。这两个例子都是双峰骆驼。

北山羊

83

143

144

216

221

275

280

黄羊

53下

骆驼

135

203

兔

55

209下

刺猬

220下

210下

252下

253

255

（十五）**兔**（rabbit）

见页码55、209下、210下、252下、253。

【讨论】

页码55：象形青铜扣饰。器形分明是兔，却叫"象"。宁夏无象，"象"与"兔"字形相近，当是抄写错误，英文译名作Elephant Shaped Bronze Button，Elephant是据错字翻译。

（十六）**刺猬**（hedgehog）

见页码220下和255。

鹰

54下左

138上

138下

213

鹤

139

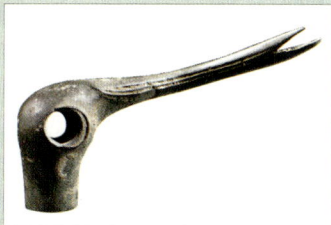
140—141

鸭

175中

175下

（十七）鹰（eagle）

见下"鹰头饰件"和"草原格里芬"。下面四个例子，其实不是鹰。

【讨论】

页码54下左、138上、138下、213，所谓"鹰头"，没有钩喙，恐怕不是鹰头。

（十八）鹤（crane）

见页码139和140—141。

（十九）鸭（duck）

见页码175中和175下。

113

170 上

170 中

170 下

171 上

212

223

259 上

259 下左

259 下右

（二十）鸟（bird）

　　见页码113、170上、170中、170下、171上、212、223、259上、259下左、259下右。

　　【讨论】

　　页码170上、170中、170下、171上、259上、259下左、259下右为带扣，以鸟头为钩。

72

207 下

217 下

118

260 上

## （二一）蛇 （snake）

见页码72、207下（双马双蛇）、217下（双蛇噬蛙）、260上。

**【讨论】**

页码217下：鲵蛙形青铜饰件。所谓"鲵"，英文译名作Salamander。Salamander是蝾螈类的爬虫，特点是有四只脚，但这里的"鲵"却没有脚，显然是蛇。蛙是蛇的重要捕食对象。此器作两蛇共食一蛙。

## （二二）蛙 （fog）

见页码118(在剑首)、217下（双蛇噬蛙）。

鷹头饰件

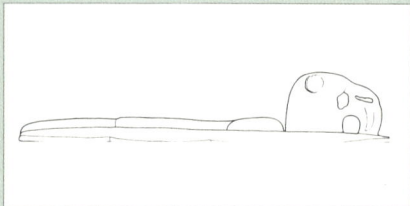
72下

211下

67下

69上

70上

71

211上

224上

224中

224下

225上

225中

225下

276—277下

(二三) 鹰头饰件

1. 单头鹰

见页码72、211下。

【讨论】

页码72：蛇形青铜饰牌。此器有线图，从侧视图看，环纽为鹰头，不是蛇头。草原艺术流行鹰头纹（详见下节），此器近之。

页码211下：鸟形青铜饰件。所谓"鸟头"，亦为鹰头纹。

226 上

227 上

161 上

161 下

2．双头鹰

见页码67下、69上、70上、71、211上、224上－225下。

【讨论】

这类饰件，可分三类：

一类是S形饰件（两鹰头相斥），见页码67下、69上、70上、224中、225上右是一类。页码223上是类似器形。

一类是X形饰件（两鹰头相斥，中间有圆泡），见页码224上、224下、225上左、225下。页码67上、161上、161下、225中、276－277下是类似器形。

一类是8形饰件（两鹰头相抵），见页码211上。

又页码71：凤鸟形透雕青铜饰牌。所谓"凤鸟"是两个鹰形格里芬共用一尾。

3．四头鹰

见页码226上。页码227上是类似器形。

（二四）想象动物：草原格里芬（griffin）

格里芬是想象动物，原指鹰头翼狮，下面两种是其变形。

1.马形格里芬

见页码193、196—201。腿脚粗壮，蹄是圆蹄。图录或称"怪兽"，或称"马"。称"马"近是，今称"马形格里芬"。

【讨论】

页码193：怪兽咬斗形青铜饰牌。图录所谓"怪兽"，从蹄形、体型看，是依托马，但有钩喙和大角，又有鹿和鹰的特点。其大角是由四组鹰头纹勾连成型，下有二狼（嘴似狼）咬其腿。

页码196—197：双兽咬斗形青铜饰牌。与上略同，下有一兽咬其腿，纹似虎。

页码198—199：虎咬马纹青铜饰牌。与上略同，下有一兽咬其腿。此兽与前器大同小异，但没有虎纹。

页码200—201：奔马纹鎏金饰牌。只有马形格里芬，无咬腿之兽。它的身体作180°旋转，大角由六组鹰头勾连成形。

2.鹿形格里芬

见页码244—245：鹰嘴金怪兽。此器很有名，这次展出是复制品。所谓"怪兽"，与马形格里芬相似，但腿脚细长，蹄为尖蹄，蹄后有距，又近于鹿。它的角很大，由四组鹰头勾连成形，尾巴短小，也用鹰头代替。

【讨论】

上述两种常以鹰头纹为饰。页码115：双环首鹰头格青铜短剑。剑柄上的三组对称纹饰也许是鹰头的变形。

193

196—197

198—199

200—201

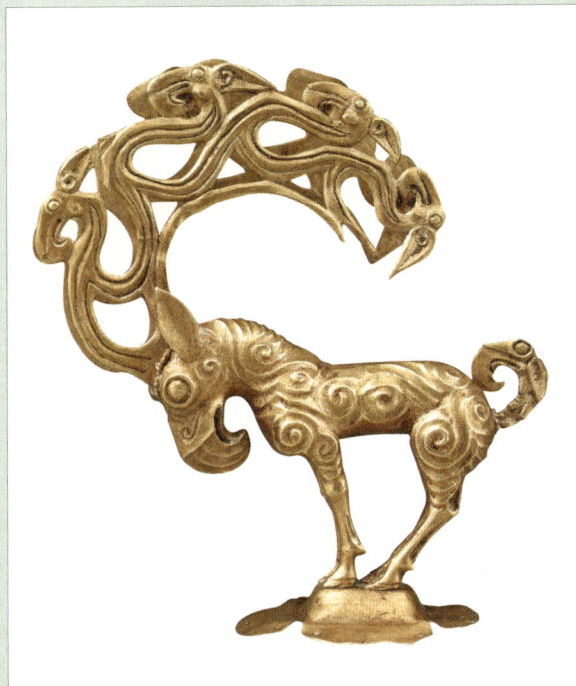 

244—245

115

165

(二五) 阿鲁柴登金冠

　　见页码165。此器很有名，这次未展出。它有四种动物：冠顶立鹰，脚下的纹饰是四狼四羊。下面两圈，上一圈是狼，下一圈是马和盘羊。

(二六) 存疑

　　图录中有些纹饰，说是动物又不像动物，或虽是动物却不易辨认，如页码66下、70中、114、172、174下、176左、208下、209中、222、227下、256上、260下－263上、283上、287。

存疑

66 下

70 中

114

172

174 下

176 左

208 下

209 中

222

227 下

256 上

260 下

261 上

261 下

262 上

262 下

263 上

283 上

287

## 二、如何识别上述动物

　　欧亚草原，流行动物造型和动物纹饰，旧称"斯基泰艺术"。现在随着考古发现日益增多，这一概念正在被细化。但草原上的一切都流动不居，追根溯源，仍多扑朔迷离。

　　动物分捕食者（predator）和被捕食者（prey）。捕食者多为食肉动物，被捕食者多为食草动物。虎、豹、狼、鹰属于前一类，鹿、羊、马、牛属于后一类。草原上的居民每天和动物打交道，经常可以看到它们前逃后追、厮杀搏斗。他们的艺术品，观察很细致，表现很生动。但草原艺术中的动物形象，经艺术夸张，有时不易辨认。如何从分类学入手，识别上述动物，肯定很重要。我不是动物专家，这里只能试加讨论。

### （一）如何区分狮、虎

　　狮（*Panthera leo*）、虎（*Panthera tigris*）同属猫科（*Felidae*），但两者的地理分布完全不同，老死不相往来。有狮的地方一般没有虎，有虎的地方一般没有狮。狮、虎的分界线大体在伊朗附近。

　　老虎是典型的亚洲动物。亚洲老虎有九个亚种，除中近东，几乎覆盖全亚洲。中国是老虎分布的中心。九个亚种，占了五种。东北的虎（也叫乌苏里虎），与俄国的西伯利亚种是同一种虎。华北、华南的虎（也叫华南虎或中国虎），野外已基本看不到。新疆的虎（也叫里海虎），与南俄草原和中亚的虎是一种，1980年已灭绝。西藏的虎与印度的孟加拉虎是同一种虎。中国南方早先还有印度支那虎。

　　狮子是典型的非洲动物。狮子从两河流域东传，主要分布在伊朗南部、阿富汗和印度河流域。现在，伊朗的亚洲狮已经灭绝，印度有一点，或说是伊朗亚洲狮的后裔。中国不产狮子，但战国时期已听说过狮子。《穆天子传》和《尔雅·释兽》提到"狻猊"，上博楚简《三德》提到"豻貌"，都是狮子的早期译名。汉代，狮子从阿富汗传入，中国人才见到真正的狮子。[1] 中国的狮子形象，早期属于道听途说。古人相传，狮子可以吃老虎，可以祈福，可以辟邪，故狮子多以天禄、辟邪为名，头上插角，身上加翅膀。后来，狮子借佛教艺术传播，逐渐深入人心。大家已经忘了，狮子是一种外来艺术。西亚艺术，常以成对的守护狮（guardian lion）看守宫门、庙门和墓门，有如看门狗。萨珊艺术中的狮子或把狮鬣表现为卷毛状。它在中国的演变趋势是把狮子变成卷毛狗。这种想象在中国居然变成现实。笃信佛教的后宫嫔妃，怀里经常抱着个狮子狗。

狮子和老虎有三大不同：一是狮群居，爱草原，虎独处，喜山林；二是雄狮有鬣，虎无鬣；三是狮无纹，虎有纹。

欧亚草原的捕食动物，虎、狼最重要。中国不产狮子，狮子的形象引入中国，最初是靠天禄、辟邪，后来是靠佛教艺术。它在中国艺术中是一种嵌入因素，越是早期，想象的成分越大。我们在草原艺术中很少见到它。

## （二）如何区分虎、豹

豹（*Panthera pardus*）和狮、虎一样，也属猫科。西方展览图录，凡是遇到分不清是狮是虎是豹的地方，多称feline，就是以猫科泛言之。狮、虎是大型猫科动物，豹比它们小很多。但狮、虎在动物分类学上属于豹亚科（*Pantherinae*），与豹关系很近。

中国没有狮，但有豹。子贡说，"虎豹之鞟犹犬羊之鞟"（《论语·颜渊》）。"犬羊之鞟"没有花纹，"虎豹之鞟"有之。虎的花纹是条纹，豹的花纹是斑纹。如果有花纹，当然很好分。但图录中的猫科动物，没有斑纹，我们无法断定，图录中是不是有豹。

---

[1] 李零《入山与出塞》，北京：文物出版社，2004 年，145–147 页。

图1 虎纹的表现方式一：平行的直线、斜线或折角　　　　　图2 虎纹的表现方式二：随形的平行浅槽

　　图录中的虎纹有三种表现法。一种是用平行的直线、斜线或折角来表现 [图1]，一般比较密，如图录中的短刀、短剑多以这种虎纹为饰（页码116–117、119、126下、127下–129、131）。另一种虎纹是用随形的平行浅槽来表现 [图2]，一般比较疏，如纳林高兔的三件银虎就是以这种虎纹为饰（页码246–247、257上、257下）。还有一种虎纹是用S形的双钩波磔纹来表现 [图3]，图录只有一例，即西沟畔的虎豕咬斗纹金饰牌（页码182–183）。

　　这最后一例很重要。它让我们联想到伊朗、阿富汗一带的虎纹。例如不列颠博物馆有一件著名铜斧 [图4]，出土地是巴基斯坦西北，估计来自巴克特里亚地区，年代可以早到公元前2000年左右。[1] 这件铜斧上的老虎，虎纹用银丝镶嵌，就是这种花纹。萨珊银器多狩猎场景，所猎老虎也有这种花纹 [图5]，或题为豹，不对。虎虽属豹亚科，却不是豹。我们在伊朗、阿富汗一带的艺术品中不止一次见到这种花纹（包括帕提亚时期）。

-------

〔1〕John Curtis, *Ancient Persia*, London: British Museum Press 1989, p.11, fig. 8.

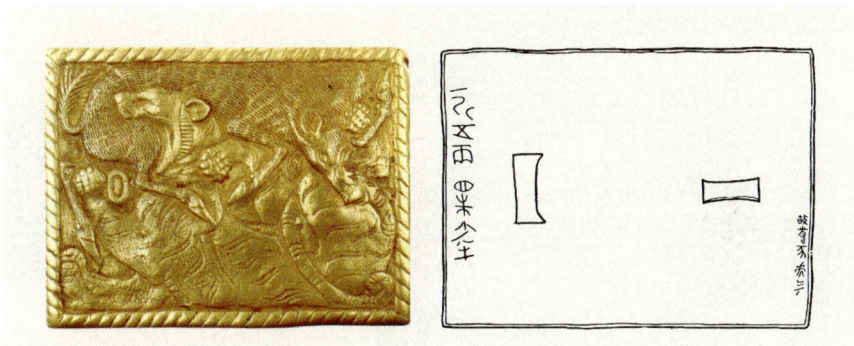

图 3 虎纹的表现方式三：S 形的双钩波磔纹

图 4 巴克特里亚铜斧（不列颠博物馆藏）

图 5 萨珊银盘（埃米塔什博物馆藏）

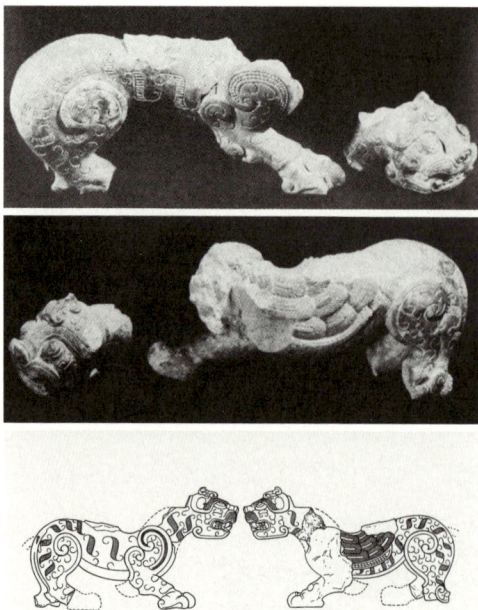

图 6　侯马陶范（《侯马陶范》330—331 页）

图 7　南越王墓出土的王命虎节

中国艺术，侯马陶范 [图6] 和南越王墓出土的王命虎节也有这种虎纹 [图7]，[1] 估计就是从伊朗、阿富汗传入。[2] 这种虎纹是识别老虎的重要标志。

## （三）如何区分虎、狼

　　欧亚草原上的捕食者，虎、狼最重要。虎虽凶猛，高居食物链的顶端，但离群索居，类似独行侠。它们对草原生态的影响比不了狼。图录没

----

[1]《侯马陶范》，330 页：711；331 页：712、713；332 页：717；337 页：737；西汉南越王博
　　物馆编《西汉南越王博物馆珍品图录》，北京：文物出版社，2007 年，86 页。
[2] 李零《入山与出塞》，91、93 页。

图 8-1　虎（图录 194 页）　　　　　　　　图 8-2　狼（图录 192 页）

有狼，不太正常。

　　狼（*Canis lupus*）属犬科（*Canidae*），忍饥渴，耐寒暑，生存能力和适应能力超强。它虽力不如虎，但机敏过之；速不及鹿，但耐力过之。特别是它有社会性，分工合作，集体捕猎，其他动物比不了。

　　狼与虎本来不难区分，首先大小就很悬殊。但见于艺术品，我们往往分不出大小。两者都有尖牙利爪，都捕食同样的食草动物，有时会搞混。

　　草原艺术中的虎与狼不一样 [图8]，俄国学者鲁登科（S. J. Rudenko）早有论述。[1] 很多国外的展览图录都采用他的定名。[2] 这里不妨总结一下。

　　虎，圆头，宽脸膛，画面侧视，吻部多作圆弧状。狼，长脸，画面上的形象，往往鼻头上卷。鼻头上卷是重要标志 [图9]。

　　过去，学者经常混淆虎、狼，或笼统称为"虎"，或笼统称为"兽"。如西沟畔2号墓出土过一批金饰片，其中2号墓：57、58，上面就有虎、狼搏斗的形象。可惜的是，田广金夫妇把它们叫作"虎、兽咬斗纹金饰片" [图10]。他们说的"兽"，其实就是狼。同样，阿鲁柴登金冠带饰上的"虎纹"和21件"虎纹金饰片" [图11]，所谓"虎"，其实也是狼。[3]

---

〔1〕 S. J. Rudenko, "The Mythological eagle, the gryphon, winged lion, and wolf in the art of northern nomads," *Artibus Asiae*, 1958, vol. 21, pp. 101—122.

〔2〕 如 Jenny F. So and Emma C. Bunker, *Traders and Raiders on China's Northern Frontier*, Washington, D.C.: the Smithsonian Institution, in association with the University of Washington,Seattle, 1995.

〔3〕《鄂尔多斯》，344 页：图一，4；图三，4。

图 9-1　虎头（图录 180 页）

图 9-2　狼头（图录 74 页）

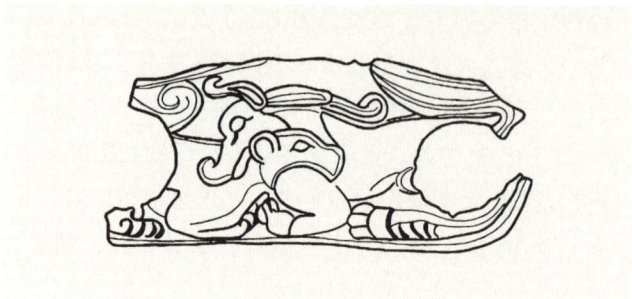

图 10　虎狼相搏纹金片饰（《鄂尔多斯》357 页）

图 11-1　阿鲁柴登金冠带饰上的动物（《鄂尔多斯》344 页）

图 11-2　狼纹金饰片（《鄂尔多斯》346 页）

图 12-1　熊纹银节约正面（图录 162 页）

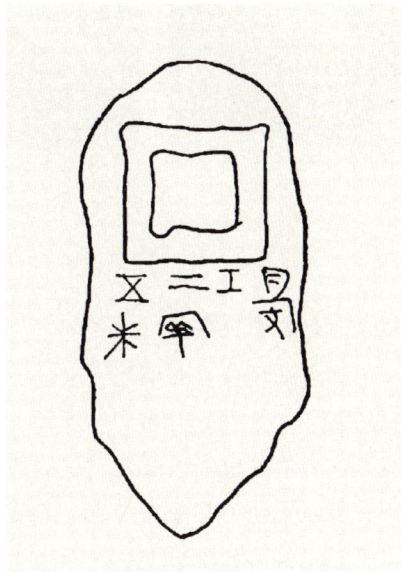

图 12-2　熊纹银节约背面（《鄂尔多斯》358 页）

## （四）如何区分虎、熊

　　熊属熊科（*Ursidae*），与虎、狼不同。熊是杂食动物，什么都吃，冬天还冬眠，不像老虎，不吃肉，没法活，经常有上顿没下顿，为了节省体力，时常打瞌睡。但熊不喜群居，往往隐居山林，则与老虎同。欧亚草原上的活跃捕食者，不包括熊。

　　世界上的熊以棕熊（*Ursus arctos*）最多。我国还有黑熊（*Selenarctos thibetanus*）。草原艺术中的熊不易细分，只能笼统叫熊。

　　虎、熊皆圆头圆脑，但熊比虎胖，腰背更粗，脑袋更圆，耳朵小，眼睛小，鼻吻向前凸起。西沟畔的银节约，所谓“虎”，实为熊 [图12]，就是以此判断。

图13-1　虎爪　　　　　图13-2　狼爪　　　　　图13-3　鹿蹄　　　　　图13-4　马蹄

## （五）如何识别野猪

哺乳动物分有蹄无蹄、反刍不反刍。无蹄不反刍者，有尖牙利爪，比较凶猛，如上面这几种，都是有爪的猛兽。有蹄反刍者，没有尖牙利爪，既无法攻击，也难以自卫，只能选择逃跑。有蹄分奇蹄、偶蹄。如马是奇蹄，五趾退化，只剩第三趾，蹄是圆蹄。鹿、牛、羊是偶蹄，五趾退化，只有第三、第四趾最发达，蹄是尖蹄，分成两瓣 [图13]。

野猪（*Sus scrofa*）属猪科（*Suidae*），有蹄，但不反刍，什么都吃，性格凶暴，敢与猛兽搏。例如西沟畔2号墓的金饰牌，上面就有野猪和老虎搏斗的场面。它有三大特点，一是嘴比家猪长，善拱；二是有獠牙龇在外面，嘴上有武器；三是偶蹄，可以从蹄辨认（参见图13-3）。

## （六）草原上的猛禽

草原上的猛禽分属鹰科（*Accipiter*）和隼科（*Falco*），我们多笼统叫作鹰。鹰科动物包括鹰属（*Accipiter*）、雕属（*Aquila*）和鹞属（*Circus*）。鹰即英文hawk，雕即英文eagle，鹞即英文harrier。隼科包括游隼（*Falco peregrinus leucogenys*）、燕隼（*Falco subbuteo streichi*）和红脚隼（*Falco vespertinus amurensis*），英文叫falcon。

草原艺术中的鹰，见于饰牌，通常有分张高举的两翼。

以上是捕食者，下面是被捕食者。

（七）如何区分鹿、马

欧亚草原上有蹄、反刍、食草类的动物，主要分属于鹿科（Cervidae）、马科（Equidae）和牛科（Bovidae）。草原艺术中，虎、狼的捕食对象主要是鹿、羊，不是小鹿，就是盘羊。

鹿属鹿科，多半是野生。马属马科，很早就被人类驯化。它们和虎、狼有三大区别：第一，有蹄无爪，长于跳跃，长于奔跑；第二，没有锋利的犬齿，只有门牙和臼齿，消化全靠咀嚼和反刍，不能吃肉，只能吃草；第三，头上长角，武器是角，不是尖牙利爪，但鹿角的用途，主要是为求偶，跟雄性打斗，它的求生本领主要还是逃跑。

我国北方，有梅花鹿（Cervus Nippon）、马鹿（Cervus elaphus），以及麋鹿（Elaphurus davidianus）、驯鹿（Rangifer tarandus）、驼鹿（Alces alces）。驼鹿即moose，体型最大，有横生的板状大角。驯鹿即reindeer，体型次之，也有很大的角。这两种鹿都是高寒地带的动物。草原艺术中有大角鹿，有些是艺术夸张，不一定是驼鹿和驯鹿。

我国北方的马（Equus caballus），野马有普氏马（Equus prizewalskii），驯化马是蒙古马。

草原艺术中，马和鹿怎么分，值得琢磨。我总结，第一看角，马肯定没角。但这一条并不总是可靠。出土器物中的鹿，雌鹿和小鹿也往往没角。马，经过艺术想象，说不定反而头上长角。第二看腿，马腿比较粗短，鹿腿比较细长。第三看蹄，马蹄为圆蹄，不分瓣；鹿蹄为尖蹄，分瓣，后距比马明显。第四看姿势，马多立马，鹿多卧鹿。

（八）如何区分马、驴、骡

驴（Equus asinus）属马科，与马相似，但身矮、耳长，尾似牛，英文叫donkey。马与驴交而生骡，非驴非马，似驴似马，兼具二者的特点。司马迁《史记·匈奴列传》讲匈奴奇畜，其中有"赢"、"駃騠"，就是今语所谓的骡。"嬴"是驴父马母所生，俗称马骡；"駃騠"是马父驴母所生，俗称驴骡。前者似马，后者似驴。

野驴是家驴的祖先，英文叫ass。它分非洲野驴（*Equus asinus*）和亚洲野驴（*Equus hemionus*）。我国北方的野驴是亚洲野驴中的蒙古野驴。

（九）如何区分牛、羊

家牛分黄牛（*Bos Taurus domestica*）和水牛（*Bubalus bubalus*）。黄牛、水牛，我们都叫牛，但英文是两个词，黄牛叫cattle，水牛叫buffalo，绝不混淆。图录翻成ox，是牛类动物的统称。

我国的羊分绵羊和山羊，绵羊跟盘羊有关，山羊跟北山羊有关，下面还要谈。

牛、羊俱属牛科，两者都有角，但两种角不一样。草原艺术中的牛，牛角树在头顶，两头尖锐，形状好像圆括号。羊角分两种，一种是螺旋形，先向两边弯，再朝脸旁转；一种是左右分披，再向后弯，很长。

前面提到，页码56，图录说是"牛头"，我看是盘羊头 [图14]。牛头、羊头，区别在哪里？大家只要翻一下《鄂尔多斯式青铜器》，比一下它们的角 [图15]，马上就能搞清楚。[1] 该书的羊头正是盘羊头（或绵羊头）。

古文字的"牛"、"羊"也可反映二者的不同。羊字的象形是盘羊头（或绵羊头）。

---

[1] 牛头什么样，请看该书72页：图三八，4（还有76页：图四四；84页：图五二，1、2）。羊头什么样，请看该书90页：图五九，1、2。

图14　盘羊头（图录56页）

图15-1　牛头（《鄂尔多斯》72页）

图15-2　盘羊头（《鄂尔多斯》90页）

图16-1 盘羊（《图录》169页）

图16-2 盘羊（摄自展品）

图17-1 北山羊（《图录》143页）

图17-2 北山羊（《图录》216页）

（十）如何区分盘羊（或绵羊）和北山羊（或山羊）

家羊分绵羊和山羊。绵羊、山羊，我们都叫羊，但英文是两个词，绵羊是sheep，山羊是goat，绝不混淆。绵羊和山羊有什么不同，我们从赵孟頫《二羊图》（现藏弗利尔美术馆）可以看得很清楚。绵羊的角是螺旋形，山羊的角是倒八字。另外，山羊额下有须，也是重要特征。

绵羊（*Ovis aries*）是从盘羊（*Ovis ammon*）类的若干野生种驯化。盘羊的特点是有螺旋形的角 [图16]。

山羊（*Capra hircus*）是从北山羊（*Capra ibex*）类的若干野生种驯化。北山羊，也叫野山羊。它的特点是有左右分披向后弯的镰刀状大角，额下有须 [图17]。山羊有须，与北山羊同，但没有镰刀状大角，角比较细，也比较小。

草原艺术中的羊，从形象判断，可能主要是野生羊，即盘羊和北山羊。出土铜饰牌，虎狼所食的羊，主要是盘羊。匈奴墓出土的铜饰牌，往往以北山羊为饰。内地也出土过这种饰牌。[1]

### （十一）中国的羚羊：三种黄羊

图录所谓"羚羊"，英文译名作antelope。广义的antelope是所有牛科动物的统称，并无确指。中国的羚羊，除可可西里地区的藏羚羊（*Pantholops hodgsoni*），还有三种羚羊，属于原羚属（*Procapra*），英文作gazelle。中国原羚（*Procapra*）也叫黄羊，体型比较小，角比较短，近尖处有

图18　黄羊（《图录》53页下）

一小弯。它分三种：普氏原羚（*Procapra przewalskii*），也叫滩黄羊，主要分布在蒙古草原和甘肃、青海、宁夏、新疆的干旱区；蒙古原羚（*Procapra guffurosa*），也叫黄羊，主要分布在内蒙古东部和华北北部；西藏原羚（*Procapra picticaudata*），也叫西藏黄羊，主要分布在青藏高原。页码53下的"羚羊"[图18]，从体型特征看，应属原羚。此器出于宁夏固原，从出土地点判断，大概属于普氏原羚或蒙古原羚。

### （十二）欧亚草原上的骆驼

司马迁在《史记·匈奴列传》中说，北方草原，"其畜之所多，则马牛羊，其奇畜则橐驼、驴、骡、駃騠、騊駼、驒騱"。"橐驼"即骆驼，《逸周书·王会》所附《伊尹朝献》已提到"橐驼"。

---

[1] 如广西西林普驮铜鼓墓出土的铜饰牌。参看李零《入山与出塞》，北京：文物出版社，2004年，99—100页。

骆驼分单峰骆驼（*Camelus dromedarius*）和双峰骆驼（*Camelus bactrianus*）。单峰骆驼也叫阿拉伯骆驼（Arabian camel），双峰骆驼也叫巴克特里亚骆驼（Bactrian camel）。两种骆驼的分布界线也在伊朗。中国的骆驼是双峰骆驼，草原艺术中多有之，不难分辨。

草原上的有蹄动物包括很多种，比食肉动物难分。这些动物，差不多都有家养、野生之分。家养、野生，在出土艺术品中也难分。学者分不清了，就以ungulate（有蹄动物）泛言之。

### （十三）草原艺术中的想象动物

西方建筑有各种把守门户的神秘动物，如埃及有斯芬克司（sphinx），亚述、波斯有拉马苏（lamassu）。前者是合狮身、人首为一体，后者是合牛身、人首为一体。格里芬也是这种动物。它的起源地，据说是地中海东岸的黎凡特（Levant），后来传遍整个西亚，即使现代，也仍然用于欧美各国的建筑。

典型的格里芬是合鹰头、狮身为一体，头是鹰头，有钩喙，身是狮身，长翅膀，就像中国的龙，是一种想象动物（fantastic animal），现实世界不存在。

欧亚草原，有鹰没有狮，典型的格里芬比较少，有之，皆属外来因素。但它有因地制宜的改造，不但以虎代狮，还把这类想象推广于他们的鹿、马，让它们拥有鹰一样的翼，鹰一样的喙，奔跑如飞。学者借用这一概念，泛指各种"飞禽加走兽"，也呼之为"格里芬"。我把它归纳为以下六种：[1]

1.神鹰。草原艺术中有一种鹰，大耳、短额、钩喙，头戴肉冠，颈项和胸脯带垂鳞纹，眼作杏仁状而不是圆形，兼具飞禽、走兽的特点，鲁登

---

[1]《入山与出塞》，87—135页。

图19 鹰首翼虎尊（台北故宫博物院藏）

科叫"神鹰"（mythological eagle），意思是想象的鹰，与真实的鹰有别。它有各种变形，有些有兽身，类似西亚、希腊的格里芬；有些省掉身子，只剩简化的鹰头，勾连蟠绕，有如藤蔓，用于下面的第四、第五类。

2. 狮首格里芬。主要是翼狮。

3. 虎首格里芬。主要是翼虎。台北故宫博物院有一件"鸟首兽尊"，我曾指出，其实是鹰首翼虎[图19]。[1] 我之所以断定它是虎身，主要根据是，第一，它有利爪，显然不属有蹄动物；第二，它身上有上述第三种虎纹。

4. 马首格里芬。马形，蹄足，钩喙，常以鹰头纹勾连为饰。或当大角，立于头上；或如小鸟，立于脊背；或当尾巴，起装饰作用。这种形象多见于饰牌[图20]。

5. 鹿首格里芬。鹿首，蹄足，钩喙，不但身形与上相似，而且有类似的鹰头纹，纳林高兔的金鹿是代表作。

[1]《入山与出塞》，91、93页。

图 20　马首格里芬（《图录》193 页）

　　6. 羊首格里芬。主要是带翼的北山羊。

　　这里的第四、第五类，两类都有角，有时不易区分。如2000年，美国大都会博物馆和俄国埃米塔什博物馆、乌法考古博物馆在美国举办过"欧亚草原金鹿展"，其展品就既有鹿首格里芬，也有马首格里芬。[1]

　　过去，西沟畔出土过一件"卧式怪兽纹饰片（M:60），[2] 所谓"怪兽"，从大形看，应为马首格里芬或鹿首格里芬，但身上的花纹却是上述第三种虎纹。可见草原格里芬都是就地取材，有各种复杂的组合方式。

2012 年 8 月 26 日写于北京蓝旗营寓所

（原刊《秦始皇帝陵博物院》总叁辑，西安：三秦出版社，2013 年，412–431 页）

[1] *The Golden Deer of Eurasia: Scythian and Sarmatian Treasures from the Eurasian Steppes*, edited by Joan Aruz, Ann Farkas, Andrei Alekseev, and Elena Korolkova, New York: the Metropolitan Museum of Art, 2000.
[2]《鄂尔多斯》，356 页：图四，3。

补记一：

    2012年9月21日参观阜阳博物馆库房，见到一套汉代虎镇。承阜阳博物馆前馆长韩自强先生介绍，这套虎镇是1867年阜阳市红旗中学（现为城郊中学）出土，被农民卖掉，又从废品站回收，一件缺失，两件破碎，完器只有一件。该器虎纹亦属上文所说的第三种虎纹［图22］。这种虎镇也见于大云山汉墓［图23］。

    又，上引西沟畔的虎豕咬斗纹金饰牌，承彭文同志提供照片［图24］，与田广金摹本同铭异器。

补记二：

    俄罗斯联邦的图瓦共和国产牦牛。2015年8月18日在图瓦共和国叶尼塞河边的考古工作站见一出土青铜饰牌，与页码202–203的双牛纹青铜饰牌几乎完全相同。现在考虑，此器之双牛腹部纹饰应是长毛，与页码82之卧牛同属牦牛。

图 22　东汉虎纹铜镇（阜阳博物馆藏）

图 23　大云山汉墓出土的东汉虎纹铜镇

图 24　虎豕咬斗纹金饰牌（参见图 3）背面及铭文

苏萨宫墙上的翼狮

洛阳孙旗屯出土的墓前翼狮

# "国际动物"：
# 中国艺术中的狮虎形象 [1]

　　我们的话题是两种动物，一种是本土动物老虎，一种是外来动物狮子。它们有点像，但又不太一样。

　　研究跨文化交流，动物是个好题目。它们虽然不会说话，有时却能传递文化信息。动物有动物王国，领地意识极强，抬起腿，撒泡尿，不光方便一下，同时在宣示主权。其迁徙流转，不光与气候变化、环境变化有关，也与人类的活动有关，同时也是研究人类文化交流的线索。

　　过去，美国汉学家劳费尔（Berthold Laufer）写过《中国伊朗编》，[2]薛爱华（Edward H. Schafer）写过《撒马尔罕的金桃》（中译本作《唐代的外来文明》），[3]专门研究exotic，即对双方而言，属于舶来品和带异国情调的东西，不仅涉及矿物、植物，也涉及动物。二书都是研究跨文化交流和名物考证的经典之作。我要谈的问题大体属于这一范围。

---

〔1〕本文受"教育部人文社会科学重点研究基地重大项目"资助，项目名称：《欧亚草原考古》（项目编号：13JJD780002）。

〔2〕Berthold Laufer, *Chinese Contributions to the History of Civilization in Ancient Iran with Special Reference to the History of Cultivated Plants and Products*, Chicago: University of Chicago Press 1919. 中文译本：［美］劳费尔《中国伊朗编》，林筠因译，北京：商务印书馆，2001 年。

〔3〕Edward H. Schafer, *The Golden Peach of Samarkand, a Study of Tang Exotics*, Los Angles and London: University of California Press, 1963. 中文译本：［美］谢弗《唐代的外来文明》，吴玉贵译，北京：中国社会科学出版社，1995 年。案：作者的汉名是薛爱华。

# 一、这里的"国际动物"是什么意思

这不是什么科学术语，只是玩笑话。比如人就是一种"国际动物"，特别是那些在全球做买卖的人，还有美国、北约派驻海外到处打仗的人。当然也有"国际学者"啦，他们经常飞来飞去，到处开会做演讲。

天高任鸟飞，海阔凭鱼跃，大家可能会说，鸟和鱼最有资格当"国际动物"。但我关注的"国际动物"，不光活动范围大。要讲活动范围，老鼠、苍蝇、蚊子，谁都比不了。我说的"国际动物"不是它们，而是充当人类交往媒介的动物。在我看来，马是真正的"国际动物"，骆驼也是。当然，还有一些动物，不是用于战争，不是用来驮东西，而是作为珍禽异兽，用于进出口，本地没有，一看就是来自远方，这对判断文化传播很重要。

文化传播，有时很难判断。比如"某某到此一游"，这类糊涂乱画根本用不着传播，人心同理，什么地方的人都可能信笔涂鸦。我们不能看到彼此一样或差不多，就一口咬定，这中间有文化传播。相反，一个地方的发明传到另一个地方，经常被改造，变得面目全非，外来影响和本土因素掺和在一起，很难一清二楚分开来。这种非驴非马的现象，反而可能与传播有关。

用动物形象研究文化传播，我想举中国艺术中的狮虎形象为例。狮虎跟猫狗、金鱼不一样，不是人工培育的结果，原来长什么样，现在还什么样。

狮子是外来动物。中国只有老虎，没有狮子。狮子的形象在中国扎根，经长期改造，早就本土化，没问题。但外来就是外来，不管你对本土文化如何推崇，对本土化的改造如何强调，你还是无法否认，狮子是一种外来动物，跟狮子有关的艺术与外来影响有关。这就像一个欧洲人或非洲人，他们跑到咱们中国来，不管怎么打扮，我们一眼就能认出来。

老虎，情况相反。照理说，绝对本土，但下面我要讨论，中国有一种虎纹，居然跟伊朗-阿富汗地区的虎纹如出一辙，如果从年代考虑，人家比我们早。

　　总之，外来的东西可以本土化，本土的东西也可以受外来影响。人家影响我们是这个道理，我们影响人家也是这个道理。内外并不是绝对排斥的关系。

　　下面，我们就来谈谈这个有趣的话题。

## 二、西方人最喜欢的动物

　　西方人最喜欢的动物，一是老鹰，二是狮子。我们只要看一下他们的国徽 [图1]，就能明白这一点。

　　美利坚的国徽是圆牌上画个白头海雕（bald eagle），一爪抓着橄榄枝（代表和平），一爪抓着一束箭（代表战争），很有点胡萝卜加大棒的味道。

　　俄罗斯的国徽是方盾上画个双头鹰，一个脑袋朝东方，一个脑袋朝西方，左顾右盼，中间是圣乔治。

　　德意志的国徽是方盾上画个黑老鹰，两个翅膀，肩头往上耸，好像壮汉亮肌肉。

　　不列颠的国徽是狮子和独角兽（unicorn）一左一右在两边，[1] 扶着个椭圆形的牌子，上有皇冠，代表王权，

----

〔1〕欧洲独角兽，典型形象是独角白马，但蹄作偶蹄，又有牛科特征。希腊古典作家说，独角兽出印度，十分凶猛，角可入药，有解毒奇效，应以印度犀为原型。犀牛主要分布于非洲、南亚和东南亚。非洲犀分黑犀、白犀（其实颜色一样），两种皆双角。亚洲犀，印度犀和爪哇犀单角，马来犀双角。中国青铜器中的犀尊（商代、战国、汉代都有）都是双角犀。汉字中的犀字，见于西周金文，自古从牛。此兽臀腹滚圆，中国人取其身形似牛，从汉代起，一直称之为犀牛，但犀科奇蹄，与牛科异，反与马科近。

图1　国徽中的动物

牌面四分，左上角和右下角的三头金色行狮代表英格兰，右上角的一头红色立狮代表苏格兰，左下角的蓝地竖琴代表北爱尔兰，威尔士阙如。

这类徽识，起源是中世纪贵族的族徽（coat of arms）。这种族徽多半画在盾上，一般译作"盾形纹章"，最早可以追到12世纪。[1]

古希腊陶瓶，上面画的盾牌，主要也是老鹰、狮子和格里芬（鹰、狮合体的怪物）。[2]


## 三、近东的徽识


欧洲人喜欢老鹰和狮子，这种偏好向上追，还有更古老的源头。

文艺复兴以来，欧洲人认祖归宗，以希腊、罗马为文化源头，但希腊、罗马的源头又是什么？其实是近东。古典学和东方学分不开。

近东艺术，有一种徽很古老 [图2]，如埃及有一种两个翅膀中间夹个圆盘的徽，翅膀代表老鹰，圆盘代表太阳。这种徽，发展到后来，圆盘变圆环，从圆环中钻出个神像，长得跟地上的人王一模一样。亚述帝国有这种徽，代表亚述的主神，太阳神阿舒尔（Ashur）。波斯帝国也有这种徽，代表祆教（琐罗亚斯德教）的至上神，象征日月、光明和圣火的阿胡拉·马兹达（Ahura-Mazda）。20世纪，人类发明飞机，大家又想起这种徽。世界各国常以这种徽作航空公司或空军的标志。

狮子在近东艺术中也非常流行，常被用来看大门。这种习俗影响全世界，一直影响到现在，全世界的建筑，到处都用狮子看大门，特别是放值钱东西的地方，比如银行和博物馆。

〔1〕［英］S.斯莱特《纹章插图百科》，王心洁等译，汕头：汕头大学出版社，2009年，12-13页。
〔2〕米歇尔·巴斯图罗（Michel Pastoureau）《纹章学——一种象征标志的文化》，谢军瑞译，曹德明校，上海：上海书店出版社，2002年，17页。

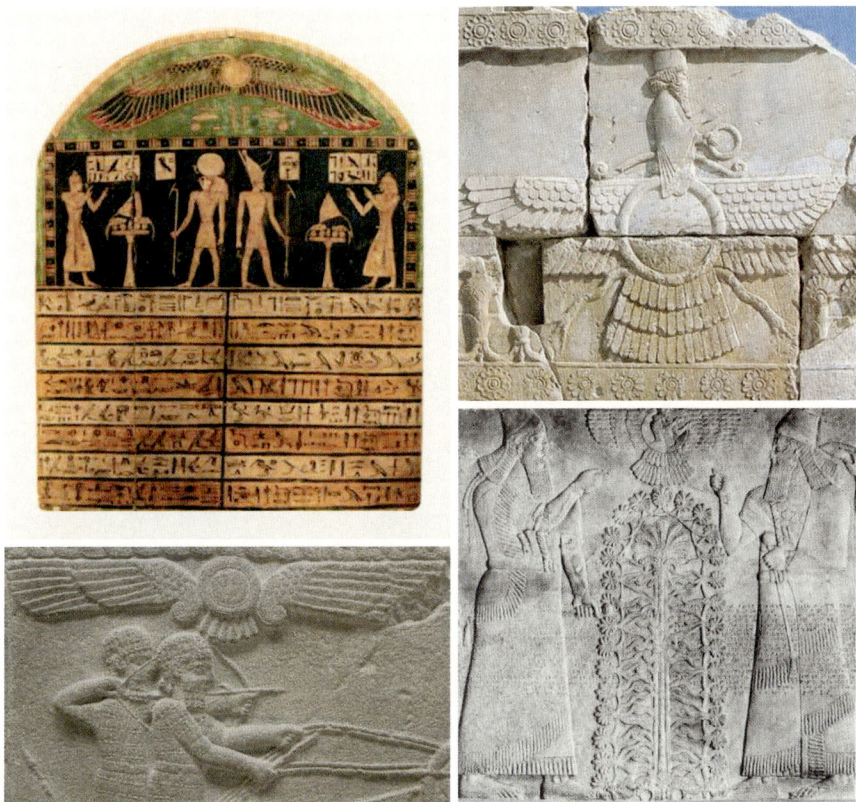

图2 近东地区的双翼日盘和日环

## 四、早在战国时期，中国人就已知道狮子

中国人什么时候知道狮子，现在还不好说。但至少战国以来，中国人就已知道狮子，至少听说过这种动物。

战国时期，狮子叫狻猊。"狻猊"是外来语，薛爱华读suangi。他构拟的上古音是swân-ngieg。[1]"狮子"也是外来语，薛爱华读śiśäk。[2]他说，"这个词是在'狻猊'传入若干世纪以后从伊朗传入中国的"。今伊朗、阿富汗、中亚各国和印、巴等地的叫法多半以S打头。[3]"狻猊"是早期译名，汉代作"师子"，后来才写成"狮子"。"狻猊"和"狮子"都是以S开头的双音节词。"狮"是简称。

中国古书提到狻猊，以下面两条最早。

1.《穆天子传》卷一："柏天曰：'征鸟使翼，曰……，乌鸢、鹝鸡飞八百里。名兽使足〔曰……〕，狻猊〔日走五百里〕，野马走五百里，邛邛距虚走百里，麋〔走〕二十里。'"郭璞注："狻猊，师子，亦食虎豹。"

【案】《穆天子传》是汲冢竹书之一，书托周穆王西游，讲西域传闻，属战国小说。"狻猊"下缺文，古书引用皆作"日走五百里"。

2.《尔雅·释兽》："狻麑如虦猫，食虎豹。"郭璞注："即师子也，出西域。汉顺帝时疏勒王来献犎牛及师子。《穆天子传》曰：'狻猊日走五百里。'"[4]狻麑即狻猊。

【案】《尔雅》是雅学第一书，除三篇解释词语，其他十九篇主要讲名物知识。其成书或在汉初，但很多说法可上溯到战国时期，甚至更早。什么是"虦猫"？《释兽》上文的解释是"虎窃毛，谓之虦猫"。什么叫"窃毛"？郭璞注："窃，浅也。《诗》曰：'有猫有虎。'"窃、浅二字为通假字。"窃毛"即浅毛。古人把浅黄叫"窃黄"（参看《左传》昭公十七年："冬扈窃黄"杜预注，孔颖达疏）。狮子没有花纹，皮毛的颜色是浅黄色或灰白色，偶尔还有白狮子。老虎也有颜色比较浅，甚至作白色者。《南史·刘显传》："时波斯献生师子，帝问曰：'师子有何

〔1〕见《唐代的外来文明》，191 页。
〔2〕据蒲立本说。蒲立本认为，狻猊译自吐火罗语 A。见《唐代的外来文明》，191 页，注 63。
〔3〕如于阗塞语作 sarau，中古伊朗语作 sgr，印度语作 simha。
〔4〕《尔雅·释兽》在"虦猫"下还提到"貘，白豹。甝，白虎。虪，黑虎。貀，无前足"，似是古人认为长相相近的一组动物。貘是大熊猫，似猫非猫。甝是基因突变患白化症的老虎。虪未必是虎，虎无黑色，疑是中国黑豹。中国的黑豹是金钱豹中的黑化型。貀是海狗（Callorhinus curiilensis），所谓"无前足"，其实是鳍足之误。

图3 汉代四神瓦当：狮子代替白虎

色？'显曰：'黄师子超不及白师子超。'"就是说狮子有两种颜色，白狮子比黄狮子更金贵。

古人说："少所见，多所怪，见橐驼曰马肿背。"（《古诗源》卷一：牟子引古谚）中原地区的人只见过马，没见过骆驼，他们只能拿自己的知识打比方，所以有"马肿背"的曲译。

中国有老虎，没狮子。中国人要想解释狮子，只好借助老虎。《尔雅·释兽》说"狻麑如虦猫"，这也是打比方。虦猫是毛色浅淡的虎。狮子，毛色浅淡，没有花纹或斑点，正与这种虎相似。

薛爱华说："对于唐代的中国人来说，狮子是一种西方来的动物，而老虎则是西方的象征，因而狮子毫无疑问便有着与老虎同样的秉性。"汉长安城出土的四神瓦当，有时会用狮子代替白虎 [图3]，正是把两者视为相似的动物。

狮子的早期名称还有一种叫法：**狻猊**。

上博楚简《三德》篇简18有这样一段话 [图4]：[1]

　　死于初（刃）下。豻貘飤（食）虎，天无不从：
好昌天从之，好贡（丧）天从之；好友（废）天从之，
好长天从之。川（顺）天之时，起地之〔纪〕。

我们不难发现，这里的"豻貘飤（食）虎"就是
《尔雅·释兽》的"狻麑如虦猫，食虎豹"。这里有趣的
是，简文把狮子吃老虎当作一种祥瑞：假如狮子把老虎
吃了，老天就会降福于你，你的任何愿望都会得到满足。

　　"豻貘"，上字是来母字，以L为声母。狮子，希腊
语作leon，拉丁语作leo。显然，这是希腊语或拉丁语的
音译。

　　上述两种名字是由两种语言背景不同的人分别介绍
给中国人。"通名报姓"之后，狮子正一步步向中国走来。

图4　上博楚简《三德》篇简18

## 五、狮子输入中国的途径

汉代对狮子的记载，最早见于《汉书·西域传》。

　　一条是讲西域的乌弋山离国，据说物产与罽宾同，"而有桃拔、师子、
犀子"（《西域传上》）。

　　一条是班固赞语，讲西汉盛世，各国向中国进贡，其文曰："遭值文、

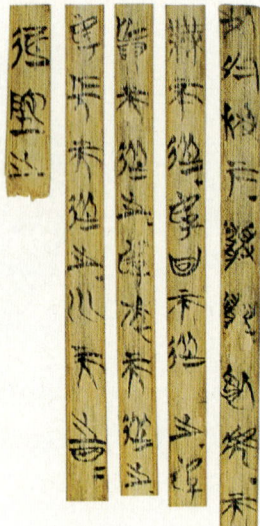

〔1〕马承源主编《上海博物馆藏战国楚竹书》（五），上海：上海古籍出版社，2005 年，图版 144 页，
　　释文考释见 285—303 页（李零注释）。

景玄默，养民五世，天下殷富，财力有余，士马强盛，故能睹犀布、玳瑁则建珠崖七郡，感枸酱、竹杖则开牂柯、越巂，闻天马、蒲陶则通大宛、安息。自是之后，明珠、文甲、通犀、翠羽之珍盈于后宫，蒲梢、龙文、鱼目、汗血之马充于黄门，钜象、师子、猛犬、大雀之群食于外囿。殊方异物，四面而至。"（《西域传下》）如此说可靠，则西汉已有狮子进口。

狮子输入中国，有明确记载是东汉时期。

1. 章帝建初四年（79年）从月氏进口。《后汉书·班超传》："初，月氏尝助汉击车师有功，是岁贡奉珍宝、符拔、师子，因求汉公主。"

2. 章帝章和元年（87年）从月氏进口。《后汉书·章帝纪》（章帝章和元年）："是岁，西域长史班超击莎车，大破之。月氏国遣使献扶拔、师子。"《后汉书·西域传》："章帝章和元年，遣使献师子、符拔。符拔形似麟而无角。"

3. 和帝章和二年（88年）从安息进口。《后汉书·和帝纪》："冬十月乙亥，以侍中窦宪为车骑将军，伐北匈奴。安息国遣使献师子、扶拔。"

4. 和帝永元十三年（101年）从安息进口。《后汉书·和帝纪》："冬十一月，安息国遣使献师子及条枝大爵。"《后汉书·西域传》："十三年，安息王满屈复献师子及条支大鸟，时谓之安息雀。"

5. 顺帝阳嘉二年（133年）从疏勒进口。《后汉书·顺帝纪》："六月辛未，……疏勒国献师子、封牛。"《后汉书·西域传》："阳嘉二年，臣磐（疏勒王舅）复献师子、封牛。"

另外，《后汉书·西域传》还提到条支、大秦也出师子：

条支国，城在山上，周回四十余里。临西海，海水曲环其南及东、北，三面路绝，唯西北隅通陆道。土地暑湿，出师子、犀牛、封牛、孔雀、大雀。大雀，其卵如瓮。

大秦国，一名犂鞬，以在海西，亦云海西国。……《汉书》云"从条支西行二百余日，近日所出"，则与今书异矣。前世汉使皆自乌弋以还，莫有至条支者也。又云"从安息陆道绕海北行，出西海至大秦，人庶连属，十里一亭，三十里一置，终无盗贼寇警。而道多猛虎、师子，遮害行旅，不百余人，赍兵器，辄为所食。"

上述地点都在丝绸之路的干道上。

疏勒，在今新疆喀什，与中国最近。

月氏，始居敦煌、祁连间，被匈奴势力挤压，西迁中亚，一度占据阿姆河流域，大体在今乌兹别克斯坦、土库曼斯坦和塔吉克斯坦一带，在疏勒西。

乌弋山离，以城名。乌弋山离是亚历山大的音译，简称乌弋，东汉又称排特。亚历山大东征，留下若干亚历山大城，它是其中之一。此城当今何地，异说纷纭，但谁都同意，在今阿富汗境内。[1] 阿富汗是丝绸之路的三岔口，北去新疆，东去印度，西去伊朗，都得从这儿过。

安息，以王族名，即帕提亚帝国。安息是阿萨息斯的音译。帕提亚的开国之君是阿萨息斯一世。阿萨息斯王朝是阿契美尼德王朝之后的伊朗王朝。中国史料说，安息都番兜。番兜是帕提亚的音译。帕提亚为阿契美尼德王朝的行省，在伊朗的呼罗珊省和土库曼斯坦，不是城邑名，而是地区名。帕提亚帝国最初就是崛起于这一地区，初都尼萨（在土库曼斯坦阿

---

〔1〕有 Alexandria Areion（在今赫拉特）、Alexandria Arachaton（在今坎大哈）、Alexandria Prophthasia（在今法拉）和 Alexandria（在今加兹尼）四说，四城皆蒙亚历山大之名。余太山引 W. W. Tarn 说，于四说独取第三说，谓乌弋山离是译 Alexandria，排特是译 Prophthasia。参看氏著《塞种史研究》，北京：中国社会科学院出版社，1992 年，168–181 页。案：法拉在阿富汗西南。阿契美尼德王朝时，阿富汗曾分属巴克特里亚、阿利亚、德兰吉亚那（也叫扎兰吉亚那）和阿拉霍西亚四省。巴克特里亚在马扎尔·谢里夫一带，偏北和东北。阿利亚在赫拉特一带，偏西北。德兰吉亚那在法拉和坎大哈一带，偏西南。阿拉霍西亚在加兹尼和喀布尔一带，偏中东部。中国史料中的大夏相当巴克特里亚，偏北。乌弋山离相当德兰吉亚那和阿拉霍西亚，偏南。

什哈巴德），后迁埃克巴坦纳（在伊朗哈马丹）和泰西封（在伊拉克巴格达）。极盛时，疆域不仅包括伊朗全境，也包括两河流域。中国史料中的安息王满屈，从年代判断，即阿萨息斯王朝的帕科罗斯二世（Pacorus II，90-105年）。

条支，以城名，即塞琉西王朝的叙利亚王国。塞琉西王朝是三大希腊化王国之一，领土曾经很大，但四面受敌，最后只剩下叙利亚和土耳其邻近叙利亚的一部分地区。条支是安条克的音译。安条克是塞琉西王朝的首都，在土耳其的安塔基亚，塞琉西亚是其外港。

大秦，在条支西。中亚各国称罗马帝国为大秦，以其类中国。《后汉书·西域传》："其人民皆长大平正，有类中国，故谓之大秦。"《晋书·四夷传》、《魏书·西域传》、《北史·西域传》说法略同。犁鞬，亦作犁轩，是埃及的亚历山大城。公元前30年，埃及是罗马帝国的行省。罗马不出狮子，但埃及出狮子。

汉以后，狮子进口，史不绝书。[1] 归纳所有输出地点，我们可以看得很清楚，狮子主要是从伊朗、印度，经阿富汗和中亚，最后从新疆，一站一站输入汉地。

《后汉书·西域传》引《汉书》说"前世汉使皆自乌弋以还，莫有至条支者也"。和帝永元九年（97年），甘英出使大秦，尝至条支，临海而返。条支、大秦为丝绸之路远端，离中国最远，但希腊-拉丁系的leon和leo很早就为中国所知。上述引文提醒我们，这绝不是空穴来风。

狮子是外来动物，是外来动物中的珍禽异兽，价值昂贵。

亚述石刻常有王者猎狮的画面，萨珊金银器也有这种画面。有一位伊朗学者问我，你们中国也有这种画面吗？我说没有，狮子对我们太珍贵，

---

[1] 如南北朝有芮芮（蠕蠕、柔然）、滑国、颎盾、嚈哒献狮子，唐代有康国、米国、吐火罗、波斯、大食献狮子。

千里迢迢，好不容易从你们那边进口一两只，养在皇家苑囿，如果把它射杀，那不太可惜了吗？

## 六、中国流行狮子舞

舞狮在中国很流行。前一阵儿，菲律宾搞反华游行，曾当街焚烧中国人舞狮的道具。很多外国人都把舞狮当中国文化的符号。他们的印象来自唐人街。很多中国人也相信，舞狮是中国自己的传统。他们并不知道，狮子是外来动物，舞狮是外来艺术。

舞狮见于中国文献记载，年代很早。如：

1. 《汉书·礼乐志二》"常从象人四人"，孟康《汉书音义》："象人，若今戏虾鱼师子者也。"

【案】孟康，三国人。他作《汉书音义》，距今已有1700多年。

2. 北魏杨衒之《洛阳伽蓝记》卷一"长秋寺"："中有三层浮图一所，金盘灵刹，曜诸城内。……四月四日，此像常出，辟邪狮子，导引其前。"

【案】《洛阳伽蓝记》是北魏杨衒之撰，距今已有1400多年。"辟邪狮子，导引其前"，是以狮子为佛像开道，以为狮子可以驱避邪魅，可见舞狮和佛教传入有关。

3. 唐段安节《乐府杂录·龟兹部》："乐有觱篥笛、拍板、四色鼓、揭羯鼓、鸡楼鼓。戏有五方狮子，高丈余，各衣五色。每一狮子有十二人，戴红抹额，衣画衣，执红拂子，谓之狮子郎舞。"

【案】这种五方狮子舞属龟兹乐舞，可见是从西域传入。五方是四方加中央。唐陵有四门狮子。四门配四神（青龙、白虎、朱雀、玄武），代表四方，陵寝居中央。

4. 五代刘昫《旧唐书·音乐志二》："《太平乐》，亦谓之五方师子舞。师子鸷兽，出于西南夷、天竺、师子等国。缀毛为之，人居其中，像其俯仰驯狎之容。二人持绳秉拂，为戏弄之状，各立其方色。百四十人歌《太

图5 新疆阿斯塔纳墓地出土的舞狮俑

图6 西藏古格王国遗址红庙壁画上表现舞狮的画面

平乐》，舞以足，持绳者服饰作昆仑象。"

【案】这里说五方狮子舞是从"西南夷、天竺、师子等国"传入。"西南夷"指云贵川，"天竺、师子等国"指印度、斯里兰卡。斯里兰卡，古称狮子国。[1]"持绳者服饰作昆仑象"是说舞狮者扮作驯狮的昆仑奴（黑奴）。

上引文献讲得很清楚，舞狮是从中亚和南亚传入，跟狮子的传入是前后脚。

新疆阿斯塔纳墓地出土过舞狮俑［图5］，西藏古格王国遗址红庙壁画也有表现舞狮的画面［图6］，可见舞狮在中国西部很流行。其传播，估计是先传新疆、青海、西藏，然后才到中原地区。

## 七、狮子的原产地和传播范围

狮子的原产地是非洲大陆。狮子北上，主要是从埃及，经地中海东

---

〔1〕今锡兰岛（斯里兰卡），古代叫僧伽罗。薛爱华说，汉文"狮子国"是翻译僧伽罗，"实际上，锡兰岛并不以狮子著称"。见氏著《唐代的外来文明》，191页。

图7　波斯波利斯浮雕：埃兰进贡狮子

岸，到小亚细亚半岛。

欧洲不产狮子。希腊、罗马的狮子多半从海路进口。陆路传播，止步于巴尔干半岛的东北角，即古代的色雷斯和马其顿一带。[1]

狮子进入亚洲腹地，主要是从伊拉克进入伊朗。

波斯波利斯阿帕丹的台阶有表现万邦来朝的浮雕组画，类似我国的《职贡图》。其中进贡狮子的国家是埃兰[图7]。埃兰在今伊朗西南隅的胡齐斯坦省，是美索不达米亚平原插入伊朗高原的绿地，与伊拉克的巴士拉省邻近。亚洲狮是从伊拉克进入埃兰，然后沿伊朗南部扩散，东传阿富汗和印巴地区，然后再从阿富汗，北传中亚和中国。

亚洲狮有两个亚种，一个是波斯亚种（*Panthera leo persica*），一

--------

[1] 希罗多德描述过欧洲东境的狮子。他说："在整个那一地区，有很多狮子，还有野牛，有人把这种野牛的大角带到希腊来。狮子出没区域仅限于涅斯图斯河（流经阿布德拉）和阿奇劳斯河（流经阿卡纳尼亚）之间。在涅斯图斯河以东欧罗巴前部地区，或者在阿奇劳斯河以西的整个大陆地区，人们都看不见一头狮子；但是在这两条河之间，人们就可以看到狮子。"见［古希腊］希罗多德《历史》（新译本），徐松岩译注，上海：上海三联书店，2008年，VII. 126。

图8　印度吉尔国家森林公园：亚洲狮最后的家园

图9　亚洲狮

个是印度亚种（*Panthera leo goojratensis*）。狮子在伊朗已经灭绝。印度只有古吉拉特邦的吉尔国家森林公园（Gil Forest National Park）还养着500来只[图8、9]。这500来只是20多只亚洲狮的后代。[1]

当然，印度的狮子也有可能从阿拉伯半岛通过海路输入。

## 八、老虎的原产地和分布范围

老虎的原产地是亚洲大陆，它有九个亚种：

1. 西伯利亚虎（Siberian tiger），分布在俄罗斯的远东地区、中国东北和朝鲜。也叫乌苏里虎、阿穆尔虎、满洲虎、朝鲜虎。中国称之为东北虎。

[1] 薛爱华说，"亚洲狮的历史是一首凄惨哀惋的悲歌，在古代的亚洲，在印度、波斯、巴比伦、亚述以及小亚地区，狮子这种巨大的猫科动物是很常见的动物。在古典时代，甚至在马其顿和色萨利，也可以见到狮子的身影。从那以后，狮子在亚洲的分布范围和数量就开始不断地缩小，在19世纪时，只有在美索不达米亚的部分地区，在伊朗的设拉子以南和古杰拉特还仍然能发现一些狮子，但是现在除了古杰拉特之外，在上述所有这些地区都已经见不到狮子的踪迹了；根据不可靠的推测，在卡提阿瓦半岛仍然残留着数量极少的狮子。"见氏著《唐代的外来文明》，191页。

2. 华南虎（South China tiger），分布在中国东南，野外已见不到，养在动物园里的100多只是6只华南虎的后代。

3. 里海虎（Caspian tiger），分布在中国新疆和中亚五国，阿富汗北部和伊朗北部，并沿呼罗珊大道，经里海南岸，最西可达南高加索和土耳其东部，跟突厥南下，蒙古西征的路线基本一致。这种虎，1968年灭绝。中国称之为伊犁虎或新疆虎。

4. 孟加拉虎（Bengal tiger），分布在中国西藏、孟加拉和印度东部，现存数量最多。

5. 印度支那虎（Indochinese tiger），分布在中国南方、越南、老挝、柬埔寨一带，越南战争后，估计已灭绝。

6. 马来虎（Malayan tiger），是从印度支那虎中分出的新亚种，主要分布在马来西亚和泰国。

7. 苏门答腊虎（Sumatran tiger），分布在印度尼西亚的苏门答腊岛。

8. 巴厘虎（Bali tiger），分布在印度尼西亚的巴厘岛。1937年灭绝。

9. 爪哇虎（Javan tiger），分布在印度尼西亚的爪哇岛。1979年灭绝。

这九个亚种，中国占了五个。中国是老虎分布的中心区。里海虎是老虎从中国西北向亚洲西部扩散的唯一虎种 [图10]。

老虎独行，喜欢山林；狮子群居，喜欢草原。它们属于不同的生态区。有狮子的地方一般没有老虎，有老虎的地方一般没有狮子。

伊朗北部有虎（里海虎），南部有狮（波斯狮）；印度西部有狮（印度狮），东部有虎（孟加拉虎）。但狮虎不在同一区域。

战国时期，中国人是否见过狮子，现在还是谜。但他们相信，外来的大猫肯定比本地的大猫更厉害，假如老虎碰上狮子，肯定不敌狮子，就像我们说"外来的和尚会念经"。

有趣的是，据说有人在动物园中做试验，故意安排狮虎见面，让它们一决高下，他们惊奇地发现，狮子并不比老虎厉害，老虎反而占上风。

图10 里海虎的分布

# 九、守护狮：近东艺术的一大特色

石刻艺术，近东最发达。它不仅有与中国画像石和碑铭墓志相似的石刻，还有很多圆雕神像、人像和动物像。

中国早期，缺少大型石刻，大型石刻是从秦代露头，蔚兴于汉代。学者讨论中国石刻受外来刺激，恐怕应把目光转向这一地区，而不是草原地区。近东石刻，年代最古老，传统最悠久。比如他们的守护狮（guardian lion）就是传播甚广的艺术形式。

举例：

1. 尼萨巴庙（Temple of Nisaba）遗址，在伊拉克首都巴格达附近，庙门有一对陶狮［图11］，年代大约在公元前1900—前1800年，现藏伊拉克国家博物馆。

2. 萨马尔城（Citadel of Sam'al）遗址，赫梯衰落后，萨马尔是亚述附庸，其首都萨马尔城在土耳其加济安泰普省的津吉尔利（Zincirli），邻近

叙利亚的阿勒颇。其内城城门有两对守
护狮〔图12〕，年代大约在公元前1000—
前800年，现藏柏林帕迦蒙博物馆。安
纳托利亚的石狮，身体往往与阙门连
体，头部（或前半身）作圆雕，身体
（或后半身）作浮雕。

3. 伊什塔尔庙（Temple of Ishtar）
遗址，在伊拉克尼尼微省的尼姆鲁德
（Nimurud），庙门有一对石狮〔图13〕，
年代在公元前865年。

4. 科马基尼王国安条克一世
（Antiochus I of Comagene, 69—34 B.C.）
的王陵，在土耳其安德亚曼省的尼姆鲁
德·达赫（Nimurud Dagh），陵前有一
对石狮〔图14〕。

这类狮子，或为蹲狮（例1、4），或
为行狮（例2、3），功能是看守城门、宫
门、庙门和王陵。它们主要流行于两河
流域和安纳托利亚。其面部刻画很有特
点，往往把唇髭的毛孔连在一起，刻成
阴线，乍看好像花瓣〔图15〕。

用狮子看大门，这种习俗，不但影
响欧洲，也影响伊朗、阿富汗，并进一
步向南亚和中亚传播，甚至影响到中
国。现在，世界各国仍流行以狮子看大
门。伊朗，直到很晚，仍流行以狮子守

图 11　伊拉克尼萨尼巴庙庙门前的陶狮

图 12　土耳其萨马尔城门守护狮

图13 伊拉克伊什塔尔庙守护狮

图14 土耳其安条克一世陵守护狮

图15 花瓣形唇髭

墓（往往做成板凳形）。[1]

## 十、近东瑞兽

　　近东石刻艺术，用来看门守陵的动物，除了狮子，还有好几种。这些动物属于"想象的动物"（fantastic animals）或所谓"神兽"（mythological animal），如果用中文表达，就是"瑞兽"。它们和中国的龙凤、麒麟类似，东拼西凑，现实世界，根本不存在。如：

　　1. 斯芬克斯（sphinx），特点是人首狮身，把人和动物捏一块儿。埃及多狮，这种主题在埃及很流行。埃及的斯芬克斯是单体，人头是法老像，狮身无翼。这是南派的斯芬克斯。北派的斯芬克斯，往往成对，有翼。亚述、波斯的斯芬克斯是男性，头戴王冠，蓄大

--------

[1] 碑林博物馆藏西魏永陵和北周成陵的石狮作板凳形。这是最简单的狮子造型。

胡子，跟他们的拉马苏相似。希腊的斯芬克斯是女性，属于凶神恶煞。

2. 拉马苏（lamassu），特点是人首牛身，也是把人和动物捏一块儿。这种主题，主要流行于亚述，并影响到波斯艺术。如帕萨尔迦达和波斯波利斯的宫殿区，其入口就是以拉马苏守阙。[1]

3. 格里芬（griffin），特点是鹰首狮身，把飞禽、走兽捏一块儿。典型的格里芬，多半有钩喙和双耳。这种瑞兽是黄金守护神，据说起源于地中海东岸的黎凡特（Levant），但希罗多德两次提到它，则与斯基泰人有关。[2] 草原牧民爱雄鹰，但草原上的大型猫科动物只有虎、豹，没有狮子（狮子，除了从远方进口，几乎看不到）。欧亚草原喜欢把鹰头与老虎的身体拼在一起，或把鹰头与鹿、马的身体拼在一起，甚至用成串的鹰头作装饰，很有当地特色。[3] 这类瑞兽，身体可以不同，但共同点是要有鹰头。它们是"典型格里芬"的变型，或可称为"草原格里芬"。

此外，还有很多动物，"让想象插上翅膀"，如翼狮、翼鹿、翼马、翼牛、翼羊，也属这一类。翼狮只是其中一种。

## 十一、翼狮：近东艺术的一大特色

翼狮（winged lion），特点是头上长角，肩上长翅。这是一种想象中

---

[1] 希罗多德说，安纳托利亚多狮子、野牛。见氏著《历史》（新译本），VII. 126。西亚艺术，野牛是重要角色。如吕底亚金币就是以狮子扑食野牛为纹饰。这种图像被放大和细化，也见于波斯波利斯阿帕丹的北阶和东阶。

[2] 希罗多德《历史》（新译本），III. 116、IV. 79。III. 116 提到一种传说，说欧洲北部的黄金是独眼人（阿里玛斯皮人）从格里芬那里偷来的，这是以格里芬为黄金守护者。IV. 79 说，斯库特拉（斯基泰王）在波利斯提尼人的城里见到一所豪宅，周围有许多用白色大理石雕刻的斯芬克斯像和格里芬像。

[3] S. J. Rudenko, "The Mythological eagle, the gryphon, the winged lion, and wolf in the art of northern nomads," *Artibus Asiae*, vol. 21 (1958), pp. 101–122；Guitty Azarpay, "Some classical and Near Eastern motif in the art of Pazyryk," *Artibus Asiae*, vol. 22 (1959), pp. 101–122.

图 16　伊拉克尼努尔塔神庙画像石上的翼狮

的狮子。它和上面提到的守护狮其实是同一类东西，有没有翅膀有没有角，并不关键。加上翅膀加上角，只是显得更有神力。

举例：

1. 尼努尔塔神庙（Ninurta temple）画像石上的翼狮 [图16]

神庙位于伊拉克的尼姆鲁德，年代大约在公元前883—前859年。翼狮作站立相，头上长角，肩上长翅，前足是兽足，后足是鹰爪，并有鹰尾，显然是鹰、狮的混合物。

2. 意大利维泰博省Vulci出土的伊特鲁利亚翼狮 [图17]

年代大约在公元前570—前550年，柏林帕迦蒙博物馆、宾夕法尼亚大学考古－人类学博物馆均藏有残件。这类雕刻是用火山石（tuff）雕刻，质地松软，多孔隙，据说风格是模仿叙利亚、腓尼基和希腊等国。

3. 苏萨宫墙上的翼狮 [图18]

苏萨宫墙是模仿伊什塔尔城，用琉璃砖拼砌，年代大约在公元前5世纪。这种翼狮，与尼努尔塔神庙相似，也有角有翼，前足为兽足，后足为

图 17  意大利维泰博省出土的翼狮

鸟爪，但不同点，是四足着地，作行走相。其臀部有双弧纹。这种纹饰，后来演变成双弧加圆圈纹，或称"苹果、梨纹"（apple and pear），或称"弧、点纹"（bow and dot），常被加在各种"草原格里芬"的臀部。它在草原艺术中很时髦，不但影响到阿姆河宝藏（Oxus Treasure）出土的那件金臂钏（用一对"羊格里芬"作装饰），也影响到巴泽雷克（Pazyryk）的出土物。

4. 波斯波利斯百柱厅宫门浮雕上的翼狮 [图19]

左右对称，作站立相，刻在门上，据说有除凶辟邪的作用。国王一手握狮角，一手持匕首，刺入翼狮腹部，年代大约在公元前5—前4世纪。这种翼狮是模仿尼努尔塔神庙，但把狮尾做成蝎子形。

另外，值得注意的是，波斯波利斯的柱顶石多作双兽相背式，分狮子、公牛和格里芬三种。其中的双狮柱顶石，也是头上长角。原来的双角，据说是金色的角，现在只有插角的双孔还在 [图20]。

图 18　苏萨宫墙上的翼狮

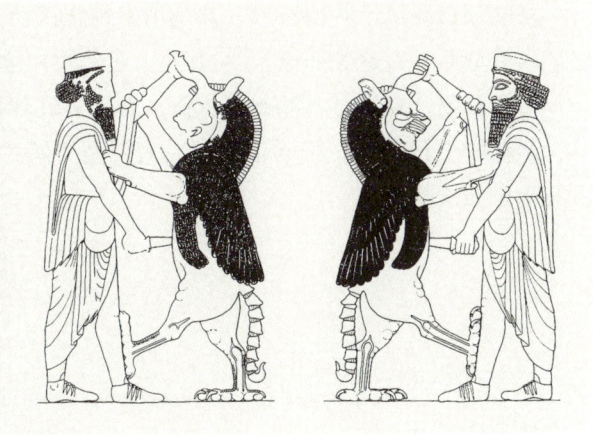

图 19　波斯波利斯百柱厅宫门浮雕：王杀狮怪

## 十二、伊拉克的狮子扑人像

1776年，巴比伦北宫出土过一件狮子扑人像 [图21]，很有名。这座宫殿自尼布甲尼撒二世（前？－前562年）以来，一直是个"战利品"博物馆。这座石雕，和宫中的其他藏品一样，都是从外面抢来的，估计是亚述的作品。

过去，有西方学者推测，霍去病墓的"马踏匈奴"可能是受这类作品影响，[1] 这是联想过度。狮子扑人和马踏敌酋，完全是两种不同的概念。

狮子扑人，见于不列颠博物馆收藏的一件象牙雕刻 [图22]。它表现的是，一头雌狮扑倒一个非洲人，咬断他的喉管。这件象牙雕刻出土于尼姆鲁德西北宫，年代大约在公元前9－前8世纪，是亚述的作品，与上述石雕意匠相似。

马踏敌酋屡见于萨珊石刻，都是用来炫耀武功。法国学者吉尔什曼指出，南俄草原也有这类图像。[2] 其实，这是草原地区的流行主题。

中国石刻，要说与马踏匈奴相似，恐怕莫过碑林博物馆收藏的大夏石马。虽然马下没有人，但马很相似。大夏是匈奴后裔。马踏匈奴的灵感，可能来自匈奴艺术。

图20　波斯波利斯双狮柱头

---

〔1〕Carl Hentze, "Les influences étranères dans le monument de Houo-Kiu-ping, *Artibus Asiae*," Vol. 1, No.1 (1925), pp. 31－36.

〔2〕Roaman Ghirshman, *Persian Art, 249 B.C.-A.D.651 the Parthian and Sassanian Dynasties*, New York: Golden Press, 1962, p. 113: fig. 169.

图 21 巴比伦出土的狮子扑人像

图 22 狮子扑人牙雕（英国大不列颠博物馆藏）

## 十三、中国石刻艺术中的狮子

中国的石刻艺术，汉以前不发达，发达起来，主要在汉武帝凿通西域以后，特别是东汉时期。[1] 东汉以来，墓前石刻被制度化，狮子的功能，最初是守护阙门，位置在神道的前端。

举例：

1. 山东嘉祥武梁祠石狮

一对。这对石狮最重要，重要在哪里？主要有两点：一是在整个墓葬布局中位置很清楚，跟石阙、神道、墓碑和祠堂的相对关系很清楚；二是有自名，自己叫"师子"，可以排除是虎豹或其他动物。东汉墓葬，其兆域安排，一般是前阙后墓，中有神道相连，墓前盖个小祠堂（祠内有

---

〔1〕中国的石刻艺术以墓前石刻和佛道造像最突出。两者都是从汉代，特别是东汉时期发展起来。

画像石），祠堂前面立石碑。这对石狮，位置在阙前［图23］，谒墓者从外面来，它们正好在入口处迎立。研究石狮，性别鉴定很重要。中国的神道石刻，特别讲究对称性，左右两边的狮子很像，"安能辨我是雄雌"？雌雄之分，首先在生殖器。这对石狮的雌雄位置是，雄狮在左阙前，左足在前，右足在后；雌狮在右阙前，右足在前，左足在后。中国讲左右，一般是背北面南，左东右西，即从阙门里向阙门外看，左手是左，右手是右。如果从谒墓者的视角看，或者从照片的视觉效果看，左右正好相反，雄狮反而在右，雌狮反而在左［图24］。[1] 其右阙铭文提到"孙宗作师子，直（值）四万"，[2] 可见这对石兽确实是狮子。

2. 山东省博物馆藏石狮［图25］

一对。旧说青州出土，其实是今淄博市临淄区出土（临淄旧属青州）。[3] 两件皆残：雄狮缺腿，但身子是全的，雄性生殖器还能看到；雌狮只剩头、颈，身子和腿都看不到。它们两颊有鬣，下巴有须，须作两绺，贴下颚而下，在胸前交叉。雄狮，从残存的腿根看，似乎是右腿前伸，与武梁祠的石狮相反。雌狮应该相反，作左腿前伸。这对石狮虽然破损严重，但雄狮颈背有铭文，作"雒阳中东门外刘汉作师子一双"。其工匠是洛阳人，说明风格是洛阳风格。它也可以证明，这对石兽是狮子。

3. 1959年陕西咸阳市沈家桥出土的石狮［图26］

一对。现藏西安碑林博物馆，在现存石狮中保存最完好，雕刻最精美。这对石狮，尾巴粗大，身姿矫健。雄狮有鬣毛，下巴无须，右足前伸，踏幼狮，尾根下可见向后翻卷的雄性生殖器，类似骆驼；[4] 雌狮无鬣

[1] 巫鸿《武梁祠，中国古代画像艺术的思想性》，柳扬、岑河译，北京：三联书店，2006年，第一章（11–47页）。
[2] 铭文模糊不清，见赵明诚《金石录》卷十四。
[3] 承青州市博物馆王瑞霞馆长告。
[4] 骆驼的生殖器是这样。清东陵神道上的石骆驼，左右皆雄，正是这样表现，当地老乡说，这叫"有事朝前，没事朝后"。希罗多德已注意到，骆驼的"生殖器是夹在后腿中间，朝向尾巴的"。见氏著《历史》（新译本），III.103。

图 23　武梁祠石阙及平面图

图 24　武梁祠石狮（左雄右雌）

图 25　山东省博物馆藏石狮（左雌中雄）

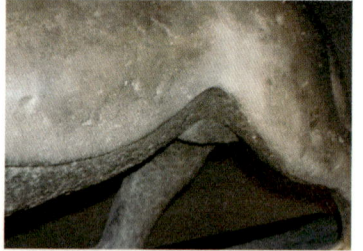

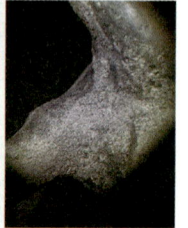

图 26　碑林博物馆藏石狮（上雌下雄）及细部

毛，下巴有须，左足前伸，尾根下有一缝，似是牝户。这里值得注意的是，二狮的腹部，特意刻出一块长毛的地方，皮毛线很明显，近东艺术的狮子经常有皮毛线。不熟悉狮子的人很容易忽略。

狮子的形象见于汉代，一开始就被中国化，它有三大特点，可与近东艺术的狮子做比较。

第一，近东艺术的狮子比较写实，无论雄狮，还是雌狮，都是表现真实存在的狮子。中国的狮子，缺乏写生对象，想象的成分很大。想象总要有所参照，最好的参照是老虎。中国的狮子比较虎头虎脑。

第二，近东艺术的狮子，鼻子往往比较小，鼻孔朝下。他们着重刻画的不是鼻子，而是吻部，特别是唇髭，上面提到，唇髭是作花瓣形。中国的狮子不表现唇髭，往往把鼻孔做得很大，前面有个小平面，好像猪鼻，因为昂首挺立，给人的印象是鼻孔朝天。

第三，近东艺术的狮子，下巴没有长须。狮子和人不同，只有髭、鬣，没有须。[1]中国人喜欢长须长髯飘飘然，狮子也做成这副模样。山羊胡子，英文叫goatee，属于须。狮子加长须，是中国式改造，雌雄都可以加。


## 十四、中国石刻艺术中的翼狮（石麒麟或天禄、辟邪）


翼狮是瑞兽，头上长角、肩上长翅，兼具猫科、牛科和鹰科（或隼科）的特点，简直是一种"三不像"。

翼狮在中国有两种颇具中国特色的命名。

一种叫"石麒麟"。这是汉以来的俗称。古人这样叫，主要因为麒麟

---

[1] 男人的胡子，一般分三种：唇上的胡子，中文叫髭，英文叫 moustaches；下巴上的胡子，中文叫须，英文叫 beard；脸颊上的胡子，中文叫髯或连鬓胡子，英文叫 whiskers。

有角，而翼狮也有角。头上长角是犀科、牛科和鹿科动物的特点。[1] 中国翼狮有角，那是牛科的角。牛科与犀科不同，角不是长在鼻额上；与鹿科也不同，不分叉。这种瑞兽，一般都是雌雄相向，雄性单角，雌性双角。单角双角，只是以奇偶示阴阳，完全是人为划分，无所取材。它的形象与中国麒麟的"标准像"大不一样。中国的麒麟都是鹿头鹿身，头顶竖独角。古人把这类翼狮叫麒麟，只不过是借用自己的文化概念，用他们熟悉的瑞兽比拟外国的瑞兽，就像他们用老虎比狮子、用马比骆驼。[2]

另一种名称是"天禄"、"辟邪"，这也是汉代就有。"天禄"是老天降福，"辟邪"是驱除邪魅，完全是用中国语言表达中国思想。前者谐音"天鹿"，意在比附麒麟；后者指其功用，则跟镇墓有关。《汉书·西域传上》说乌弋山离出产"桃拔、师子、犀牛"。桃拔，亦作符拔、扶拔。[3] 颜师古注引孟康说："桃拔，一名符拔，似鹿，长尾，一角者或为天鹿，两〔角〕者或为辟邪。"其说两用或字，语存犹疑。《后汉书·西域传》："符拔形似麟而无角。"（《后汉书·班超传》李贤注引《续汉书》同）又与孟康异。而《南齐书·芮芮虏传》"（芮芮）献师子皮裤褶，皮如虎皮，色白毛短。时有贾胡在蜀见之，云此非师子皮，乃扶拔皮也"，则又谓扶拔"皮如虎皮"，非狮子皮，显得扑朔迷离。这种似麟似狮的怪兽，现实不存在，必定混杂了各种想象和讹传。从文献到文献，永远说不清。

〔1〕犀科奇蹄，有单角、双角之分。非洲犀牛是双角。亚洲犀牛，爪哇犀是单角，苏门答腊犀和印度犀是双角。双角是鼻角、额角前后排。牛科（包括牛、羊和羚牛、羚羊）是偶蹄双角，鹿科也是。但鹿科的角分叉，牛科的角不分叉。牛科动物，通常雌雄都有角。鹿科动物，通常雄性有角，雌性无角，但也有雌雄都有角或雌雄都无角的例子。

〔2〕《梦溪笔谈》卷二一《异事》提到"至和中，交趾献麟，如牛而大，通身皆大鳞，首有一角"，朝廷不知叫什么好，称之为"异兽"。沈括目验过南阳宗资墓的天禄、辟邪，"其兽有角、鬣，大鳞如手掌"，因此断定，"交趾所献异兽，知其必天禄也"。案："交趾献麟，如牛而大，通身皆大鳞，首有一角"，应即越南出产的独角爪哇犀，所谓"大鳞"指其盔甲状的皮肤褶皱，其实与天禄、辟邪并不像。

〔3〕桃，疑读颎（并母侯部），与符（并母侯部）、扶（并母鱼部）为通假字。此名常与师子并提，可能是外来语，确切含义还有待考证。

古人说的石麒麟或天禄、辟邪到底什么样，空说无益，还是要看考古发现。它的早期标本主要都在东汉墓前，与狮子引入几乎是同步现象，早于东汉，目前还没有发现。东汉以后，魏晋也好，十六国也好，北朝也好，众所周知，陵寝制度是走下坡路，这种石兽在北方绝版，反而保存在南方，不是南方的其他地方，只限汉族偏安一隅的南京、丹阳一带。六朝陵墓，天禄、辟邪再现于世，属于北人南迁后的怀旧复古，模仿之迹显然。这批石刻，体量巨大，雕刻精美，超过东汉，可惜也是昙花一现。〔1〕

　　上述石刻表现的是什么动物？答案很清楚：它们是一种头上长角、肩上长翅的狮子。这样的狮子只能是想象中的动物，现实世界不存在。

　　为什么我说上述石刻是想象的狮子，理由有四条：

　　第一，它们与前面提到的墓前石狮形象颇具共同点，头是狮子头，爪是狮子爪，爪分五趾，有厚掌，光看足就可断定，毫无疑问是以大型猫科动物为主体，不可能是以奇蹄、偶蹄目的动物（犀科奇蹄，牛科、鹿科偶蹄）为主体。

　　第二，它们与上面提到的墓前石狮功能完全一样，也是用来守护陵墓，跟近东艺术的守护狮一样。虽然经过添油加醋，它头上长角，肩上长翅，但这种艺术夸张，不过是为了增加其神秘性。近东艺术的翼狮，形象正是这个样。

　　第三，狮、虎同属猫科，中国的大型猫科动物只有虎、豹。虎、豹不新鲜。古人相信，狮比虎厉害，翼狮更厉害，特意把它摆在神道前端最显眼的地方。古代神道另有虎，与马、羊为伍，并无特殊地位。我们还可排除它是老虎的可能。

　　　　　　　　　　　　　　　　　　　　　　　　　　　

〔1〕中国早期（东汉和南朝）的神道石刻，真正可以称为瑞兽的动物只有天禄、辟邪，唐代增加翼马、獬豸，宋代增加角端，明陵增加麒麟，从来没有龙、凤。

第四，古人相信，老虎有除凶辟邪的作用。[1] 狮子比虎、豹更厉害，可以吃掉它们，当然更有这等神力。上引战国竹简说"狻猊食虎，天无不从"，本身就有"天禄"、"辟邪"的寓意。狮子作为瑞兽，瑞兽之瑞在于此。

中国的瑞兽有龙、凤、麒麟等。虽然宋以来，人们为了推崇龙，有所谓"龙生九子"说，开始把狻猊、麒麟等瑞兽统统纳入龙的系统，但这种说法出现很晚。中国的神道石刻从来没有龙。天禄、辟邪类的石刻毫无疑问是以狮子为原型，而不是龙。过去，朱希祖等人说，中国的天禄、辟邪是受外来影响。[2] 这个判断，我赞同。我认为他们的定性没有错。[3]

翼狮类的墓前石刻，东汉标本以河南居多，河南以豫西居多，特别集中在洛阳－南阳一线，如洛阳、伊川、平顶山、南阳，还有许昌，都有发现。洛阳、南阳乃东汉范式所出。河南以外，河北的内邱，山东的临淄、费县，还有四川的雅安、芦山，也有发现，则是流风所被。[4] 解放前，这

---

〔1〕郑德坤曾提到，四川出土汉画像石有二虎图，一标"辟邪"，一标"除凶"，见 Cheng Te-k'un, *Archeological Studies in Szechuan*, Cambridge: Cambridge University Press 1957, pl. 33.

〔2〕《六朝陵墓调查报告》，中央古物委员会，1935 年。

〔3〕关于天禄、辟邪形象的起源，学者有不同看法。本土说，见孙机《神龙出世六千年》（收入氏著《仰观集——古文物的欣赏与鉴别》，北京：文物出版社，2012 年，10—51 页）。此文把所有外来说一概归入"无根之谈"。我跟孙先生看法不一样。我认为，中国的有翼神兽分若干种，不能一概而论，既不能统统归入西方的翼狮，也不能统统归入中国的翼龙。天禄、辟邪只是翼兽之一种，是龙是狮，判断标准并不在有没有翅膀或翅膀什么样，而是在于它们与镇墓石狮是什么关系，两者是否属于同一类石刻。我认为，无论从形象看，还是从它们在墓葬布局中的位置和功能看，两者都分不开。而最关键的是，中国不产狮子，我们再强调中国特色，也无法否认，狮子是一种外来动物，与狮子有关的艺术受外来影响。更何况，孙先生强调，中国的翼兽，翅膀不自肩出，而是位于腰下或腹部，形状大小与西方的翼兽有种种不同，这种概括也有问题。事实上，我们见过的天禄、辟邪，翅膀照样是从肩部延伸，而且既有朝上翻卷者，也有朝下翻卷者。我认为，翅膀形式并不足以构成他说的中国特色，更不能证明天禄、辟邪就是龙。

〔4〕文献记载，陕西也有发现，如《西京杂记》卷三记青梧观："观前有三梧桐树，树下有石麒麟二枚，刊其胁为文字，是秦始皇骊山墓上物也。"《三辅黄图》卷五略同。青梧观在陕西周至。当然，二书说，这两件石麒麟是秦始皇陵上的东西，这种说法未必可信。

图27　孟津油磨坊村出土的墓前翼狮（雄）

类标本，有不少被盗卖于海外，欧美各大博物馆也有收藏，[1] 它们原来在哪里，已缺乏线索，但有些还有传出地点，如吉美博物馆和宾夕法尼亚大学考古－人类学博物馆所藏，就传出河北内邱。

这里举几个例子：

1. 1992年河南孟津县会盟镇油磨坊村出土的墓前翼狮 [图27]

一件。现藏洛阳市博物馆，学者推测，此狮可能是某东汉帝陵前的东西，[2] 原来肯定是一对，但目前只发现一件，另一件可能还埋在油磨坊村。它独角，左足前伸，踏幼狮，有雄性生殖器，可以判断是雄性，雌性阙如。东汉翼狮，此件最完整、最精美。大家都知道，六朝翼狮，特点是鸢肩鹄颈，呈S形曲线，非常优美。东汉翼狮，这件可能比较早，它已具备这种造型的基本特点。

2. 1955年河南洛阳市涧西区孙旗屯出土的墓前翼狮 [图28]

一对。一件旧藏洛阳市石刻艺术馆，现藏洛阳市博物馆；一件调拨中国历史博物馆，现藏中国国家博物馆。中国国家博物馆的一件，单角，左足前

[1] 有关例子，可参看拙作《论中国古代的有翼神兽》，收入《入山与出塞》，北京：文物出版社，87−135 页。
[2] 或以俗称的"刘秀坟"为汉光武帝陵（原陵），认为此物在汉光武帝陵神道的前端，学术界有不同意见。

伸，为雄狮。洛阳市博物馆的一件，双角，右足前伸，为雌狮。二狮颈背有工匠刻铭，作"緱氏蒿聚成奴作"。汉緱氏县在偃师东南，邻近洛阳。

3. 河南南阳市东汉宗资墓前的翼狮 [图29]

一对。现藏南阳市博物馆。南阳是东汉的龙兴之地，皇亲国戚、王侯将相多出于此。南阳汉墓，不仅画像石丰富，"石麒麟"也多。"石麒麟"，宋以来著录，南阳有宗均、宗资墓前各一对，[1] 麒麟岗一对，宝丰有州辅墓前一对（今属平顶山市），这四对最有名，可惜现在只有宗资墓前的一对还在。这对翼狮，四足缺佚，破损严重，但身材高大，昂首挺胸，与六朝翼狮更接近。东汉标本多属这一种，乃六朝翼狮的真正祖形。《后汉书·孝灵帝纪》李贤注："今邓州南阳县北有宗资碑，旁有两石兽，镌其膊，一曰天禄，一曰辟邪。"可惜铭文磨灭，现在的"天禄"二字是后人据《汝帖》旧文摹刻。今人以天禄、辟邪称翼狮，来源就是宗资墓的这类刻铭。[2] 我估计，汉代翼狮加刻这类文字，最初只是吉语，后来才演变成它的代名词。

4. 四川雅安市高颐墓前的翼狮 [图30]

一对。墓在雅安市雨城区北郊镇汉碑村东南。这对翼狮与其他例子不同，不是左右相向面对面，而是左右并列面朝前。雌雄的位置也不同：雄狮在右，右足前伸；雌狮在左，左足前伸。两狮的脚下都踩幼狮。目前的位置、朝向不知是否为原貌。阙有铭文，根据铭文，此墓建于建安十四年（209年）。

---

〔1〕宗均，南阳安众人，事汉光武帝和汉明帝。宗资是其孙，事汉桓帝。宗氏是南阳的名门望族。宗均，旧作宋均，宋欧阳修《集古录跋尾》卷三、赵明诚《金石录》卷十八、顾炎武《日知录》卷二一有辨。
〔2〕这种铭文也见于州辅墓的石翼狮。《水经注·淄水》说"水南有汉中常侍长乐太仆吉成侯州苞冢，冢前有碑，墓西枕冈城，开四门，门有两石兽。坟倾墓毁，碑冀沦移，人掘出一兽，犹全不破，甚高壮，头去地减一丈许，作制甚工，左膊上刻作'辟邪'字"。他说的"州苞冢"就是州辅墓。其描述与他墓不同，石狮不在石阙前，而在寝园前，类似唐代。

图28 洛阳孙旗屯出土的墓前翼狮（左雄右雌）

图29 南阳东汉宗资墓前的翼狮（左雄右雌）

图30 雅安高颐墓前的翼狮

**5.四川芦山县樊敏墓前的翼狮** [图31]

一对。墓在芦山县沫东镇石箱村，墓前有《汉故领校巴郡太守樊府君碑》，记樊敏卒于建安八年（203年），十年（205年）立碑，碑前有阙，形式同高颐墓。这对翼狮，目前也是左右并列：雄狮在左，右足前伸；雌狮在右，左足前伸，不知是否为原貌。论雕工，四川的翼狮似乎不如河南。但它们的重要性在于，第一，背后有阙，阙后有碑，碑后有墓，位置很清楚；第二，有明确纪年，年代很清楚。

**6.奈尔逊─阿特金斯博物馆藏墓前翼狮** [图32]

一对。一狮独角，左足前伸，踏幼狮，有雄性生殖器，可以判断是雄

图 31　四川芦山樊敏墓前的翼狮（左雄右雌）

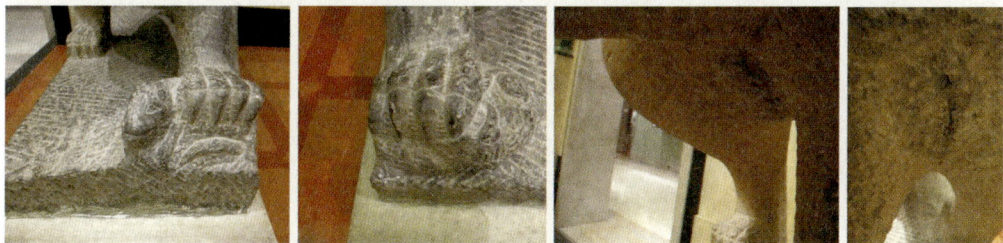

图 32　奈尔逊—阿特金斯博物馆藏墓前翼狮

性。一狮双角，右足前伸，踏幼狮，有雌性生殖器，可以判断是雌性。这两件石刻都有长须，都脚踏幼狮，可见这两条不是判断雌雄的绝对标准。翼狮，国外博物馆有很多件，往往缺腿少尾巴，这对最完整，唯尾巴残缺。[1]

这六个例子，总结一下，有两点很明确：

第一，这类石刻在墓葬布局中的位置很明确：狮在阙前，阙在碑前，碑在墓前，跟武梁祠汉墓的石狮完全一样，例4、5是证明。它们除头上长角，肩上带翼，样子也差不多，很明显是猫科动物，不是虎豹，而是狮子。

第二，翼狮，头上长角，肩上起翼，除以生殖器判别雌雄，还可看角和足。雄性独角（取奇数为阳之义），左足前伸，在神道左侧；雌性双角（取偶数为阴之义），右足前伸，在神道右侧，可能是常态，但左右的安排也有例外。

六朝墓制带有复古色彩。它接续的是东汉制度，两者颇多共同点。所不同者，是用带西方风格的瓜棱式神道柱代替石阙［图33］，二狮立于神道柱前，左右相对［图34］。[2] 过去朱偰说，六朝的左右与东汉相反。[3] 他说的左右是以谒墓者的视角而定，其实绝大多数并无不同。

图33　南京六朝萧景墓神道石柱

〔1〕宾夕法尼亚大学考古–人类学博物馆藏石翼狮，残去四肢，但角和生殖器还在，可以辨雌雄。其雄兽单角，左足前伸，雌兽双角，右足前伸，与奈尔逊–阿特金斯博物馆同。

〔2〕关于六朝陵墓的墓葬布局，请看巫鸿《中国古代艺术与建筑中的"纪念碑性"》，李清泉、郑岩译，上海：上海人民出版社，2009年，328页：图5.1。关于六朝陵墓的有关石刻，请参看徐湖平主编《南朝陵墓雕刻艺术》，北京：文物出版社，2006年。案：墓葬立阙流行于东汉魏晋，石柱虽可溯源于北京的汉幽州书佐秦君墓表石柱，但真正流行是在六朝。傅熹年先生指出，这种柱子"略近于希腊陶立克式之柱身"。他说，六朝"辟邪形象近于狮子，明显有西亚影响，墓表柱下段的凹槽则直接或间接源于希腊、罗马，尽管这些题材和形象东汉时已经传入。但融合吸收形成中国气派的新艺术品和纪念建筑则在东晋、南朝"，请看他主编的《中国古代建筑史》第二卷，北京：中国建筑工业出版社，2001年，127—130页。

〔3〕朱希祖《天禄辟邪考》引其子朱偰《六朝陵墓总说》，收入《六朝陵墓调查报告》198页。

366

图 34　六朝石翼狮

## 十五、铜翼狮

出土发现，偶尔可见铜翼狮。如：

1. 弗利尔—赛克勒美术馆藏东汉铜翼狮 [图35]

共三件。一件是弗利尔博物馆旧藏，两件是赛克勒基金会的藏品。这三件器物，大同小异，都是单件，背插方管、圆管各一（一器存，两器失），原来的功用是承负钟虡或磬架。

2. 1967年阜阳市红旗中学出土的东汉铜翼狮 [图36]

现藏阜阳市博物馆，器形与上述器物相近。

这四件器物，有左足前伸者，也有右足前伸者，原来肯定是成对使用。它们的特点是掌向上翻。这种特点也见于六朝石刻。但它们跟东汉或六朝石刻有一点不同，不管左足前伸还是右足前伸，一律双角，翻过来都有阳具 [图37]。事实上，中国的墓前石刻，后世往往作同一式样，左右都有阳具。看来，这种情况，早期也有。

图 35　弗利尔—赛克勒美术馆藏铜翼狮（雄）

图 36　阜阳出土铜翼狮（雄）

图 37　铜翼狮底部

## 十六、佛教艺术中的狮子

佛教入华，始于东汉，与狮子入华是前后脚。佛教艺术对狮子形象的普及也有重要推动作用。[1] 狮子在中国有三大功能：守门、镇墓、护佛。最后这个功能与佛教有关。狮子常见于佛教造像和造像碑，例子很多，举不胜举，这里只举一件造像碑为例，以见一斑。

如西安市博物院藏造像碑 [图38]，1978年西安市建国路二十六中校园西南出土，年代为西魏时期。

---

[1] 蔡鸿生强调，西域狮文化在中国的传播主要靠佛教美术。参看他的《狮在华夏》，收入氏著《中外交流史事考述》，郑州：大象出版社，2007年，172—185 页。

## 十七、近东艺术中的狗化狮和 卷发狮

    狗是看家护院的动物。近东艺
术经常拿狮子当看门狗,很有想象
力。古人幻想,狮子很有震慑力,
用它把守门口,什么妖魔鬼怪都甭
想进来。这是"天禄"、"辟邪"的
原始出发点。

    在艺术作品中,人们可以尽
情发挥其想象。他们不仅可以用
狮子代替狗,还能把狗做成狮子
样,甚至让它的鬣毛作卷发状。这
种情况,在近东艺术中早有端倪。

### (一)狗化狮

    1. 费城大学考古－人类学博物
馆藏埃及石狮[图39]

    只在展室见到一件,展室标牌
注明是狮。这件石狮是用白色石灰
石雕刻,绕颊一圈有彩绘纹饰,很
像一只看门狗。它的尾巴很细,尾
端有茸毛状的穗(tassel),显然是
狮尾。根据铭文,这一石刻是亚述
统治埃及时塞斯(Sais)城的统治

图38　西安市博物院藏西魏造像碑

图39 费城大学考古─人类学博物馆藏埃及石狮

图40 伊朗国家博物馆藏波斯石狮

者Necho I（前672—前664年）所作，年代很早。

2. 伊朗国家博物馆藏波斯石狮［图40］

波斯波利斯的阿帕丹（Apadana，朝见群臣的大殿）东北隅出土，只发现一件。这件石狮是用黑色石灰石雕刻，经抛光处理，非常精美，一直在博物馆展出，很有名。它的身形酷似狗，脖子上有项圈，看来是人工驯养，很多图录都说是狗。伊朗学者A. Shapur Shahbazi称之为dog，但在后面括注?号。[1] 这是狗吗? 的确值得怀疑。有本图录说，这种狗是large mastiff，[2] 即大型獒犬，但欧洲的獒犬，如bullmastiff、Neapolitan mastiff、Pyrenean Mastiff和Spanish mastiff，都是耳朵耷拉，吻部前突，没有一种是这个样。中国的藏獒也不是这个样。这件雕刻，耳是竖起的圆耳，脸比较圆，吻部有表现唇髭的花瓣形装饰，很像雌狮，特别是它有一条细长的尾巴，只有狮子才会有这种尾巴。这条尾巴从胯下一直卷到前面，可惜尾端残缺，不然可见尾穗。

这两件石狮都是蹲狮，姿势差不多。

（二）卷发狮

1. 艾米塔什博物馆藏帕提亚金碗上的狮子［图41］[3]

--------

〔1〕A. Shapur Shahbazi, *The Authoritative Guide to Persepolis*, English edition, Tehran: Safiran Publishing Co. 2011, p.168: fig. 132.

〔2〕John E. Curtis and Nigel Tallis, *Forgotten Empire, the world of Ancient Persia*, edited by California：Berkeley and Los Angeles, University of California Press 2005，p.100, pl. 89.

〔3〕Roman Ghirshman, *Persian Art*, p. 266: fig. 343.

图41 俄罗斯艾米塔什博物馆藏帕提亚金碗上的狮子

图42 伊朗国家博物馆藏萨珊波斯银盘上的狮子

俄罗斯彼尔姆（Perm）出土，表现的是猎狮场面。画面上的雄狮，鬣毛皆作卷发，肩部有涡纹装饰。

2. 伊朗国家博物馆藏萨珊波斯银盘上的狮子〔图42〕[1]

伊朗萨里（Sari）出土，也是表现猎狮场面。画面上的雄狮，鬣毛皆作卷发。年代大约在公元3—4世纪晚期。

## 十八、魏晋南北朝和隋唐以来的狮子：卷发和狗化

狮子分雌雄，主要看有没有鬣毛（mane）：雄狮有，雌狮没有。鬣毛相当人的长发和鬓髯。汉代狮子，无论雌雄，鬣毛并不突出，有些根本没有，有些虽有，浅而短，很少作连鬓胡子大蓬头相。

中国艺术中的狮子，分行狮和蹲狮两种。早期以狮子守阙，多以行狮夹神道两旁，左右相向，以侧面亮相；晚期以狮子守寝，多以蹲狮守四门，左右并列，以正面亮相。魏晋南北朝和隋唐以来的狮子，其形象与萨珊波斯有同步性，往往卷发，而且狗化。唐代更是这种趋势的定型期。

〔1〕Roman Ghirshman, *Persian Art*, pp. 208—211: fig. 248—251.

图 43　唐乾陵的石狮（左雄右雌）

## （一）卷发狮举例

### 1. 唐乾陵的石狮 ［图43］

唐陵跟东汉不同，不是用狮子或翼狮守阙；跟六朝也不同，不是用翼狮守神道柱。它是用狮子守寝园四门，每门一对共四对。这类门狮多为蹲狮，不是左右相向，而是左右并排。

### 2. 藏王陵的石狮 ［图44］[1]

藏王陵在西藏琼结。吐蕃赞普都松芒布结陵前有一对石狮，也是蹲狮，也是卷发，跟唐陵的石狮相似。

---

〔1〕照片是王炜林先生提供。

图44 藏王陵的石狮（左雄右雌）

## （二）狗化狮举例

1.陕西历史博物馆藏三彩狮子 [图45] [1]

一对。1955年西安王家坟唐墓出土。这种三彩狮子，活脱脱像顽皮的狗。

2.临潼博物馆藏三彩狮子 [2]

一对。1985年临潼庆山寺遗址出土，与上相同。

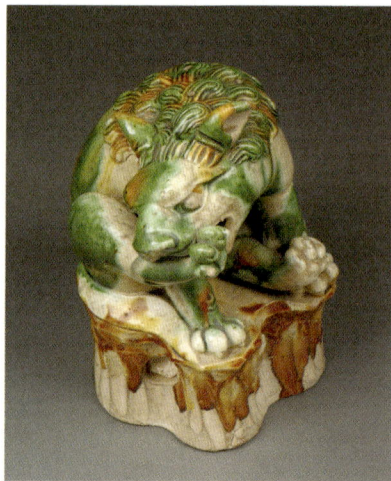

图45 陕西历史博物馆藏三彩狮子

[1]陕西省文物管理委员会《西安王家坟第90号唐墓清理简报》，《文物参考资料》1956年8期，31—32页。照片是陕西历史博物馆翟战胜先生提供。

[2]赵康民《临潼庆山寺舍利塔基精舍清理记》，《文博》1985年5期，12—37页。

图 46　颐和园东门的门狮（左雄右雌）

## 十九、中国狮子的标准化

传统狮子的典型标本是清代的狮子。清代的门狮，例子很多，这里可举颐和园东门的门狮为例[图46]。

这对铜狮，并排蹲坐，头大身子小，不论雌雄，一律卷发。雄狮，以门的朝向而论，在门左，右脚踩绣球，表现其顽皮。雌狮，以门的朝向而论，在门右，左脚踩幼狮，表现其母爱。雌雄二狮，哪个在门左，哪个在门右，位置同汉代，但踩东西的脚，位置不一样。要说一样，那也是说，来者面对门，看见狮子踩东西的脚都在内侧。

雄狮踩绣球，早期没有，什么时间出现，待考。现存标本，似乎早不过宋金时期[图47]。"绣球"一词主要流行于宋代。当时不但有"抛绣球"、"踢绣球"、"滚绣球"、"射绣球"一类说法，还有以"绣球"命名的词曲和花卉。我怀疑，狮子滚绣球来自狮子舞。舞狮人以绣球戏狮子，是拿绣球当狮子的玩具。猫狗喜欢追逐滚动的球，这一特点被移用于狮子。

雌狮踩幼狮，从一开始就有，但不限雌狮，雄狮也踩。

图 47　中山公园的门狮

## 二十、狮子狗：从幻想到现实

中国的后宫，皇帝的妈妈和妻妾，难耐宫中寂寞，喜欢养猫狗，念佛经。佛经上有护法狮子，她们幻想，假如能把狮子变成狗，抱在怀里就好了。

中国的狗，长相最像狮子的，要数藏獒（Tibetan mastiff）。藏獒太大，性格凶猛，不适合抱在怀里。适合抱在怀里，长相又像狮子的狗是长毛短腿的小型犬，如西藏狸（Tibetan terrier）、拉萨犬（Lhasa apso）和西施犬（Shih tzu），[1] 还有1860年英国人从北京皇宫掠走的北京犬（Pekingese）。这类宫廷犬，俗称狮子狗。有学者考证，北京犬是唐代从康国（撒马尔罕）进贡，唐代叫康国猧子，也叫拂菻狗，来源是拜占庭帝国，反而起源于欧洲。如传为唐周昉画的《簪花仕女图》，上面就有这种宫廷犬 [图48]。[2] 但这类犬，历史悠久，不是单一品种、同一来源，问题还要做进一步探讨。

--------

〔1〕英语的 Terrier 是小型犬，今多译为狸。Apso 是藏语，意思是善吠的守护犬。Shih Tzu 即狮子。西施犬也叫菊花狗（Chrysanthemum Dog）。

〔2〕参看蔡鸿生《哈巴狗源流》，收入氏著《中外交流史事考述》，郑州：大象出版社，2007年，163—185 页。案：北京犬也叫京巴，但与哈巴狗不是一种狗。哈巴狗是蒙语，满族人也这么叫，英语叫 Pug，意思是小怪物，或译巴哥。它是一种扁平脸带褶皱的狗，长相类似斗牛犬，而北京犬是一种短腿长毛犬。哈巴狗的起源，有亚洲说，有欧洲说，有欧洲传亚洲又反传欧洲说。蔡先生把哈巴狗和北京犬当同一种狗，不妥。

图48 《簪花仕女图》上面的宫廷犬

## 二十一、中国虎纹的表现方式

老虎的特点是有条状花纹。中国早期的虎纹是什么样？这里举几个例子：

**（一）西周虎纹**

1. 弗利尔美术馆藏虎尊 [图49]

一对。西周时期的老虎什么样，要看此器。其颈部和腹部的花纹作双钩�形，与东周不同。此器时代，该馆定为西周晚期。

2. 汉堡艺术与工业博物馆和斯德哥尔摩远东博物馆藏龙虎纹饰件 [图50-1、50-2] [1]

[1] 李学勤、艾兰编著《欧洲所藏中国青铜器遗珠》，北京：文物出版社，1995年，图版122、123。

图 49　弗利尔美术馆藏虎尊

　　这两件器物曾著录于李学勤、艾兰编著的《欧洲所藏中国青铜器遗珠》一书，一件双虎联体，一件双虎分体。作者推测，它们是漆木器上的饰件，年代为春秋中晚期。这个年代有点太晚。2012年10月，我在山西省考古研究所展室见到一件"铜虎形饰"［图50-3］，标牌注明是绛县横水墓地的发掘品（M1011:73），年代为西周中期。其器形纹饰与《遗珠》第二器几乎一样，也是双虎分体式。其虎纹作双钩∫形，与上虎尊同，但《遗珠》第二器的颈部花纹已呈现出东周虎纹的特征。

　　这是西周虎纹的样子。

## （二）东周虎纹

　　1. 台北故宫博物院藏"鸟首虎尊"［图51］[1]

〔1〕台北故宫博物院联合管理处编《故宫青铜器图录》，台北：中华丛书委员会，1995年，图上壹壹陆（上册上编，79页；下册下编，107页）。

50-1

50-2

50-3

图 50　虎纹饰件
图 50-1　汉堡艺术与工业博物馆藏
图 50-2　斯德哥尔摩远东博物馆藏
图 50-3　山西省考古研究所藏

图51 台北故宫博物院藏"鸟首虎尊"

这是一件鸟头虎身的器物，器身花纹与下同，可以肯定是虎纹。

2. 侯马陶范上的虎纹 [图52] [1]

侯马陶范有三件"虎形模"，两件无翼，一件有翼，也有这种虎纹。同出"鸟形模"，也有这种虎纹。其头部和后半身已残，所谓鸟形，主要根据脚。

3. 巴蜀兵器上的虎纹 [图53] [2]

巴蜀多虎，器物常以老虎为饰。此虎是有翼虎，虎纹同上。

(三) 秦汉虎纹

1. 内蒙古准格尔旗西沟畔2号墓 (匈奴墓) 出土的金饰牌 [图54] [3]

---

〔1〕山西省考古研究所《1992 年侯马铸铜遗址发掘简报》，《文物》1995 年 2 期，29—53 页。图像见 40 页：图二一，1；42 页：图二六；47 页：图四二；49 页：图四八；陕西省考古研究所编《侯马陶范艺术》，普林斯顿大学出版社，1996 年，337 页：图 737。

〔2〕四川省文物考古研究所编《四川考古报告集》，北京：文物出版社，1998 年，138 页：图二五，4；141 页：图二八，3；245 页：图五〇，2-4；47 页：图四二、图五一，7、8；49 页：图四八。

〔3〕田广金、郭素新《鄂尔多斯式青铜器》，北京：文物出版社，1986 年，351-356 页。

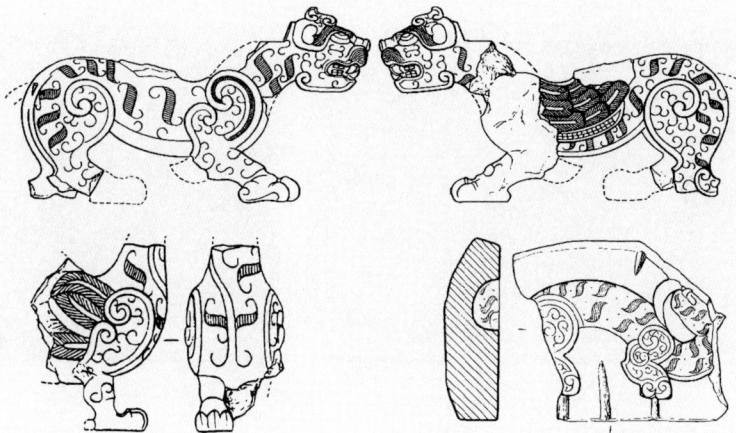

图52 侯马陶范上的虎纹

图53 巴蜀兵器上的虎纹

　　秦代器物。这件金饰牌，正面是表现老虎和野猪搏斗，背面有两行铭文，右侧一行作"故寺豕虎三十"，左侧一行作"一斤四两六朱（铢）少半"，字体属秦系小篆。"故寺"是旧县衙，西沟畔一带可能是秦上郡所辖某县。"豕虎"即画面上的野猪和老虎。"三十"是器物编号。"一斤四两六朱（铢）少半"是记重。草原青铜器和金银器，虎纹有很多种，或作平行直纹，或作平行波纹，这件很特殊，是作双钩S形纹，与下述各器同。

图 54 准格尔旗西沟畔 2 号墓（匈奴墓）出土的金饰牌

2. 广州南越王墓出土的虎节 [图55][1]

西汉器物，错金，虎纹作双钩S形纹。有铭文："王命车驲。"

3. 云南晋宁石寨山7号墓出土的翼虎纹银带扣 [图56][2]

西汉器物，虎目用黄琉璃镶嵌，虎身错金，镶嵌绿松石，部分虎纹作双钩S形纹。

4. 江苏盱眙县江都王陵1号墓出土的虎镇 [图57][3]

西汉器物，虎纹错金银，作双钩S形纹。器底灌铅。

5. 何安达（Anthony Hardy）思源堂藏虎镇 [图58][4]

---

[1] 西汉南越王博物馆编《西汉南越王博物馆珍品图录》，北京：文物出版社，2007 年，86 页。

[2] 中国国家博物馆、云南省文化厅编著《云南文明之光》，中国社会科学出版社，2003 年，160—161 页。

[3] 南京博物院、盱眙县文广新局《江苏盱眙县大云山西汉江都王陵一号墓》，《考古》2013 年 10 期，3—81 页。35 页：图五一。

[4] 李学勤《中国青铜器萃赏》(*The Glorious Traditions of Chinese Bronzes*)，新加坡：亚洲文明博物馆，2000 年，图版 96。

图 55　广州南越王墓出土的虎节

图56　晋宁石寨山7号墓出土的翼虎纹银带扣

　　西汉器物，虎纹错金银，作双钩S形纹。器底灌铅，有铭文："银黄各八铢，并重二斤六两。""银"是白银，"黄"是黄金。

　　6. 阜阳市博物馆藏虎镇 [图59]

　　东汉器物，1968年阜阳市红旗中学出土，虎纹错金，作双钩S形纹。器底灌铅。2012年见于阜阳市博物馆库房。


## 二十二、伊朗—阿富汗地区的虎纹表现方式


　　1. 不列颠博物馆藏伊朗—阿富汗系铜斧上的虎纹 [图60][1]

　　这件铜斧是一件砷铜斧（含锡10%，含砷1-3%），长17.8厘米，采自

---

[1] John Curtis, *Ancient Persia*, London: British Museum Press 1989, p.11, fig. 8; John Curtis, *Ancient Persia*, Cambridge: Harvard University Press, 1990, p.11, fig.7. 后者图像更好。

图 57　盱眙江都王陵 1 号墓出土的虎镇

图 58　思源堂藏虎镇

图 59　阜阳市博物馆藏虎镇

巴基斯坦，器形类似卢利斯坦铜斧，估计是阿富汗地区的文物，年代大约在公元前 2000 年。它以三种动物为饰：老虎扑山羊，野猪自后袭扰之，老虎回头看野猪。虎身上的花纹是用银丝镶嵌，作双钩 S 形。

2. 佛罗伦萨 Berenson 氏藏帕提亚铜器上的虎纹 [图61]

这是一件器物的錾手，以雌虎戏幼虎为饰，出土地不详。雌虎颈上有项圈，说明是人工驯养。它右足前伸，踏幼虎。上面提到，中国的狮子也有这种表现法。其虎纹同上。[1]

3. 萨珊银盘上的虎纹 [图62] [2]

萨珊银盘常以狩猎为主题，国王（或王子）骑在马上，张弓射猎，所射动物，经常是狮子或老虎。老虎和狮子，区别很明显：狮子有卷发式鬃毛，老虎没有；老虎有双钩 S 形的花纹，狮子没有。其虎纹同上。

这三个例子，时间有早有晚。例一比我们的商周还早，例二相当我们的秦汉时期，例三相当我们的魏晋南

[1] Roman Ghirshman, *Persian Art*, p. 101, fig. 113.
[2] http://depts.washington.edu/silkroad/museums/shm/shmsasanian.html

图 60　伊朗—阿富汗系铜斧上的虎纹

图 61　帕提亚铜器上的虎纹

图62　萨珊银盘上的虎纹

北朝和隋代。

　　看来，中国的S形虎纹，源头可能在这一带。

2013 年 5 月 21 日在美国加州大学洛杉矶分校演讲

2013 年 8 月 22 日在陕西历史博物馆演讲

2013 年 11 月 1 日据演讲稿改写于北京蓝旗营寓所

（原刊浙江大学艺术与考古研究中心编《浙江大学艺术与考古研究》第一辑，

浙江大学出版社，2014 年，28–83 页）

# 说马

草原

青翠

长调

野马嘶鸣般

令人心碎

时间过得真快，转眼又是一个马年。

前一个马年，我写过一篇《马年说伯乐》，讲的是千金买驴，现在换个话题，讲点非常业余的读书感想，献疑于方家，也给读者拜个年。

## 一、马是"国际动物"

看电视，我爱看动物。动物，每天轮流上演，不是狮子、角马，就是犀牛、大象，不是猎豹、鬣狗，就是河马、鳄鱼，场景几乎全在东非大草原。毒蛇大蟒，上镜最多，一开电视就窜出来。动物摄影，主要是欧美摄影家在拍，要拍就拍野生动物，越野越好。镜头中的非洲好像动物园，他们叫"狂野非洲"。

六畜马为首。马是家畜，国产就有，谁都见过，不新鲜，好像不值得

图1 始祖马的骨骼及复原图

拍，拍也放在"农广天地"，供农民兄弟看。但今年是马年，我对马兴趣盎然。现在时兴讲国际，我可以毫不夸大地讲，马是真正的"国际动物"。

什么最国际？一曰商贸，二曰战争，古代和今天一样。丝绸之路，全靠骆驼和马。骆驼只能驮东西。马不一样，除了驮负挽重，还可用于战争，让披坚执锐的战士，驾战车或骑着它，纵横驰骋，无远弗届，什么地方都能去。


## 二、马从哪里来


马科动物，包括马、驴，马、驴所生的骡，还有非洲斑马。马出野马，驴出野驴。它们的共同祖先，有趾无蹄。马的老祖宗叫始祖马，前足四趾，后足三趾，后来统统变成三趾。

现代马，圆蹄，高个儿，长脸，大门牙，这是经长期进化，最后留下的长相。马的祖先不是这副模样，身上有条纹，大小跟狐狸差不多，整天在林子里乱窜。[图1]这跟我们对现代马的印象大不一样。

我们都知道，现代马是生活在旧大陆，它的故乡是欧亚草原。草原开

图 2　蒙古草原上的普氏野马

阔，拔高了它的身材，让它抬头望风，视野开阔，低头吃草，刚好够得着。吃草的动物都一惊一乍，圆蹄才跑得快。这是在新环境下造就。

家马是16世纪从欧洲传入美洲，但它的祖先却是美洲动物。远在16万年前，它们从白令海峡，经早先连接新旧大陆的陆桥，传入地球这一边。传入后，反而在美洲绝迹。

欧亚草原在旧大陆的北部，东西横陈。马的传播，先是从东到西，后是从北到南。北方的马，毛长皮厚，耐寒；南方的马，毛短皮薄，耐热。研究马的专家把马分成冷血、温血和热血，就是按纬度和气候分。

现在，小马不如大马，但小马更原始。斑马有条纹，不入主流，但条纹恰好是本色，我们在有些马的腿上还能见到。

## 三、野马被驯化

马的前辈是野马，驴的前辈是野驴。家马、家驴出现后仍有野马、野驴。

野马，现在可考，据说有四种：冻原马、森林马、欧洲野马、普氏野马。这些马，在进化谱系上叫"真马"。冻原马在西伯利亚东北，早就灭绝。其他三种，森林马、欧洲野马在欧洲，普氏野马在亚洲 [图2]。

司马迁在《匈奴列传》中提到过駏騱、騊駼。駏騱，学者推测是普氏野马（郭郛等《中国动物学史》，科学出版社，1999年）。騊駼，见司马相如《上林赋》，是跟驴骡类的动物放一块儿讲，郭璞以为駏驉类，我看是蒙古野驴。

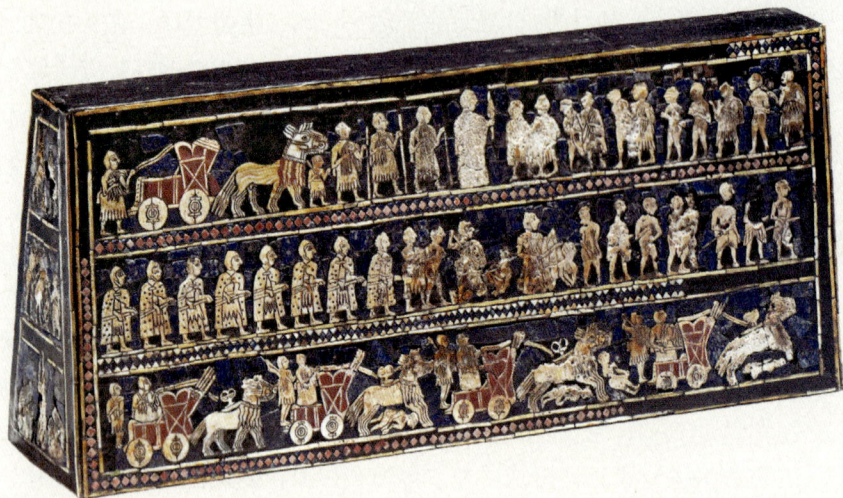

图3 乌尔标准器

野马如何驯化成家马，这是动物考古的大问题，现在属于科技考古。我的朋友，袁靖和李水城，他们正在研究这个国际性课题。我向他们请教，他们说，目前证据最早是哈萨克斯坦北部波太（Botai）遗址出土的马骨，年代在公元前3500年。马从北美进入亚洲北部，向西扩散，是在欧亚草原被驯化。这个地点很寸，既不靠东，也不靠西，说南不太南，说北不太北，大体居中。

波太马的年代，现在有争论，准不准，不敢说，但我们从下述文物看，就算晚，也不会太晚。

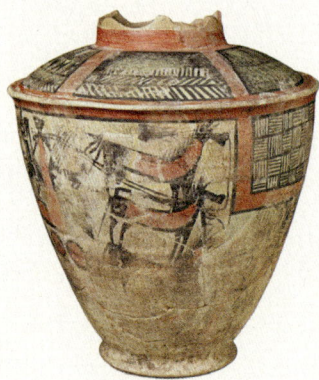

图4 Khafajeh 遗址陶罐

图5 古亚述赤铁矿滚筒印

图6 古巴比伦陶范

图7 古巴比伦泥版

2012年，不列颠博物馆有个马文物展，展出过一批与马有关的文物。最早几件，可以早到公元前2800－前1800年左右。乌尔标准器[图3]、Khafajeh遗址陶罐[图4]和古亚述赤铁矿滚筒印[图5]上都有四个马头马脑的家伙在拉车，车是四轮车。这四个家伙是马是驴不好分，图录说是"四头驴"。但图版7：古巴比伦陶范[图6]，年代为公元前2000－前1800年，图录终于说，陶范上的图案是人骑马；图版8：古巴比伦泥版[图7]，有汉谟拉比十四年的纪年，相当公元前1779年，图录终于说，泥版上的图案是人驾马车。比这批文物晚，图录中还有埃及新王国时期、中巴比伦和中亚述时期的文物，年代都在公元前1000年以前。公元前1000年以后，书中有卢里斯坦青铜器、亚述画像石、奥克苏斯宝藏等等。马被驯化，已经是明摆着的事。

## 四、马是随战争文化传遍全世界

历史上，游牧民族与农耕民族是共生关系，就像虎狼和马牛羊是共生关系。游牧民族的生存线是一条以沙漠、绿洲、戈壁、荒山和草原串连的干旱带，从北非、阿拉伯半岛，经伊朗、阿富汗、中亚五国，到新疆和蒙古草原，逶迤一线，把旧大陆的北半分成东西两块，很像太极图的阴阳鱼。世界上的古老文明多半都是傍着这条线发展。草原有如大海，航海都是顺边溜，游牧也是。草原帝国的前沿总是贴近农耕定居点。这些财富集中、人口集中、天下最富庶的地区，好像天意安排，专等他们抢。他们每次发起攻击，都像弃舟登岸。

学者说，游牧民族对农耕民族的冲击有三次高潮，每次都影响到世界格局的改变。这话一点没错。

第一次浪潮分东中西三线，情况很复杂。这三线，最引人注目是雅利安人南下。他们从南俄草原，经中亚进入伊朗、印度和阿富汗。这是家马南下的主线。

第二次浪潮是日耳曼从西边对罗马帝国入侵，匈奴从东边对秦汉帝国入侵。秦皇汉武筑长城，有如防洪的堤坝。他们不但把北方民族的冲击波一次次挡住，还把它推向西边。这造成中亚和欧洲的多米诺效应。罗马帝国扛不住，终于崩溃。

第三次浪潮是阿拉伯人北上，与基督教世界争雄；接着是蒙古西征、突厥南下，沿呼罗珊大道，直逼小亚细亚。阿拉伯帝国、蒙古帝国和奥斯曼帝国的建立，全有马的功劳。

马是军事文化的符号，全世界一样 [图8]。马是靠这种一波又一波的

图 8　亚述浮雕中的战马

冲击，传遍全世界。

　　征服者都是马上取天下。欧洲人是最后一个世界征服者。他们取天下，不仅靠船，也靠马。他们把马传到了全世界。

### 五、以纯血马为中心的历史是一部倒写的历史

　　历史是由征服者撰写，倒过来撰写。

　　上述不列颠博物馆的展览，图录题目是《马》，副标题是"从阿拉伯半岛到皇家阿斯科特赛马会"。第一章讲古代近东的马，第二章讲伊斯兰

世界的马，第三章讲阿拉伯半岛的马〔图
9〕，第四章讲阿拉伯马和布伦特夫妇，第
五章讲现代英国的马，最后是图版。英国
人爱马，对马研究甚深，令人敬佩。但图
录展示的历史，只是他们熟悉的历史，用
他们熟悉的方式写，非常英国。

图9 现代阿拉伯纯血马，翘起的尾巴和张开的鼻孔是其典型特征

英国人爱马，爱的是纯血马。纯血马
的来源是贝都因人养的阿拉伯马，以及著
名的西班牙马。西班牙马的来源是柏柏尔
人养的柏布马。追根究底，这些马，不是
出自北非，就是阿拉伯半岛。欧洲的老邻居和老敌人，前有近东各国，后
有伊斯兰世界。马是用来打仗，不打不相识。英国的宝马是伊斯兰世界的
馈赠。

英国人征服印度、北美、澳大利亚，骑的是英国马。西班牙人征服拉
丁美洲，骑的是西班牙马。印第安人没见过马，第一次见马，十分震惊，
但很快就爱上马。

这些马和与之沾亲带故的马都是欧洲人征服世界的马。他们的马，遍
布世界赛马场和各种与马有关的体育活动，高大，漂亮，速度快，耐力
好，的确是最好的马。

这样的马，雄踞马史中心，就像他们笔下的所有历史一样。难道不应
该吗？

我说应该。

但我想补充一句，这样的历史是倒写的历史。纯血马后来居上，只是
这部倒写历史的中心。

图10　土库曼斯坦的阿克哈·塔克马

图11　波斯波利斯遗址浮雕上的马

## 六、天马出西极，神龙不能追

有两种马非常重要，书中没有提到，这就是土库曼斯坦的阿克哈·塔克马（Akhal-Teke）［图10］和1965年在伊朗北部发现的里海马（Caspian）。有学者把真马分为四型，1型、2型是欧亚大陆北部的马，3型、4型是欧亚大陆南部的马。3型对应的现代马是阿克哈·塔克马，4型对应的现代马是里海马。据说，阿拉伯·孟纳齐赛马与阿克哈·塔克马有血缘关系，里海马就是阿拉伯马的祖先。

土库曼斯坦的马，历史上非常有名，也叫马萨盖特马、尼萨马、安息马、波斯马、土库曼马。阿克哈·塔克马，其重要性一点儿也不让于阿拉伯马和柏布马。

阿契美尼德王朝的波斯帝国，幅员广大，万邦来朝。它的开国之君，居鲁士大帝是死于马萨盖特人之手。我们从波斯波利斯宫殿的石刻上仍能看到，当时的宝马是尼萨马［图11］。尼萨在什么地方？正在土库曼斯坦的首都阿什哈巴德附近。阿契美尼德王朝之后，安息王朝就是从尼萨崛起，现在仍是阿克哈·塔克马的繁育中心。萨珊王朝的石刻，画面上的国王，不是仗剑而立，就是骑在马上；不是枪挑敌酋（安息国王），就是马踏敌酋（罗马皇帝）。他们骑的马，大概也是这种马。

我国历史上，汉武西征，求取大宛的汗血宝马，写下《天马歌》、《西极天马歌》。"天马出西极，神龙不能追"（元程钜夫《赵际可天马图》）。这种"天马"，众所周知，正是土库曼斯坦的马。

中亚五国，旧属沙俄和苏联，落于英国人的视野之外。马的驯化在哈萨克斯坦，天马出自土库曼斯坦，一南一北，代表另一系统。研究马的历史，离不开这条主线。

## 七、中国的马

中国的马，北有蒙古马（三河马与它有关）、西有藏马（河曲马、大通马与它有关）、新疆马（包括哈萨克马、焉耆马、伊犁马），南有川马、滇马类的西南小马。这些马，主要产于四大边疆，东北、内蒙古、新疆、西藏，以及与它邻近的地区，大体相当学者所谓的"半月形文化传播带"。这是中国的"马文化圈"。

中国的家马，商代晚期才有，比中亚晚，马车也是这一时期才出现。春秋盛行车战，骑兵到战国才流行。这给人一个印象，中国的马辈分太浅。这个印象对不对？我说不对。

中国马，论辈分，一点儿不晚，至少在公元前1000年以前，属于第一次浪潮，比很多洋马都早。阿拉伯马、柏布马是公元7世纪才大出其名。纯血马更是17、18世纪才有。

最近，赵超先生写了本小书。他把史前到唐代，凡与马有关的文物，从内蒙古、新疆的岩画到汉唐墓室的壁画，从眉县驹尊到唐代三彩马，洋

图 12　秦始皇陵出土的铜马

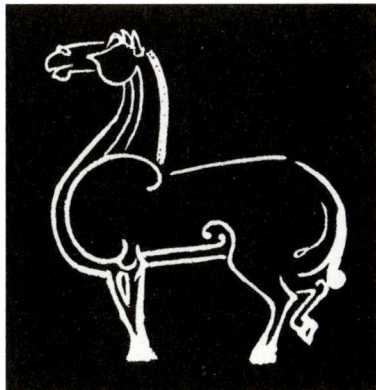

图 13　洛阳画像砖中的汉马

洋大观，搜罗在一起，极便参考。读者有兴趣，可以找来看。看一看，你就明白，中国的马文化其实非常发达。

中国艺术中的马，有汉马，有胡马。汉马是蒙古马，胡马是中亚马和波斯马。

汉马矮，画面上的马，往往短腿肥臀，突出的是一个肥字 [图12、13]。胡马不一样，突出特点是瘦高，如四川出土的汉代陶马或铜马 [图14]，脖子高挺，四腿修长，与身体不成比例，估计就是表现胡马。唐代的三彩马，颈高腿长脑袋小，大概也是胡马，至少是引进胡马加以改良的马。当时的胡马还有个特点，耳朵尖。杜甫咏胡马，"胡马大宛名，锋棱瘦骨成。竹批双耳峻，风入四蹄轻"（《房兵曹胡马诗》）。胡马的耳朵朝前撅，好像竹叶。

谢成侠说，中国马，既有改良，也有退化，从出土发现看，后世的马反而没古代高。其实，正是因为有退化的问题在，才需要引胡马来改良，历史上不止一次。我在上面说，早在汉代，中国就引进过大宛马。引进胡马是为了改良。改良后的马，不分胡汉，都是中国的马。

我国的马是远东的马，离西方最远。西人讲马，中国马最没地位，论个头，论长相，比速度，比耐力，哪样都不行。但我说，中国的马，即使本土的马，照样重要。

第一，马从北美西传，首先到远东。

第二,四大野马，普氏野马仅存，就是发现于中国境内。

第三，匈奴、蒙古、突厥，他们的南下西侵是世界性的历史事件，这些征服离不开中国马。

我国的马，来源不一，情况复杂，但资格最老、名气最大而且出身本土的马，毫无疑问是蒙古马。蒙古马不是蒙元才有的马，而是蒙古草原的马，最能代表东北亚的马。

如果我们把图录中的马当成一个系统，中亚马当成另一个系统，那么蒙古马就是第三个系统。

这样理解，并不夸大吧?

图 14　绵阳何家山汉墓出土青铜马

2014 年 1 月 17 日写于北京蓝旗营寓所

（原刊《东方早报》2014 年 1 月 26 日 5-6 版）

400

补记：

近读〔法〕阿里·玛札海里《丝绸之路——中国−波斯文化交流史》（耿昇译，北京：中国藏学出版社，2014年），很有意思。此书分三部分，第一编是波斯史料，第二编是希腊罗马史料，第三编是中国植物和农作物的西传。导论概述中国与波斯的传统贸易，其中特别提到马的重要性。他说，"中国人与西亚的贸易中仅仅偏爱唯一的一种西方产品，即作为阿拉伯马之先祖的波斯马"，其次才是玉石、白银和羊毛织物。中国从波斯进口良马，有明确记载是汉武帝元鼎二年（前115年），当安息王米特里达梯二世在位（前124−前87年）时。安息崛起于尼萨，即土库曼斯坦的首都阿什哈巴德。作者认为，中国所谓的"汗血马"即土库曼马，土库曼马同库尔德马还不完全一样，后者是土库曼马被引进到下米底（克尔曼沙阿和苏萨），在那里被风土驯化的结果。中国之所以不断从波斯进口良马，主要不是因为波斯人只向中国出口骗马，而是因为这种马习惯吃大麦，到了中国只能吃小米，引起大便干燥，为了通便，中国人在饲料中放大黄，又造成拉肚子，过不了多久，就退化了。波斯史料中的《沙哈鲁遣使中国记》提到，1421年（相当永乐十九年）4月4日，波斯使者进献宝马，永乐帝试骑，竟然坠马，摔伤大腿。

2015 年 4 月 21 日

参看 John Curtis and Nigel Tallis, The Horse, from Arabia to Royal Ascot, British Museum Press，2012;

谢成侠《中国养马史》（修订版），农业出版社，1991 年；

赵超《铁蹄驰骋——考古文物中的马》，上海书画出版社，2013 年

满城汉墓出土的汉代铜人

其 他

盱眙大云山江都王墓出土铜角帽

# 角帽考
## ——考古发现与明清小说的比较研究

图1 临潼上焦村出土的"银蟾蜍"（M15:05）

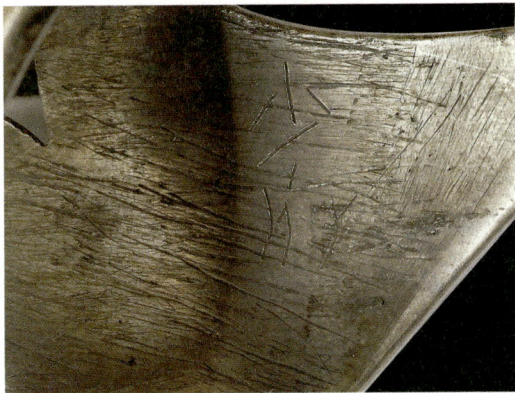

图2 临潼上焦村出土的"银蟾蜍"铭文

去年，应曹玮先生邀请，到秦始皇帝陵博物院讲课，我在博物院展厅看见一件非常珍贵的出土物：临潼上焦村秦墓出土的"银蟾蜍"[图1、图2]。这件"银蟾蜍"是什么东西？曹玮先生怀疑，可能是盛放俗称"铜祖"的那种套子的套箍。我认为，他的想法很有道理，这里做一点补证。

## 一、考古发现

临潼上焦村秦墓是1976年发掘，距今已34年。据简报介绍，这一墓地共探出墓葬17座，清理过8座。"银蟾蜍"出土于其中的15号墓，内侧有铭文"少府"。少府是供皇家奢侈享受和满足其犬马声色之好的机构。明清内府略与之相当。《金瓶梅》第一回有一种"春意儿"（春宫图），叫《春意二十四解》，就是托名"老公公内府画出来的"。此墓墓主是一30岁左右的男性，头骨上嵌有箭镞，疑遭射杀而凶死。他与秦少府是什么关系，至今仍是不解之秘。[1]

过去，学者把模仿男性生殖器的器物泛称为"祖"（下称"仿真器"），我曾指出，这一定名并不恰当。[2] 这类器物，积历年之发现，数量相当可观。可惜，由于收藏分散，大家不重视，很多材料至今未发表，目前还缺乏综合讨论，这里只能浮光掠影讲一点印象。

我的印象，大家说的"祖"，有史时期，以汉代和宋代为多。汉代以铜器为多，宋代以瓷器为多。其他时段，商代西周、春秋战国、魏晋隋唐，缺环尚多。我认为，这些发现与史前发现未必属于同一性质。即使新石器时代的发现，是否都是生殖崇拜的遗物，也不能一概而论。无论如何，仅就汉代和宋代的发现而言，我敢说，它们绝对不是什么生殖崇拜的遗物，而是古代的淫器。

考古发现，有两组器物最重要，可以囊括这类发现的基本特点。

1. 满城汉墓1号墓（中山靖王刘胜墓），出土银仿真器一件（M1:4370，报告未发图像），管状中空，前有龟头，后有手环，通长16.5厘米（包括圆环的尺寸），茎长（去掉圆环的尺寸）、口径（根部的口径）不详；铜仿真器两件，皆双头双茎，器身作磬折形，折角约67度，一件（M1:4018）[图3] 两头相距20厘米，口径约2.3厘米，从照片推算，两茎长度，从龟头到弯曲处的小圆环大约有9.5厘米，一件（M1:4179，报告未发图像）粗点，口径约3.4厘米，茎长不详。墓主是男性，但器物是女用。[3]

〔1〕秦俑考古队《临潼上焦村秦墓清理简报》，《考古与文物》1980 年 2 期，42-50 转 27 页。
〔2〕李零《中国方术正考》，北京：中华书局，2006 年，343-361 页。
〔3〕中国社会科学院考古研究所、河北省文物管理处合编《满城汉墓发掘报告》，北京：文物出版社，1980 年，上册，100、120 页；下册，图版六一，2。河北省文物局编《满城汉墓》，广州：岭南美术出版社，2000 年，图版 42。

图3　满城汉墓1号墓出土的铜"角帽"：双头类（M1：4018）

　　2. 西安北郊明珠新花园54号墓（西汉墓），出土铜仿真器4件，两件有手环，略同满城汉墓的银仿真器，简报定为A型；两件根部有外侈的唇边，上有三孔，两孔在上，一孔在下，龟头上仰，约27度，简报定为B型。A型的两件，M54:3 [图4]，通长19.2厘米，茎长、口径不详；M54: 5，通长18厘米，茎长、口径不详。B型的两件，M54:4 [图5]，通长14厘米，茎长12.2厘米（从根部上方算起），口径不详；M54:6:1，通长12.5厘米，茎长12.1厘米，口径2.9厘米。同出盛放这类器物的骨套箍7件 [图6、图7]，大小不一，作者分为A、B、C三型，除大小不同，装饰略异，没有太大区别，共同点是三箍一环，估计原来还有内衬的套子，或为革制品，或为纺织品。此墓被盗，墓主性别不详。[1] 骨套，经检测，是用牛后腿的大腿骨雕刻而

[1] 肖建一、朱思红《西安北郊明珠新花园54号墓出土的性器及相关问题》，《考古与文物》2002增刊（汉唐考古），191—194页；陕西省考古研究所《西安北郊明珠新花园54号墓发掘简报》，《考古与文物》2004年2期，15—19页；黎陈海《G点与西汉女性玩具考》，《考古与文物》2004年3期，62—67页。

图 4　明珠新花园 54 号墓出土的铜"角帽"：环尾类（M54∶3）

图 5　明珠新花园 54 号墓出土的铜"角帽"：唇尾类（M54∶4）

图 6　明珠新花园 54 号墓出土的骨套箍（M54∶7）

图 7　明珠新花园 54 号墓出土的骨套箍（M54∶6∶2）

成。[1]

　　过去，我已指出，这类器物，见于汉代，大体分三种：

　　1. 管状，前为龟头，后为手环 [图8、图9]。满城汉墓的银仿真器、明珠新花园54号墓的铜仿真器A型属这一种。这是以手操作的工具，可称"环

[1] 晓华、陈海《西安北郊明珠新花园 54 号墓铜、骨质遗物的检测与分析》，《考古与文物》2004
　　年 2 期，92—96 页。

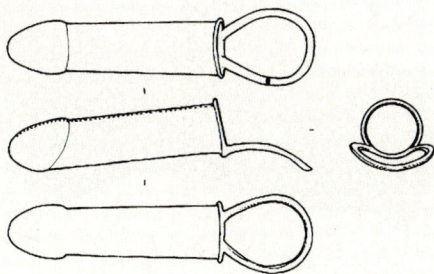

图 8　环尾类 "角帽" 示意（明珠新花园 M54：3）

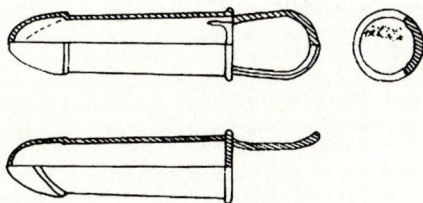

图 9　环尾类 "角帽" 示意（明珠新花园 M54：5）

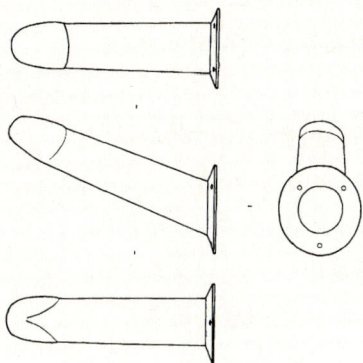

图 10　唇尾类 "角帽" 示意（明珠新花园 M54：4）

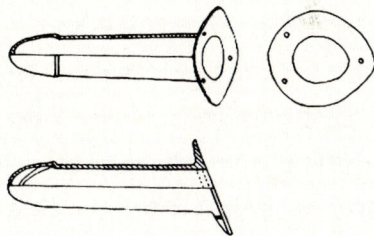

图 11　唇尾类 "角帽" 示意（明珠新花园 M54：6：1）

尾器"。

　　2. 管状，前为龟头，后为唇边，上有三孔 [图10、图11]。明珠新花园54号墓的铜仿真器B型属这一种。三孔是为了穿绳，束于腰间和胯下，可称"唇尾器"。

3. 实体，有两个龟头，作磬折形。中间的折角内有两个小环，可以系绳。墓中的出土物还有两个石卵，或以为模仿睾丸，但比较小，用途不详。截至目前，这类发现很少，只有满城出了两件。这是两女共用的淫器，可称"双头器"。

明珠新花园54号墓的发现，有两个现象值得注意：

图12 "角帽"与骨套箍同出（明珠新花园 M54:6:1 + M54:6:2）

第一，上述发现，"附着的泥土上残存布纹及席纹痕迹，推测可能由布料包裹后放置于棺内"（15页）。其中标本M54:3（唇尾器），"器身根部粘附一片约4.2×2平方厘米的泥土痕迹，其上残留布纹"（16页），布纹、席纹可能是橐囊或其他盛具所遗。

第二，标本M54:6:1（唇尾器）与标本M54:6:2（骨套箍），出土时是套在一起，说明这类器物是一个整体，铜器和骨套箍是配合使用[图12]。

上焦村秦墓所出的"银蟾蜍"，和西安北郊明珠新花园54号墓所出的骨套箍类似，两者都有可供悬挂的尾环。我们不难看出，上焦村秦墓所出的"银蟾蜍"也是属于这种套箍。不同只在于，它没有三道箍，形式更为简洁。

中国的银器出现比较晚，大约在战国时期。上述器物，只有满城汉墓的环尾器和这一件是银制品。这件的年代要早于满城汉墓。它是目前所见年代最早的淫器，当然很珍贵。

下引《七剑十三侠》第四十回提到的一匣十器，其中就有用银子打造的淫器。

宋代出土物，多半为瓷器。这类瓷器，形制不同，不能一概而论。这

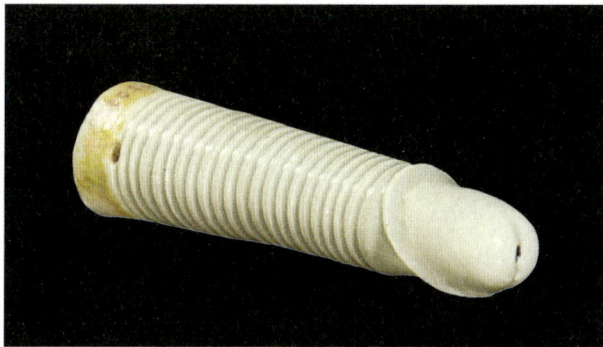

图13　宋代的瓷"角帽"

里仅以张建林先生提供的一件为例 [图13]，讲一点印象。

这件瓷器，1959年陕西铜川耀州窑出土，现藏陕西省考古研究院，釉色青白，管状中空，制作非常精美。请大家注意它的形制特点：

第一，它的龟头，中间有孔，可以泄精；

第二，它的茎部，有20道螺纹，可增加摩擦；

第三，它的根部，有两个小孔，可以穿带束腰。

整个设计，可谓巧具心思。

## 二、与明清小说比较一：名称和分类

这类器物到底叫什么，现在还不清楚，但明清小说有称为"假阳物"（《姑妄言》第十四回）或"伪器"（《聊斋志异·狐惩淫》）的一类，可资比较。

明清小说，颇涉淫器。过去的小说史家，苦于未见实物，难悉其详。其实，这类东西都是老古董，并非新发明，不同时段的东西，一样可以比较。下面，作为学术讨论，我将有限地引用其中的某些段落，希望大家以明清史料视之，勿作非非想。

### （一）角帽

含义不详，可能是隐语。《浪史奇观》三次提到角帽：

1. 第十三回："……只见那春娇，把一件东西递过来，道：'相公使的角帽儿。'浪子接过来，把自己的柄儿一比，差了一大半……"（卷二，3页A面）

【案】这是男用角帽。

2. 第十六回："……文妃那（哪）里熬得兴来，问道：'你还干得么？'那监生向以在外多时，不曾弄这话儿，骤的一泄，也不在话下，道：'还干得。'即将麈柄搓硬了。文妃道：'是这等弄也不爽利，带了帽儿进去，或可良久。'监生便与春娇讨这帽儿，带了放进去……"（卷二，10页B面）

【案】这也是男用角帽。

3. 第三十九回："……只见雪白样可爱的身儿，便去将一个京中买来的大号角帽儿，两头都是光光的，如龟头一般，约有尺来样长短，中间穿了绒线儿，系在腰里，自家将一半拴在牝内，却盖上去，轻轻插进安哥牝内……"（卷四，17页A—B面）

【案】这种中间穿绳、尺寸很大的双头角帽是女用角帽，两人共用。

## （二）角先生

即上角帽。"先生"含有戏谑之义，明清小说，此名最多，不胜枚举，如：

1.《七剑十三侠》第四十回："……苏氏只道当真有此妙物，心中想道：'我往常听得人说，尼姑们常用一件东西，拿来当做男人杀杀欲火，叫甚么角先生，谅来就是此物，却不道这般好法。且等他拿来一试便知'……"（196页）

【案】注意，这是尼姑所用。

2.《醒世姻缘传》第六十五回："……（偷儿）又将那第三个抽斗扭开，里面两三根'明角先生'，又有两三根'广东人事'，两块'陈妈妈'，一个白绫合（荷）包，扯开里面盛着一个大指顶样的缅铃，余无别物……"

(1761—1762 页)

【案】此回讲偷儿入室行窃，一共翻过三个抽斗。第一个抽斗装的是散钱，第二个抽斗装的是银子，第三个抽斗装的是淫器，其中有明角先生。"明角先生"，同书下文叫"角先生"（还叫"师傅"），可见是一回事。这种器物为什么叫"明角先生"或"角先生"，还值得研究。[1]

（三）景东人事

出现比较少，估计是明代的叫法。如：

1.《型世言》第十二回："……余姥姥叫勤儿寄己（给）了他钱，两个在灯市上闲玩，只见：'东壁铺张珠玉，西摊布列绫罗。商彝周鼎与绒绕，更有苏杭杂货。　　异宝传来北虏，奇珍出自南倭。牙签玉轴摆来多，还有景东奇大。'王奶奶见了景东人事，道：'甚黄黄，这等怪丑。'余姥姥道：'奶奶，这是夜间消闷的物儿……'"（173 页）

2.《金瓶梅》第十九回："……却说李瓶儿招赘了蒋竹山，约两月光景。初时蒋竹山图妇人喜欢，修合了些戏药，县门前买了些甚么景东人事、美女相思套之类，实指望打动妇人心。不想妇人曾在西门庆手里狂风骤雨都经过的，往往干事不称其意，渐渐颇生憎恶，反被妇人把淫器之物，都用石砸的稀烂，都丢吊（掉）了……"（228 页）

【案】二书皆明代小说。"景东"是产地，"人事"指模仿阴茎的器物（古人常以"人事"指男女之事）。明清小说，淫器春药多以远地异国为名。角先生以景东名，正犹缅铃传出缅甸。景东在云南昆明西南，元置景东府，明降州，清降厅，民国改县，今为彝族自治县（在昆明西南）。

--------

[1] "角帽"，疑指龟头，或指此器中空，可以套用。"先生"含有戏谑意（《何典》以此呼教书先生）。但这里把"角先生"叫"明角先生"，也可能有其他含义。若"明角"的"明"不是衍文，则"角先生"也可能是省称。案：明清之际有所谓"明角灯"，小说经常提到。明角是用白色兽角熬制成的一种近乎透明的薄片，用明角做灯罩的灯叫"明角灯"。北京方言有"灯儿"。"灯儿"是男根的隐语，不知是否有关。文中所说"猛骨"，不是淫器，而是银子的隐语（亦作"蒙古儿"）。

（四）广东人事

疑即景东人事，唯所标产地不同耳。如：

1.《姑妄言》第十二卷："……甘寿见他去了，要进去，怕熊氏又寻事打骂，到街上去躲得一会是一会。信着脚步走到大街，见一个广货铺内摆着几根角先生卖。他心有所触，想道：把这东西买一个去送奶奶，或者宽恕我些，也不可知……"

【案】上引《醒世姻缘传》第六十五回有这个词，是和"明角先生"并叙。可见广东人事和一般的角先生还有所不同。注意，这种器物在卖广东货的商铺有售。

2.《七剑十三侠》第三十九回："……王妈妈道：'这个法儿，大娘娘谅没晓得，却是外洋来的，名叫人事。'我自二十岁嫁了人，不上一年那男人故世，直到今日，做了二十多年寡妇，从没偷过汉子。幸亏得这件东西，消遣那长夜的凄凉……"（195页）

【案】景东人事，见于明代小说；广东人事，可能流行于清代。广东是海上贸易的重要地点。此器标榜广东，含有炫耀洋货的含义。《绣榻野史》上卷提到"扬州有名回子做的象牙角先生"，也有同样的含义。

（五）广东膀

疑即广东人事。如：

《株林野史》第七回："……又拿出一个东西，有四五寸长，与阳物无异，叫做广东膀。递与荷花说道：'我与你主母干事，你未免有些难过，此物聊可解渴。'荷花接过来道：'这东西怎样弄法？'行父道：'用热水泡泡他便硬了。'荷花用热水一泡，果然坚硬如玉茎一般，往牝口一插，秃的一声，便进去了……"（卷之三，19页B面）

【案】此物疑即广东人事，疑是树胶类制品。唐译佛经有所谓"树胶生支"。"生支"即男根。

（六）藤津伪器

疑即广东膀。如：

《聊斋志异·狐惩淫》："某生赴试，自郡中归，日已暮，携有莲实菱藕，入室，并置几上。又有藤津伪器一事，水浸盎中。诸邻人以生新归，携酒登堂，生仓卒置床下而出，令内子经营供馔，与客薄饮。饮已，入内，急烛床下，盎水已空。问妇，妇曰：'适与菱藕并出供客，何尚寻也？'生忆肴中有黑条杂错，举座不知何物，乃失笑曰：'痴婆子！此何物事，可供客耶？'妇亦疑曰：'我尚怨子不言烹法，其状可丑，又不知何名，只得糊涂脔切耳。'生乃告之，相与大笑。今某生贵矣，相狎者犹以为戏。"（359—360页）

【案】"伪器"指模仿阳物之器。此物使用前要用水浸泡，同上广东膀。


（七）相思套

和上述器物不同，是用软材料制成。如：

1.上引《金瓶梅》第一回提到"美女相思套"。

2.《金瓶梅》第八十三回："……妇人和经济并肩叠股而坐，春梅打横，把酒来斟。穿杯换盏，倚翠偎红，吃了一回。摆下棋子，三人同下鳖棋儿。吃得酒浓上来，妇人娇眼拖斜，乌云半坦，取出西门庆淫器包儿，里面包着相思套、颤声娇、银托子、勉铃，一弄儿淫器……"（1443页）

3.《醒世姻缘传》第六十三回："……宋明吾把老婆叫人睡了几日，通常得了三十八两老银，依然还得了个残生的淫妇。把这断来的银两拿了，竟到南京，顿（趸）了几件漆盒、台盘、铜镜、铁锁、头绳、线带、徽扇、苏壶、相思套、角先生之类，出了滩（摊），摆在那不用房钱的城门底下……"（1702—1703页）

【案】上引三条，第一条与景东人事并叙，第三条与角先生并叙，可见不太一样。《姑妄言》第十三卷讲角先生，有一段批评："铁氏甚觉有趣，一面笑着，一面用手指着牝户，道：'这先生虽然魁伟壮大，浑身又华丽光鲜，（这先生在今日必定大行。）只是死板得很，一些活动气儿也没有，怎么样处？'"角先生是用硬材料制成，相思套是用软材料制成，这是主要区别。

## （八）如意袋

疑即相思套。如：

《七剑十三侠》第四十回："……沈三知道王妈的谎话，只是要博月娥欢喜，不惜重资，购取春方媚药，又买得一套淫具，共有十件家伙，装在楠木匣内。这十件家伙，有硬有软。有的银子打成的，或是套在此物外面，或是挖耳等类，可以在女人的里面搅弄。有的是鱼脬做成，亦是套在阳具上的，行起事来隔了一层，便能久战不泄，名叫'如意袋'；有的用鹅毛做成一个圆圈，带在龟头上，行起事来周围着力，便能格外爽快，名叫'鹅毛圈'。种种都是奇技淫巧，各有名目，不能枚举……"[1]（199 页）

【案】上述器物可谓"软硬兼施"。"套在此物上面"，"此物"指阳物。注意，秦汉淫器有银制品，这里也提到用银子打制的淫器。

## 三、与明清小说比较二：形制和功用

明清小说，述及角帽类的器物，没讲是什么材质。但我们从书中描写看，至少分软硬两类，有单头，有双头，长短粗细不同，用法也不同，有

---

[1] 郁慕侠《上海鳞爪》（上海：上海书店出版社，1998 年）"龟头套"条（39 页）："相传这件东西从前宝善街一带的天津杂货店铺都有出售，不过去买它，须将隐名叫出，才可以如愿以偿。这个东西的用场与春药相仿佛，与风流如意袋不同。不过春药是吃的，这东西套在生殖器上面作驰驱欢场、蹂躏女性的利器。昔闻著名淫伶和拆白党惯用此物以惑人，因此污人节操、离人骨肉、拆人金钱、伤人生命已不在少数，如以《金瓶梅》上西门庆用的银托子相比，似与这件东西有同等的罪恶。"其中也提到"风流如意袋"。

男用、女用之分。

## （一）角帽

上引《浪史奇观》第十三回、第十六回提到的角帽是男用角帽，显然是空腔，套在阴茎上使用，原文叫"相公使的角帽儿"。参看下引《绣榻野史》上卷。

上引《浪史奇观》第三十九回提到的角帽是一尺多长的双头角帽。这种角帽，有点类似满城汉墓1号墓所出，显然是女用角帽（由两名女子共用）。参看下引《碧玉楼》第十回。

## （二）角先生

例子很多，如：

1.《醒世姻缘传》第六十五回："……冰轮道：'我也是好话，何尝作耍？'把那角先生在床边上磕得梆梆的响，说道：'师傅，你听！这是甚么东西响？天空只两宿不来，你就极（急）的成精作怪的！'……"（1764—1765页）

【案】据此描写，角先生是用较硬的材料制成。

2.《七剑十三侠》第四十回："……王妈道：'这件东西一人不能用，却要两个女人更替落换。我明日去拿了回来，等到夜里灭了灯火，在匣内请出来，上面有二条带子，把来束在我腰内，此物恰好在两腿中间，与男人的一般。大娘若不嫌我身上龌龊，我就与大娘同衾共枕，你只当做我是男子，便与你行事，还你胜如真的十倍。'苏氏只道当真有此妙物，心中想道：'我往常听得人说，尼姑们常用一件东西，拿来当做男人杀杀欲火，叫甚么角先生，谅来就是此物，却不道这般好法。且等他拿来一试便知。'……"（196页）

【案】此物是用带子束腰，由女子施于女子。上面介绍，宋代出土物，根部也有系绳的小孔。

3.《八段锦》第八段："……因抖动眠被，抖出一个物来，甚是惊讶。及向灯一照，但见：龟头昂藏，大如梆槌，长有八寸，只欠活动……"（140 页）

【案】据下《姑妄言》第十三卷，这是属于大号。

4.《绣榻野史》上卷："……大里见金氏又有些酥晕过去，把鸟儿拔出来，拿角先生套了插进去，尽力紧抽，又抽了五百多抽，金氏晕去了……"（上卷，36 页）

【案】注意，此物是由男子套在阴茎上使用。

5.《姑妄言》第十二卷："……甘寿等他骂完了，向袖中取出那角先生，双手捧着，道：'我到街上去，偶然看见这件东西，买了来孝敬奶奶。'熊氏一手接过，看了看，喜笑道：'这东西做得倒有趣呢。'正在说着，不防他那女儿老姐一把抢过去，道：'妈妈，把恁个鱼泡儿给我顽（玩）罢。'甘寿忙夺过来，道：'我的小姑太太，这是我的救命主。你要跌破了，就活杀我了。'熊氏要问甘寿用法，见女儿在跟前碍眼，忙拿了十多个钱给他，道：'你到门口等着去，看过路有卖的，买一个顽（玩）罢。'那老姐拿着钱出去了。熊氏笑问道：'这东西好是好，怎个用法？'甘寿道：'奶奶自己用也得，拴在我身上用也得。奶奶请到床上去，我做给奶奶看。'熊氏便忙忙上床。甘寿怕女儿来，挂了门，也上去。将两根袜带解下，拴在那角先生根，替熊氏脱了裤子，叫他仰卧，又替他扎在脚后跟上，弯着腿，塞入户中，手扳着脚尖，来回进出。熊氏笑道：'好是好，我费力得很。'甘寿道：'奶奶怕费力，让我来。'替他解下，系在自己腰间，同他春搞起来……"

【案】这里的"角先生"似与他处不同，老姐称此物为"鱼泡儿"，而且下文说"你要跌破了，就活杀我了"，有点像是相思套、如意袋。注意，此物是用袜带拴在脚上供女子自慰，或由他人（男女皆可）束于腰间帮忙操作，有两种方式。

6.《姑妄言》第十三卷："……童自大将白绫带子束在阳物根下，把三个先生放在枕边。铁氏道：'你说两不脱空，是怎么样的？要是说谎，罚出银子来与我。'童自大笑嘻嘻，将那个头号角先生拿出来，在眼中一晃，道：'你看看这件宝贝'，就藏在背后。铁氏只见眼前一亮，不曾看明，笑道：'是甚么宝贝？怎与我看看又藏起来？'童自大递与他，道：'是这么一根降魔杆。我请了这个先生到你肥馆来坐坐，如何？'铁氏认不得是甚么东西，只见光亮亮的，有一个《西江月》赞他的形状："腹肉（内）空空无物，头间秃秃无巾，遍身华美亮铮铮，腰较富翁还硬。　一个光头释子，假名冒做先生。端详注目看分明，可喜粗长且劲。"　铁氏接过来一看，原来是一个八寸多长，钟口粗细的阳物，上面还有些浪里梅花。他心中又喜又怕，笑成一堆，道：'这样棒槌大的东西，只怕放不进去。'童自大道：'还有一个副先生、一个学长呢。先拿了试试看。'又将那两个取过来递与铁氏。铁氏看时，一个有五寸来长，一围稍大，一个长只三寸，也不堪（甚）粗……就是两个丫头也甚恋家主这根皮裹纯筋的家伙，比那光骨头的先生有趣些。（嗟乎，腹内空空之先生，不及一纯筋之阳物乎？虽骂得刻毒，却骂得甚当。）……"

【案】此物龟头光亮，作者比为"光头释子"（即和尚）；管状中空，故云"腹内空空无物"。它分三种型号，大号八寸多（头号先生），中号五寸多（副先生），小号三寸（学长）。明清的寸约3.2厘米（以营造尺折算），八寸合25.6厘米，五寸合16厘米，三寸合9.6厘米。"浪里梅花"，指为增加快感，在器物表面做出的沟沟坎坎、疙疙瘩瘩。上面介绍，汉代出土物，尺寸多为十几厘米，相当这里的中号；宋代出土物，茎身满布螺纹，则与这里的"浪里梅花"属同一设计。

7.《姑妄言》第十四卷："……他这后房内买了许多春宫的画，贴得满墙都是，又买了许多角先生来。他要交媾时，袁氏着为首众婢妾都脱光了，着一半妇人将假阳物根子上用带子缝紧，系在腰间，那一半妇人并排仰卧着，指着壁上春宫，要做那个势子……"

【案】"假阳物"指仿阳物之器。此物也是用带子束腰使用。

（三）广东人事

广东人事也分单头和双头。如：

1.《红楼复梦》第二十九回："……红叶将枕头取出，赶忙跪在炕上，替他将被褥一件一件的堆摆起来。才堆到第二床被，觉着有一件硬邦邦的东西在被里，伸进手去取出来一看，原来是一个广东人事，上面拴着两条红绫带子。红叶看那品儿不甚文雅，登时面热心跳，赶忙替他仍放在被里……"（283 页）

【案】注意，这里的广东人事与角先生类似，也是硬的，也是系带使用。

2.《碧玉楼》第十回："……冯妈妈说：'这样东西，不得一样。有长的、有短的、有大的、有小的，不知大娘子用那（哪）一等？'玉楼听到此处，笑道：'这却叫我没法说了。'冯妈妈说：'怎么没法？到明天，我把卖广东人事的叫到咱家里来，大娘子试着买，也买个如意。'……百顺留神一看，只见那妇人坐在床上，百顺用手解去腰带，拿出那尺八长广东人事来，走到玉楼面前，递在他手里，低低说道：'你试试罢。'……"

【案】上引《浪史奇观》第三十九回说的"大号角帽儿"，"约有尺来样长短"，是个双头角帽。这里的"尺八长广东人事"，大概也是双头。满城汉墓 1 号墓出土双头铜器，器身作磬折形，但明清小说中的器物有些却是直的。


（四）相思套

是用牛或猪的尿脬制成。如：

1.《八段锦》第八段："……索娘道：'我还有个煞火的东西在。'余娘道：'一发都与我看看。'便一把搂住索娘，向他袖中去摸，果摸出一个东西来。仔细一看，乃是个猪尿胞做的，长五六寸，有一把来大……"（137 页）

【案】五六寸，相当中号。

2.《姑妄言》第十五卷："……长舌妇的男子去了几年，他这样个骚淫妇人可能久违此道，他想了个妙法，烦人去买了个牛尿脬来，假说要装东西，他拿到房中，（试猜买了何用？）端像（详）了一会，左量右量，又将下身扐了扐，量定了尺寸，拿剪刀剪开，用倒扣针儿细细缝起。缝完了，拿嘴一吹，有一围粗细，六寸余长，亮（锋）〔铮〕铮不硬不软的一根宝物，（文章比角先生又深一层。）心中大喜，根下用一根新头绳扎紧，夜间以为消遣之具。不用时解开头绳放了气，装在腰间钞袋内。因心爱之甚，美其名曰牛亲哥……"

【案】"六寸余长"，相当中号。相思套用于秘戏，但制作方式与避孕套非常接近，应即避孕套的前身。"文章"，即上《姑妄言》第十三卷的"浪里梅花"之类。[1]

# 四、余论

角帽和角先生是明清时期的名称，近现代仍沿用。角先生，上海人的发音，听上去与"高先生"无别，所以也叫"乐举高升"。1933年，郁慕侠《上海鳞爪》就提到过：

> "角先生"为闺中秘物，除中国自制外，而日本每年输入之品也很多。从前开设春药的小药房都有出售，并美其名曰"女用愉快机"，其实就是此物。唯这种东西，在法律方面看来那是违禁品，故禁令森严，不敢公然出卖。又闻某某几家寿衣店铺也有出售，前去买时须叫出隐名曰"乐举高升"，才可以买到。不过寿衣店里出卖"角先生"，也算是想入非非、生面别开了。[2]

---

〔1〕马克梦先生告，日藏小说《一片情》也提到"用尿脬皮儿"做的角先生。参看 Keith McMahon, *Causality and Containment in Seventeenth-Century Chinese Fiction, Monographies du T'oung Pao*, Vol. XV, E. J. Brill, 1988, p. 46.

〔2〕郁慕侠《上海鳞爪》，上海：上海书店出版社，1998年，39页。

这种淫器，明以前叫什么，我们还不太清楚，但毫无疑问，汉代和宋代的发现是相当于明清时期的角帽或角先生。在器物的自名发现之前，我建议，暂时可用带引号的"角帽"代之。[1]

对比考古发现与明清小说，我们不难发现，两千多年来，在这一方面，人类几乎没什么进化。明清小说中的角帽或角先生，在形式和功用上，与汉代和宋代的出土物非常像，没多大区别。汉代出土物的三种，明清小说都有。

明清小说中的角帽或角先生，常常用绳带扎脚束腰，这点值得注意。汉代出土物，"唇尾类"有三孔；宋器，根部也有二孔，推测就是作此用。

这种用法，大家很陌生，但古今中外都有这种用法。

西方淫器有所谓 dildo。英语中的这个词，出现较晚，语源不详。它有两个意思：一个意思是用于女性自慰或性游戏的人造阴茎，另一个意思是极其蠢笨的人。他们的 dildo 就是指角帽类的器物。

我们要知道，dildo 也有用绳带固定的一类 [图14]。[2] 参考现代用法，我们推测，汉代唇尾类的器物，它的三孔，上面两孔系绳，是横束于腰间，然后交于背后，从胯下绕到前面，系于下面一孔。

另外，顺便说一下。姚灵犀《思无邪小记》把仿阳物之具叫触器，[3]广为流传，我在《中国方术正考》谬袭其说，应予纠正。

下面是与触器有关的四条材料：

1.《五灯会元·西天祖师·六祖弥遮迦尊者》："乃入城，于阛阓间有一人手持酒器，逆而问曰：'师何方来，欲往何所？'祖曰：'从自心来，欲往无处。'曰：'识我手中物否？'祖曰：'此是触器而负净者。'"[4]

〔1〕周作人曾以"角先生"翻译希腊的淫器，参看氏译著《希腊拟曲》，上海：商务印书馆，1934年，48—49页；《知堂回想录·北大感旧录》之七，石家庄：河北教育出版社，2002年，566页。
〔2〕图上的广告词是："无须勃起！即使筋疲力尽，仍然游刃有余。"
〔3〕姚灵犀《思无邪小记》，天津：天津书局，1941年，38页。
〔4〕〔宋〕普济《五灯会元》，台北：新文丰出版公司，1989年，卷第一"佛祖"，7页。

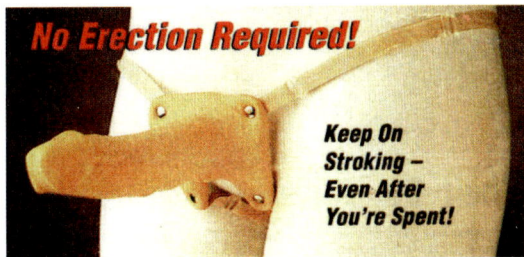

图14 以绳束腰的 dildo

2.《夷坚三志辛》卷五"螺治闭结"条："饶医熊彦诚，年五十五岁，病前后便溲不通。伍日，腹胀如鼓。同辈环坐候视，皆不能措力。与西湖妙果僧慧月相善，遣信邀至诀别。月惊驰而往，过钓桥，逢一异客，风姿潇洒出尘。揖之曰：'方外高士，何子子趋走如此？'月曰：'一善友久患闭结，势不可料，急欲往问之。'客曰：'此易事耳，待奉施一药。'即脱靴入水，探一大螺而出曰：'事济矣。持抵其家，以盐半匕和壳生捣碎，置病者脐下三寸三分，用宽帛紧系之，仍办触器以须其通。'月未深以为然，姑巽谢之而前。及见熊，昏不知人，妻子聚泣。诸医知无他策，漫使试之。曾未安席，眘然暴下。医媿叹而散。月归，访异人，无所见矣。熊后十六年乃终。"[1]

3.《弇州史料后集·严氏侈具》："严世藩当籍，有金丝帐，累金丝为之，轻细洞彻，有金溺器、象牙厢、金触器之类。"（卷三六，3—4页）

4. 宋濂《佛心普济禅师缘公塔铭》："……伥伥无所依，乃就古伽蓝。汛扫得清净，床第及衾枕，以至触器等，无不皆现前……"[2]

---

〔1〕〔宋〕洪迈《夷坚志》，北京：中华书局，1981年，1424页。
〔2〕罗月霞主编《宋濂全集》卷四十七《芝园前集》之七，杭州：浙江古籍出版社，1999年，第二册，1295页。

触器是佛经用语，触字是对净字而言，义为不洁。[1] 触器是不洁之器，不是角帽类的器物。

2010 年 10 月 10 日写于北京蓝旗营寓所

（原刊《秦始皇帝陵博物馆》2011 年总壹辑，西安：三秦出版社，2011 年 6 月，213–228 页）

----

〔1〕承北京大学王邦维教授指点，触器应作如是解。参看〔唐〕义净《南海寄归内法传校注》，王邦维校注，北京：中华书局，1995 年，卷一第四章（33–35 页）。

补记：

2011月4日北京大学刘勇强教授来信又提到若干材料：

（一）《醒世恒言》第二十三卷《金海陵纵欲亡身》，《醉春风》第八回(此书为马廉旧藏，现藏北大图书馆)，《林兰香》第二十八回、第二十九回，《品花宝鉴》第五十回提到角先生。其中《林兰香》第二十八回有寄旅散人评语："京师有朱姓者，丰其躯干，美其须髯，设肆于东安门之外而货春药焉。其'角先生'之制尤为工妙。闻买之者或老媪或幼尼，以钱之多寡分物之大小，以盒贮钱，置案头而去，俟主人措办毕，即自来取，不必更交一言也。"刘教授提醒说："这表明在当时的'成人用品'店中，角先生的价格与大小型号有关。"

（二）《续金瓶梅》第三十二回提到王革回子卖腾津，或称"广东羊角腾津"，"藤津"作"腾津"。

（三）《载阳堂意外缘》第一回："……智慧道：'你买甚么东西送我？'玉坛道：'买一张西洋角先生来孝敬你好师太。'……"刘教授指出，此处提到的"西洋角先生"也是指进口产品。

又2016年5月9日河北省博物院刘建华副院长寄我满城汉墓1号墓出土"银祖"照片，附于文后：

满城汉墓1号墓出土的银"角帽"

中国古代房内考

SEXUAL LIFE IN ANCIENT CHINA

——中国古代的性与社会

[荷兰] 高罗佩 著  李零 等 译

这本书的内容对中国读者已经太陌生，简直好像
讲另一个国度。然而，这却是一部地地道道的汉学著
作，由一个外国人讲中国，讲我们自己的事情……

# 百年高罗佩
## ——谈《中国古代房内考》

《中国古代房内考》的中文译本，前后出过两个本子，每次都很不容易，每次都留下遗憾，个中甘苦难为外人道。

第一个本子是上海人民出版社1990年版（内部读物）。稿酬千字24元，合同十年，一笔买断。此书铺天盖地，有无数盗印本，错字很多（因为不给看校），如"图版"印成"版图"，"那话儿"印成"那活儿"。这个本子，还被转让版权给台湾桂冠出版社，后者错得离谱，没有机会改。

第二个本子是商务印书馆2007年版。我们苦苦等了十年，本来取得Brill授权，打算在三联出版，希望出个修订本，流产，这才转到商务印书馆，版税8%，又是一签八年。这个本子是正式授权本，经过全面修订，增加了六个附录，印得很漂亮，但也有遗憾。一是图版纸挤进了前言，二是作者介绍有误。他们在付印前让我看过，然而奇怪的是，我指出的问题，他们坚决不改，理由是编辑管不了印制。还有，就是没有印数。

关于高罗佩，在商务版中，我已经说得太多。我很久没有回到过这个话题，没有这个会议，我还转不回来。1992年，中国社会科学院历史研究所和荷兰大使馆筹备过一个会，纪念高罗佩逝世25周年，文章我都写好了，不知怎么回事，会没开成。我没留心，今年是何年，想不到，高氏如果活到现在，已经整整100年了。

高罗佩是我老师那一辈人。他这一辈子，人只活到57岁，但写了19本专著，36篇文章，17本小说，真不容易。

《中国古代房内考》是高氏的传世之作，在他的19本专著中名气最大。这书是1961年出版，当时我才13岁。马王堆帛书是1973年发现，比它晚了12年。他看不到这么重要的发现，但他的书好像是为这一发现做准备。我在考古所（中国社会科学院考古研究所）那阵儿，所里进过这本书。我见此书，如获至宝，复印过一份。我们的翻译就是利用复印本。

高氏对中国性文化的研究，从深度和广度上讲都是开创性的。此书从上古讲到明清，跨度很大，但作为支撑的东西，主要是三大块：房中书、内丹术和色情小说，其他，大多是点缀。这三个方面，过去是三不管。第一个方面归医学史管，医学史不管；第二个方面归宗教史管，宗教史不管；第三个方面归小说史管，小说史也不管。专业人士没人搭理，非专业人士又不得其门而入。你只有理解这种困境，才能理解他的贡献有多大。

他的书并非十全十美。我们很容易给他挑毛病，每个方面都可以挑点毛病，但到目前为止，还没有一部书可以取而代之。

高氏的学问有两个特点，常人不具备。

第一，他是个外交官，但肩无重任，衣食无虞，有的是时间。他是把主业当副业，副业当主业，兴趣广泛，一个问题牵出另一个问题，每个问题都很投入，不玩则已，玩，就玩到很高水平。他不是学界中人，自然不受学科限制。"避席畏闻文字狱"的问题，他没有；"著书都为稻粱谋"的问题，他也没有。

第二，他是个大玩家，一切跟着兴趣走。他懂多种语言、多种文化，走哪儿玩哪儿，玩哪儿算哪儿，并没有特定的学术目标。这种研究既不同于早期的传教士汉学，也不同于法国的学院派汉学，更不同于二次大战后兴起配合地缘政治的美国汉学或所谓中国学（Chinese Studies）。他就一个人，寓学于乐，寓乐于学，自娱自乐。

这种研究很奢侈。

高罗佩是职业外交家，他在五个国家当过驻外使节。五国中，他在日本待得最长，前后三次，长达13年，在中国只待过5年，但对中国可谓情有独钟。他太太是中国人，她说她的丈夫简直就是中国人。他吃中国饭，说中国话，研究中国文化。很多人都觉得，他比中国人还热爱中国。杨权先生说，他对中国的赞美，真让我们受宠若惊。

外国人夸中国，李约瑟是代表。他的研究，对纠正西方人的偏见有大贡献。"此丈夫兮彼丈夫"，大家彼此彼此，扯平了。但我们不要忘了，他到中国找科学，标准却是现代科学的标准，非常西方的标准。

外国人爱中国，可以有各种各样的爱。爱或不爱，用不着大惊小怪。日本人，唐代，很佩服，但现代不一样，谁把它打败，它才佩服谁。欧洲人的爱，爱是博爱。殖民时代，普天之下，莫非王土，王对王土，王对王土上的一切都很爱。

陈珏先生谈《长臂猿》，让我浮想联翩。人对动物的态度可以折射人。殖民也好，奴隶制也好，人和动物的关系也好，都不是近500年的事。现在，埃及考古，发现修金字塔的人吃面包，喝啤酒，所以说他们不是奴隶，而是工人，但工人和奴隶怎么定义，吃好喝好，是不是就不是奴隶？奴隶也不都是关在笼子里。

人类对动物的慈悲心从来就不曾彻底过。他们的爱，从来都是以人为中心。再爱，也断不了口腹之欲，不吃牛羊猪，就吃鸡鸭鱼。猫狗不能杀，行。苍蝇蚊子要不要保护？普适的标准不可能有。

高罗佩写这本书，结论很简单：中国人的性生活很正常，不但正常，还很高尚，这个结论有点像李约瑟。

美国有位女学者批评高氏，认为他的书是个大阴谋，他把中国写成男性的理想国，是为了抵制女权运动。这么讲，当然很过分。但高书的主旋律是赞美，这点没错。他的褒是针对贬，不是贬男或贬女，而是贬中国文化。

高罗佩对中国文化的认同，主要是文人士大夫的风雅生活，如笔墨纸砚、琴棋书画，他怎么会对房中术这么"低俗"的问题感兴趣，主要是缘于画，缘于明代的"春意儿"（春宫画）。他是从"春意儿"顺藤摸瓜，摸到上述三大块。

高罗佩的《秘戏图考》是此书的准备，他的基础材料是收在《秘戏图考》里。《秘戏图考》是他第二次出使东京时所写，《中国古代房内考》是他第三次出使东京时所写。两本书都是他在日本利用他在日本收集到的材料写的。《秘戏图考》附有《秘书十种》，就是基本的文献素材。其中有房中书，有明清小说摘抄，有春画题词。

高氏研究房中书，主要是追随叶德辉。他对叶德辉的死深抱惋惜。叶德辉在《双梅景闇丛书》中辑过《素女经》、《素女方》、《洞玄子》、《玉房秘诀》，主要来源是《医心方》。《医心方》是日本的医书，里面抄了不少失传的中国古书，很宝贵。高氏讲房中书，主要是利用叶氏的辑本，叶氏错，他也错，在考镜源流和文献校勘上没有太多贡献。但他指出，这些书还有更早的背景和更晚的延续，却很有眼光。

中国的房中书，我做过系统研究。《医心方》的引书，主要来源是道教的房中七经，房中七经前有《汉志》六书，《汉志》六书前有马王堆七书，可谓源远流长。我从我的研究发现，它们代表的传统是个绵延不绝的传统，即使传到明代也没有断绝。例如高氏搜集的明抄本《素女妙论》就是解读马王堆房中书的钥匙。

关于内丹术，高氏的讨论相对薄弱。最初，在《秘戏图考》中，他把中国的采战术看作性榨取。蒙克（Edvard Munch）的画就经常把女人画成吸血鬼。后来，高氏接受了李约瑟的批评，在《中国古代房内考》中，他又强调，这是一种"水火既济"之道，不是两伤，而是两利，对女性有利。其实，采战的评价，还是要从多妻制的背景来考虑，中心还是男性。高书对中印房中术的比较研究，很有意思。它们到底谁传谁，高氏说中国传印度，只是假说，但他说，中国的房中术年代早，有自己的独立起源，没错。中印房中术有相互影响，也值得研究。我写的《昙无谶传密教房中术考》就是对高书的补正。

　　小说这一块，主要反映的是明清时期的传统。小说中的房中术并不神秘，主要是"顺水推舟"、"隔山取火"、"倒浇蜡烛"这一套，很容易懂。大家读不懂，主要是淫器和春药。这次，我的论文，《角帽考——考古发现与明清小说的比较研究》，就是研究出土的淫器。这篇文章本来是应曹玮先生邀请，就秦帝陵博物馆的文物讲几句话，因为开这个会，我就拿它来凑数。杨权先生在会上说，我应该写一部《中国淫器考》。其实，我早就从这个阵地上撤下来了。

2010 年 11 月 5 日写于北京蓝旗营寓所

（原刊《读书》2011 年第 1 期，35–42 页）

孔家坡汉简《居官图》

# 中国最早的"升官图"
## ——说孔家坡汉简《日书》的
## 《居官图》及相关材料

　　中国的局戏，以博、弈最古老。《论语·阳货》："饱食终日，无所用心，难矣哉！不有博弈者乎，为之犹贤乎已。"孔子已经提到这两种游戏。弈是围棋，模仿包围反包围。古人把讲围棋的书归入兵书类，属于战斗类。象棋比它晚（定型于宋代），模仿两军对垒、破军杀将，也属这一类。这两种棋至今还流传于世。六博不一样，它靠博茕投彩，按固定线路和六十甲子的顺序行棋。古人讲博，常与塞并举。塞是博之变，汉代叫格五，也按固定线路和六十甲子的顺序行棋。可惜，这两种棋都已失传。它们仿天道运行，赌人世吉凶，近于式法选择。难怪汉代日书插图或有取自博、塞者。前者见于尹湾简牍的一枚木牍，学者叫"博局图"，[1] 后者见于孔家坡汉简《日书》的《天牢》篇，学者叫"天牢图"。[2] 最近我发现，这种所谓"天牢图"，其实应叫"居官图"。它与后世的"升官图"（一种棋）有类似之处。这里汇集有关材料，试作讨论。

---

〔1〕连云港市博物馆编《尹湾汉墓简牍》，北京：中华书局，1997年，125–126页。
〔2〕湖北省文物考古研究所、随州市考古队编《随州孔家坡汉墓简牍》，北京：文物出版社，2006年，图版：见100页；释文注释：见174–175页。

# 一、唐宋以来的"升官图"

明清以来，世俗局戏有所谓"升官图"[图1]，相传出自明倪元璐（不一定可靠）。这种游戏，棋局往往印在纸上。全图由三个同心方（类似同心圆，但不是圆圈，而是方框）组成，分内外三方，从白丁到三公（或五等爵），依次排列，由外向内转，有如螺旋（既有左旋者，也有右旋者）。这三个同心方，外方较低，中方其次，内方最高。其官阶随时代不同变化其名，如明代用明代官制，清代用清代官制，民国用民国官制，种类繁多，有很多玩法，真可谓宦海浮沉之象征，过去很流行。近来学者有介绍，可以找来看。[1]

明清"升官图"，唐、宋叫"骰子选格"、"骰子彩选格"或"彩选"、"彩选格"。《新唐书·艺文志》有唐李郃《骰子选格》（《宋史·艺文志》作《骰子彩选格》），《宋史·艺文志》有刘敞《汉官仪》（注："亦投子选也"）、赵明远《皇宋进士彩选》、王慎修《宣和彩选》、刘蒙叟《彩选格》，以及作者不详的《寻仙彩选》。[2]明钱希言《戏瑕》卷二说唐"房千里以叶子为升官图"，明谢肇淛《五杂俎》卷六也提到"唐李郃有《骰子选格》，宋刘蒙叟、杨亿等有《彩选格》，即今升官图也"。他们都说唐宋"选格"即明代的"升官图"。清赵翼《陔馀丛考》卷三三、梁章钜《浪迹丛谈》卷六有专文考之，也都承认这一点。

---

〔1〕苏同炳《岁朝乐事"升官图"》，《万象》第九卷第二期（2007年2月），1—6页；白化文《也说说"升官图"与"彩选"》，《万象》第十一卷第一期（2009年1月），38—47页。

〔2〕这五种书皆宋人著作。《汉官仪》可能是按汉代官制设计，《寻仙彩选》是道家的图。案：前人曾设想按历朝官制编绘升官图，道教和佛教的"选仙图"、"选佛图"是模仿世俗的"升官图"。参看清刘献廷《广阳杂记》卷四："予欲取两汉、魏晋南北朝、隋唐、宋元选举职官，各为《升官图》一纸，《升官图说》一册，置学舍中，节日暇时，病余课毕，以此消遣，久之而历朝选举、职官、考课、铨选之法，皆了了矣，亦读史之一助也，贤于博弈远矣。"明谢肇淛《五杂俎》卷六："诸戏之中，（升官图）最为俚俗。不知尹洙、张访诸公，何以为之？不一而足。至又有《选仙图》、《选佛图》，不足观矣。"

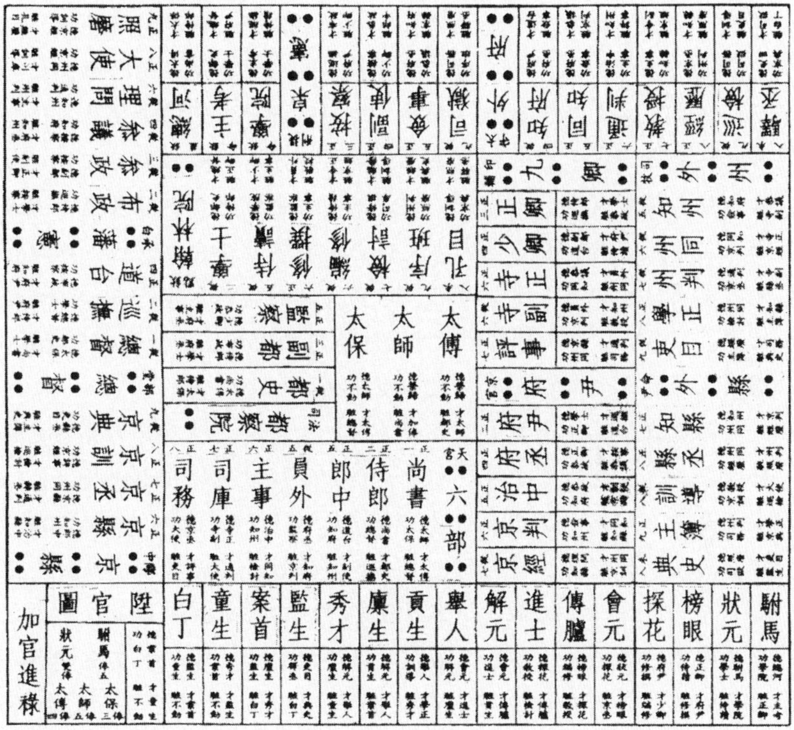

图1 明代"升官图"

"选格"的"选"是指赌选官运,"格"字则可能和汉代的"格五"有关。

唐房千里有《骰子选格序》(《全唐文》卷七六〇),可以说明这种游戏的特点:

> 古之序班位、列爵禄,非独以理万民、总百事也,用以别白贤不肖。尧为君,舜为相,其下有共、鲧焉;成王为君,周公为相,其下有管、

蔡焉。舜、周公之贵,非幸也,宜也;共、鲧、管、蔡之殛放,非不幸也,宜也。故贤者宜进之,虽已贵,益其禄、厚其爵不为幸;不肖者宜退之,虽已贱,夺其廪、削其秩不为欲。由是人用自励,迁善去恶,强奋自笃。后代衰微,升于上者不必贤,沉于下者不必愚。得不必功,失不必过。贤者知其善不足恃,耻比肩而趋,故贤未尝进;不肖者知其恶不果弃,惟奋臂而逞,故不肖未尝退。有贤者退,人虽心知之,卒无奈何,且曰非人也,命也;有不肖者进,人虽心知之,又无可奈何,亦曰非人也,命也。以是善不劝而恶不悛,率曰付诸命而已矣。果如是,圣人所谓仁义忠信者,何足道哉!姑徵其有命无命耳。悲夫!斯后代之不可复古,岂不由是也。

开成三年春,予自海上北徙,舟行次洞庭之阳,有风甚急,系船野浦下三日。遇二三子号进士者,以六骰双双为戏,更投局上,以数多少为进身职官之差数,丰贵而约贱。卒局,座客有为尉掾而止者,有贵为相臣将臣,有连得美名而后不振者,有始甚微而欻升于上位者。大凡得失,酷似前所谓不系贤不肖,但卜其偶不偶耳。达人以生死为劳息,万物为一马。果如是,吾今之贵者,安知其不果贱哉!彼真为贵者,乃数年之荣耳;吾今贵者,亦数刻之乐耳。虽久促稍异,其归于偶也同。列御寇叙穆天子梦游事,近者沉拾遗述枕中事,彼皆异类微物,且犹窃爵位以加人,或一瞬为数十岁。吾果斯人也。又安知数刻之乐,果不及数年之荣耶。因条所置进身职官迁黜之目,为《骰子选格》序。

唐宋以来,这种游戏千变万化,形式并不固定,但有个共同点始终未变,即赌选官职的升迁调降。

436

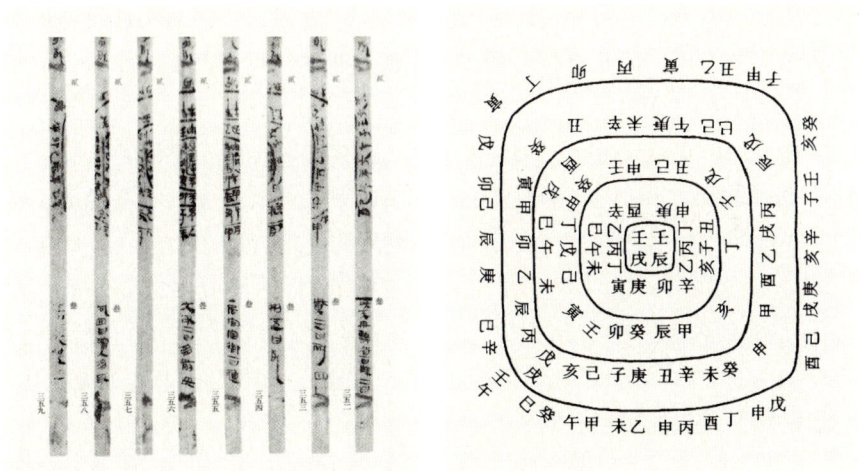

图2　孔家坡汉简《居官图》

图3　孔家坡汉简《居官图》示意

## 二、孔家坡汉简《居官图》

中国的"升官图"，是不是追到唐代就是头？现在看来并不是，其实早在汉代，甚至汉以前，就有类似游戏。

中国传统，士为四民之首，自汉以降，只有当官才能出人头地。当官，有升有降，升降不光靠本事，也靠运气。古人说的运气是什么，是冥冥之中运行的天道。孔家坡汉简《日书》有《天牢》篇，就是这种观念的反映。

此篇在孔家坡汉简《日书》的简352－359，有插图[图2、3]。这八支简分上中下三栏，图在第二栏（简352贰－359贰），文在第三栏（简352叁－359叁）。现在我把它的题目改了一下，叫《居官》，附图叫《居官图》。

我们先说图。这种图也见于北大汉简。北大汉简的图是由五个同心方层层相套，四隅有连线。对比北大汉简可知，这里省去了四隅连线和最外面的第五个方框。而且方框是画成椭方形。这里以甲子所在为东方，试做复原[图4]：

（1）第一节：甲子至丁卯（1—4），居东方第一层；戊辰至辛未（5—8），居东方第二层；壬申至甲戌，居东方第三层（9—11）；乙亥至丁丑（12—14），居南方第四层。然后转到东北隅的戊寅（15）。

（2）第二节：己卯至壬午（16—19），居北方第一层；癸未至丙戌（20—23），居南方第二层；丁亥至己丑（24—26），居南方第三层；庚寅至辛卯（27—28），居西方第四层；壬辰（29），居中心偏南，为第五层。然后转到西北隅的癸巳（30）。

（3）第三节：甲午至丁酉（31—34），居西方第一层；戊戌至辛丑（35—38），居西方第二层；壬寅至甲辰（39—41），居西方第三层；乙巳至丁未（42—44），居北方第四层。然后转到西南隅的戊申（45）。

（4）第四节：己酉至壬子（46—49），居南方第一层；癸丑至丙辰（50—53），居北方第二层；丁巳至己未（54—56），居北方第三层；庚申至辛酉（57—58），居东方第四层；壬戌（59）居中心偏北，为第五层。然后转到东南隅的癸亥（60）。

孔家坡汉简，是以甲子居上，北大汉简是以甲子居左，两者的排列不尽相同，但两者每一方向的第一行都是走四步，到第五步（即四隅所在）则转行，则是共同点。这种特点，古人叫"格五"。

简文对这幅图的说明是：

> 此天牢击（系）者，一曰除，二曰赏，三曰耐，四曰刑，五曰死。
> 居官、宦御：一曰进大取，二曰多前毋〔□，三曰□□□〕句，四曰深入多取，五曰臣代其主。

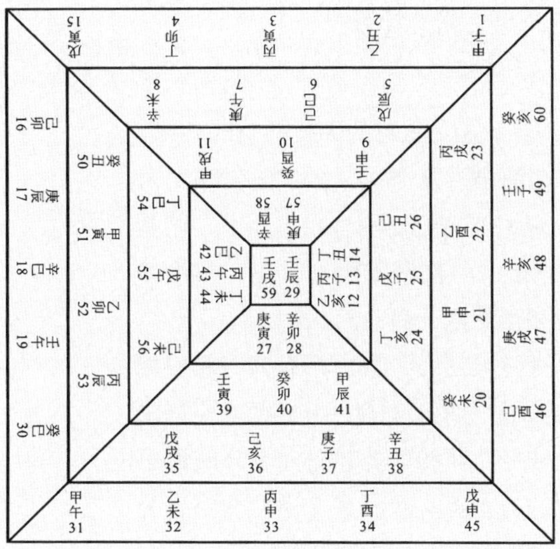

图 4 《居官图》复原

简文分两段：第一段，从"此"到"死"，"此"字上有黑色分章线，讲"天牢系"；第二段，从"居"到"主"，"居"字上有墨点，讲"居官、宦御"。[1]

原书释文是据篇首语补题。其实，这里的"天牢"并非天牢星，而是指官运不顺，有牢狱之灾。下文"居官"、"宦御"才是正常的升迁。升，好像一座金字塔（作覆斗形），可以一层一层往上爬，爬到塔顶；降，好像一口深井（作仰斗形），搞不好，会掉到井底。同一幅图，可以有两种视觉效果。

简文讲居官为吏者的五升五降：五升包括五步：进大取→多前毋□→□□□句→深入多取→臣代其主。五降也包括五步：除（免职）→赀（罚钱）→耐（轻刑，剃发剃须）→刑（重型，墨、劓、宫、腓）→死（死刑）。升降互为逆过程，既可位极人臣，也可丢官丢命。

"居官"，是对"居家"而言，指仕宦为吏。《史记·龟策列传》和双古堆汉简《周易》都有这个词。"宦御"，即古书常见的"官御"，指居官御事。这两个词，大体相当后世选择书的"临官立政"。

我认为，这种图，与其称为"天牢图"，不如称为"居官图"。

--------

[1] 简文"二日"后漏抄"三日"，原来的释文是以"二日多前毋句，四日深入多取"为句，今查图版，"毋"字在简356叁的最后，"句"字在简358叁的开头，中间的简357叁是空白，正好应补"〔□，三日□□□〕"。

## 三、与王家台秦简《政事之常》比较

中国古代的书常常有图。比如《汉书·艺文志》的书，兵书、数术、方技，凡是讲技术的书，都喜欢附图。"图书"这个词，至今还在用。

古代的图，有些以图为主，没有字或只有题记；有些以书为主，图是插图；还有一类是文随图走，按图形分布，与图紧密结合，图、书没法分。如王家台秦简《政事之常》[图5]就属于最后一种。

王家台秦简《政事之常》，正式材料尚未发表，目前只有简报和发掘者王明钦先生的介绍。[1]王文说，这篇简文"共65支简，其中两支空简未编号。其形式是用直线、斜线画成图表，然后书写文字。文字分四圈书写，图表中间书写'员（圆）以生枋（方），正（政）事之常'八字，分正反两个方向书写两遍。其余三圈分十二部分书写，文字朝四个方向，每面书写三组（参见图一）。由内到外，第二圈书写的内容与睡虎地秦简《为吏之道》中之'处如资，言如盟……不时怒，民将姚（逃）去'一段相同，但文字顺序略有差异，排列顺序也不尽相同。"

睡虎地秦简《为吏之道》包括九章。前七章讲吏德吏治，后两章附抄魏律。其第六章从内容和韵脚看，可分12段：

1. 处如资，言如盟，出则敬，毋施当，昭如有光。[2]
2. 施而喜之，敬而起之，惠以聚之，宽以治之。
3. 有严不治，与民有期，安骀（趋）而步，毋使民惧。[3]
4. 疾而毋誀，简而毋鄙，当务而治，不有可菑。

〔1〕荆州地区博物馆《江陵王家台15号秦墓》，《文物》1995年第1期，37—43页；王明钦《王家台秦墓竹简概述》，收入艾兰、邢文编《新出简帛研究》，北京：文物出版社，2004年，26—49页。
〔2〕据王文介绍，《政事之常》"资"作"梁"，"施当"作"襚张"，"昭"作"炤"。
〔3〕据王文介绍，《政事之常》"骀"作"殹"，"使"作"事"，"惧"作"溥"。

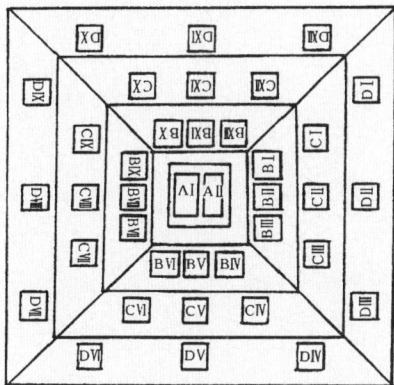

图5 王家台秦简《政事之常》的图式

5. 劳有成既，事有几时。

6. 治则敬自赖之，施而息之，犪而牧之。

7. 听其有矢，从而贼（则）之，因而徵之，将而兴之，虽有高山，鼓而乘之。

8. 民之既教，上亦毋骄，敦道毋治，发正乱昭。

9. 安而行之，使民望之，道伤（易）车利，精而勿致。[1]

10. 兴之必疾，夜以楼（接）日，观民之诈，罔服必固。

11. 地脩城固，民心乃宁。百事既成，民心既宁。既毋后忧，从政之经。

12. 不时怒，民将姚（逃）去。[2]

王家台秦简《政事之常》，也是五方相套。中心的方格，有正反各八字："员（圆）以生枋（方），正（政）事之常"，形式类似楚帛书的内文。外面的四个方格，有三圈文字，一圈同《为吏之道》第六章，另外两圈是解释这一章。这篇简文，图式与上《居官图》相似，但它是按每层12节，东南西北各三节排列，共36节，而不是按六十甲子排列。

这篇简文为什么把《为吏之道》和《为吏之道》的说明按四方十二位分三圈排列，原因很简单，《为吏之道》是讲"从政之经"，《居官图》是讲"居官"。"为吏"也好，"从政"也好，"居官"也好，都是讲当官，两者有共同的主题。

我怀疑，《政事之常》是把《为吏之道》和《为吏之道》的说明当卜

---

[1] 据王文介绍，《政事之常》"使"作"事"，"伤"作"易"，"精"作"静"。

[2] 据王文介绍，《政事之常》的最后两段是作：(1)"地修城固，民心乃殷，不时而怒，民将逃去"；(2)"百事既成，民心乃宁，〔既无〕后忧，从政之经"。

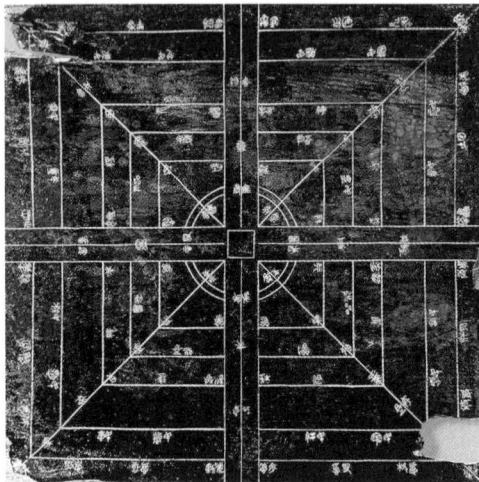

图6 左冢棋局

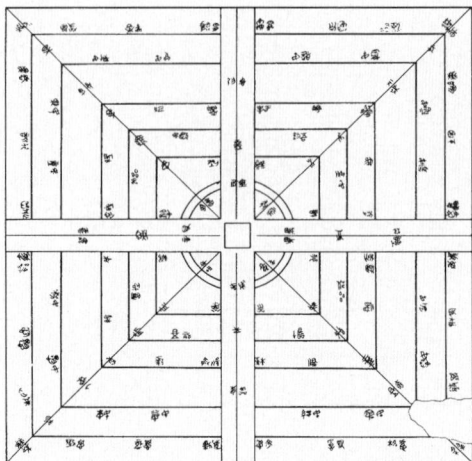

图7 左冢棋局摹本

问的繇辞，主要用途是卜问官运，作用有如《周易》的卦爻辞，也可视为一种"升官图"。

这是秦代的"升官图"。

## 四、与左冢棋局比较

左冢楚墓位于湖北荆门市五里铺。2000年，此墓出土了一件棋局（照片见图6，摹本见图7）。[1] 棋局中央是个圆圈，外面有六个同心方层层相套，正合"圆以生方"。方框的四正有四正道，作＋形；有四隅线，作

---

[1] 湖北省文物考古研究所编《荆门左冢楚墓》，北京:文物出版社，2006年，179–185页，摹本，见185–189页，图一三〇～一三二，照片见彩版四三。

×形。两者交叉，作米字形。

其文字分八组，有些字难以释读，今折中众说，重释如下：[1]

（一）六个方框内的文字（从内到外读）

1. 典信恻（则）义，法型尚（常）兼（永）。（第一方框内，字朝内）

2. 叁（三）强民盍（狎），叁（三）弱迅厤（速）；吾（五）弱敍民，吾（五）强人（仁）善。（第二方框内，字朝内）

3. 絎（纲）纪经絎（纬）。[2] 逆训（顺）启闭（闭）。槿（权）繲（衡）楑（规）[illegible]（矩）。[3] 吁（虚）恖（聪）圣（听）裕，恭誓（慎）智（知）罡（足）。（第三方框内，字朝内）

4. 无字（第四方框内）。

5. 民启民畛（敛），[4] 民瞖（昏）民惃。民穷民紾（陵），民惓（倦）民患。民恻（则）民勑（赖），民童民柔。民兇民凶，民絟（噤）民憯。（第五方框内，字朝外）

6. 康缅（湎）困土（杜），蠡（僭）忧（越）肙（怨）咸（嗔）。[5] 贠肝襄（攘）敓（夺），慮料得惛。余（徐）忽（忍）速解，惎（期）恒息毁。伓（不）剸（断）恻（贼）念（贪），溺鱻（逸）犴（狂）刚（妄）。行训（顺）虐煴（温），棠（常）爰杏（本）丵。豫畕剌峇，亢（荒）念（诞）訏溢。（第六方框内，字朝外）

〔1〕各家考释，文繁不具引，可参看朱晓雪《左冢漆局文字汇释》，复旦出土文献与古文字中心网站，2009 年 11 月 10 日。案：各家多就字论字，今据文义串读之，一律作四字句。

〔2〕此句第四字同第一字，应属抄误，从文义看，应是“纬”字之误。

〔3〕此句第四字不识，从文义看，应相当“矩”字。

〔4〕“畛”，与启相反，《史记 · 龟策列传》即以畛为敛，与开相对。

〔5〕子弹库楚帛书残片“〔亓〕味鹹”，“鹹”字从此。参看李零《简帛古书与学术源流》，北京：三联书店，2007 年，图版六。

（二）四正道上的文字（从内到外读）

1. 齐敩得音，事耆毁聹。[1]（圆圈内，字朝内）

2. 坪（平）窑（宁）长成。（第二方框内，字朝内）

3. 德弱恒智（知），植（德）刚（强）謤（默）共（恭）。（第四方框内，字朝内）

（三）四隅线上的文字（从内到外读）

1. 鲁（黾）德德屯（纯），民甬（用）亚（恶）美。（圆圈内，字朝内）

2. 德（得）时厃（渡）水。（第一方框内，字朝内）

3. 猨（衰）幾鳦（瘝）卒。[2]（第二方框内，字朝内）

4. 安奠（定）和胁（协）。（第三方框内，字朝内）

5. 幾鬼吾鬶（乱），幾人幾天。（第四方框内，字朝内）

6. 果□利恶（愿）。（第五方框内，字朝内）

7. □□义摇，汏（泰）濊濊牝。（第六方框内，字朝外）

上述文字，虽然不可尽识，但大义犹可窥见，内容似与吏治、吏德有关，有顺有逆，有吉有凶。台湾大学的黄儒宣博士已指出，"左冢棋局有一栏专讲民之性情与行为的文字，与王家台秦简《政事之常》之图文似有相通之处"。[3] 其实，如果用孔家坡汉简《居官图》作解读线索，结果更明朗。三者的共同点是，它们都是用来赌官运。

我们似可认为，这也是一种"升官图"。

这件棋局算什么棋？黄儒宣博士猜测，属于古代的塞戏。

黄博士的主要论点是：

---

[1] 此句第二字，从老从古，相当"胡耇"之"胡"。

[2] 幾可训尽，与终相近，瘝可训败，与衰相近。

[3] 黄儒宣《左冢棋局性质研究》（作者赐示文稿）。

444

1. 塞与博相似，可能是博的变种，但博用荦、博，塞不用荦、博。如《庄子·骈拇》提到"博塞以游"，成玄英疏："不投荦曰塞。"《汉书·吾丘寿王传》提到"吾丘寿王以善格五待诏"，颜注引苏林曰："博之类，不用箭，但用枭、散。""箭"即博，"枭、散"即棋。

2. 塞亦作簺，《说文解字·竹部》："行棋相塞谓之簺。"

3. 塞也叫格五，《汉书·吾丘寿王传》颜注引孟康曰："行伍相格，故言格。"引刘德曰："格五，横行。《塞法》曰：簺、白、乘、五，至五，格不得行，故云格五。"鲍宏《簺经》也说"簺有四采，塞、白、乘、五是也。至五即格，不得行，故谓之格五。"

4. 塞有棋子（零案：此条与第一条矛盾），东汉边韶《塞赋》说"棋有十二"，《南齐书·沈文季传》说"簺用五子"。

5. 塞有四正道，《塞赋》称"四道交正"。

6. 塞的行棋特点是"至五即格，不得行"（《塞经》），"行必正直，合道中也；趋隅方折，礼之容也"（《塞赋》）。

7. 塞的棋局是由五个同心方组成，这种设计是仿射侯（箭靶）。古代射侯是由五个同心方组成，施以五色（零案：现代靶纸是用十个同心圆），《淮南子·兵略》把箭靶叫"格的"，塞棋又称"格五"，"格"字的含义取于此。

黄博士的讨论很有启发性。我也倾向认为，左冢棋局属于早期的塞戏。但问题是，汉以前的塞戏未必与汉代全同。

这里，我们要注意：

第一，孔家坡汉简和北大汉简的干支排序，其外圈第一行确实是走四步，然后换行，似乎更符合"格五"的规则，这两种图当出自汉代的"格五"，大概没有问题，问题是左冢棋局的行棋，我们还不得而知，我们从棋局设计看，恐怕未必如此。

第二，孔家坡汉简、北大汉简的图是五个同心方、60干支，左冢的图式不是，而是一圆加六方，没有干支，只有文字，文字标题的位数为108，两者并不一样。

第三，塞棋五方与射侯五方确实相似。但古人说"行棋相塞"、"格不得行"，格是捍格之义，塞是阻塞之义，含义相通。"格的"之"格"不会是此义。它与"格五"之"格"是什么关系，还值得探讨。如果说格五是仿射侯，则格塞之义必为后起。

看来，问题还要进一步研究。


# 五、其他类似图案


## （一）东沿村画像石上的棋局 [图8]

汉画像石经常有表现博戏的画面，哪些是博，哪些是塞，还值得讨论。

比如上引黄儒宣文提到，1986年江苏铜山县汉王乡东沿村出土过一件东汉元和三年（公元86年）的画像石，现藏徐州汉画像石艺术博物馆，[1] 就很值得注意。

这件画像石，学者称为"六博、乐舞画像"。黄儒宣注意到，"此画像石的棋局是由数个方框组合而成，左侧的中间部位，还依稀可见一横画与方框的线条垂直"。但未作深入讨论。

这件棋局确实与众不同，到底属于博，还是塞，值得讨论。我仔细看了一下，发现有些细节还可补充：

第一，我们要注意，这件博局的下方仍有六博，实与博同。

第二，博局中间的"方"，一般只有一个方框（也有作两方者），但它

---

[1] 中国画像石全集编辑委员会编《中国画像石全集》4，济南：山东美术出版社，2000年，图版一二：六博、乐舞画像。

图8　东沿村画像石

却用四个同心方层层相套，四个同心方外，还有四边，等于五方相套，除了没有画出四维线（注意：不画不等于没有），与孔家坡汉简和北大汉简的图式大体相近，似乎又可视为塞。

第三，有趣的是，第四方和第五方之间空间较大，仔细观察，还标有四个T形纹和四个L形纹（右下角和左下角的两个L形纹被下棋人的手掩盖中。四隅的V形纹看不清，可能被省略。

这个棋局似乎折中了博、塞两者的特点。

古代，博、塞是相近的两类，两类之中，可能又有细别。如六博，见于中山王墓，就有两种棋局。[1] 上述图式，不同时期可能也有很多种。我们对它的复杂性要有充分估计：汉代与秦不同，与战国不同，就是同一时

[1] 李零《跋中山王墓出土的六博棋局——与尹湾〈博局占〉的设计比较》，收入氏著《入山与出塞》，北京：文物出版社，2004年，177—186页。

代，可能也有若干变种。

## （二）五花城出土的铭文砖 [图9、10]

汉代的类似图案还见于一块汉砖，也值得介绍一下，或有参考价值。这块汉砖出土于河北秦皇岛市山海关西4公里高建乡的一座古城，俗称"五花城"，学者认为，即西汉的临渝古城。[1]

其纹饰由大小两个方框、两条交叉线（四维线）和五个圆圈组成，铭文用模具制作，文字反印，我把翻转过来的铭文释读如下：

往朔方，诸胡辟（避）。（A1、A2）
尌（树）孝道，□银艾（艾）。（A3、A4）
宜后世，安祖先。（B1、B2）
借精神，寿万年。（B3、B4）

铭文三字一句，字体方方正正，有点类似汉代铜器或印章上的铭文。铭文分两套：一套以辟（锡部）、艾（月部）通叶，一套以先（文部）、年（真部）通叶。"银艾"，艾字从艸从又，见《龙龛手鉴·草部》，是艾字的俗体。这种写法流行于唐代，[2] 现在看来，早在汉代就有。它上面的字，看不清，可能是腰佩、腰缩或赐赏一类意思。《后汉书·张奂传》："吾前后仕进，十要（腰）银艾，不能和光同尘，为谗邪所忌。"《旧唐书·魏玄同传》："今贵戚子弟，例早求官，髫龀之年，已腰银艾，或童丱之岁，已袭朱紫。"汉代官印分金、银、铜三等。金印紫绶为丞相、太尉一类高官所佩，银印青绶为秩比二千石以上所佩，铜

---

〔1〕山海关长城博物馆编《山海关长城博物馆》，北京：文物出版社，2009年，32—33页。
〔2〕参看秦公《碑别字新编》，北京：文物出版社，1985年，30页；张涌泉《敦煌俗字研究》，上海：
　　上海教育出版社，1996年，502—503页。

图9　五花城铭文砖（原件为反文）

图10　五花城铭文砖文字反转效果图

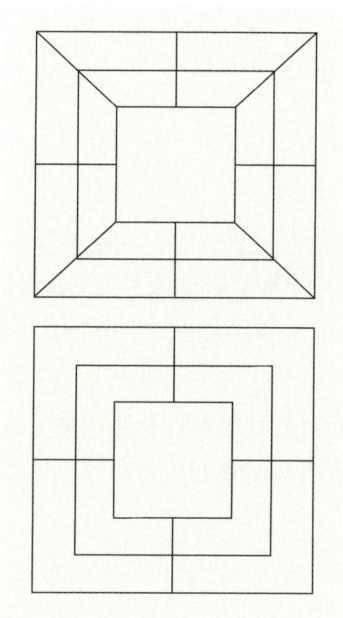

图11　欧洲九子棋棋局

印黑绶为秩比六百石以上所佩，铜印黄绶为秩比二百石以上所佩（见《汉书·百官公卿表上》）。金印紫绶也叫"金紫"，银印青绶也叫"银艾"。"银艾"即"银青"。

### （三）九子棋

上述棋局，可谓巧具心思。这种棋局，不但中国有，西方也有类似设计。比如传出埃及的九子棋（或译"九连棋"，莎翁《仲夏夜之梦》也提到）就是采用类似的棋局［图11］。

《不列颠百科全书》有Nine Men's

Morris 条，[1] 中文版的解释是：

> 九连棋，又作 Morris，Morelles，Merelles，Merels，Mill 或 the Mill。古老棋类游戏。14 世纪盛行于欧洲，现以不同形式流行于世界。棋盘上绘有 3 层同心方格，加上若干截线，形成 24 个交叉点。现代玩法一般不用斜线。二人对弈，每人 9 子，轮流将子置于交叉点上，力图使 3 子连成一线，称为三连，即可吃掉对方 1 子，但不可吃已形成三连的子。9 子都已用上以后，继续轮流走子，目的依旧。1 子从三连中走出后，仍可回到原位组成新的三连。将敌子吃得只剩 2 子时即为胜。

这种棋的棋局和中国的塞棋相似，特点是9子24点。一种有斜线，一种没有。有趣的是，它也流行于中国。

最近，美国加州大学洛杉矶分校的李旻先生在山东做调查，寄我照片（2009年11月10日来信附）：

## 1．九龙山上的棋局刻纹 [图12—14]

见于山东曲阜九龙山的3号圩寨，图形与上《居官图》相似，是用三个同心方相套，既有四正线，也有四隅线。李旻先生在电子邮件中说："九龙山3号圩寨在马鞍山、孟母林正东，在山下能清晰看到一段石寨墙，上去之后穿越许多石屋的残垣断壁，到圩寨的东端，刻石在距离东墙一两米的岩面上（图上白框附近）。刻石周围岩面直接被切断，初步印象是圩寨和石屋建筑采石活动晚于刻石时间，刻石的原始地貌已经被圩寨活动局部破坏了。"

---

[1]《不列颠百科全书》国际中文版，北京：中国大百科全书出版社，2002 年，第 12 卷，179 页。

图 12　九龙山的 3 号圩寨（中间的小山）

图 13　九龙山棋局

图 14　九龙山棋局近景

图15 泰山棋局一：老虎棋

图16 泰山棋局二：九子棋

图17 泰山棋局三：象棋

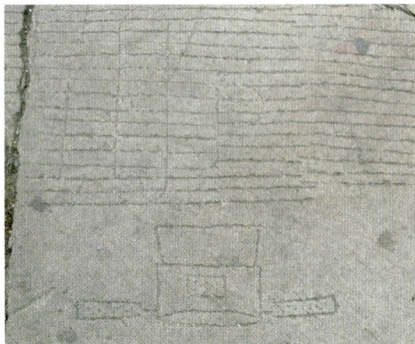

图18 泰山棋局四：升官图（？）

**2. 泰山上的棋局刻纹** [图15—18]

一共有四件。李旻先生来信说："与你们见面后，我在泰山顶天街上也看到了一处同样的刻石盘，在没有被现代整修覆盖住的古岩面上，与中国象棋盘、其他局盘和一顶乌纱帽的'漫画'一起刻成，技术风格和图像风格都是宋到晚近的。"

上述棋局，第一件由四个米字格构成，应属老虎棋（有很多种）；第二件同九龙山的棋局，应属九子棋；第三件是象棋的棋局；第四件作九宫格，在四正宫上加刻半圆形凸起（注意：这件棋局的横线容易和石材上的錾刻纹混淆，每个方格内或半圆内的两道横线，其实不是棋局的线），下附官帽，可能是升官图的某种变形。这四件棋局是刻在同一块地面上。它们的刻制时间应大致相同，确实是晚近的作品。

九子棋，现在仍流行，有很多变种，如直棋、连棋、顶棋、三连星棋、丁字棋、花窗棋和五重棋。[1] 五重棋的棋局更像汉代的塞棋。

这类棋，新疆、青海、宁夏、甘肃和西藏有，内地各省也有，名称各异，花样繁多。

它们和欧洲九子棋是什么关系，是个值得研究的问题。

2010 年 12 月 21 日写于北京蓝旗营寓所

（原刊《文物》2011 年第 5 期，68-79 页）

补记：

泰山南天门旁有一石块，上亦刻有老虎棋、九子棋的棋局各一。

---

[1] 参看中国青年出版社编《棋类大全》，北京：中国青年出版社，1989 年，58−61、82−83、85−86 页；周化梧《民间棋类 100 种》，北京：金盾出版社，1997 年，153−162 页；谈祥柏《中外民间杂棋集锦》，北京：中国少年儿童出版社，1998 年，69−73 页。

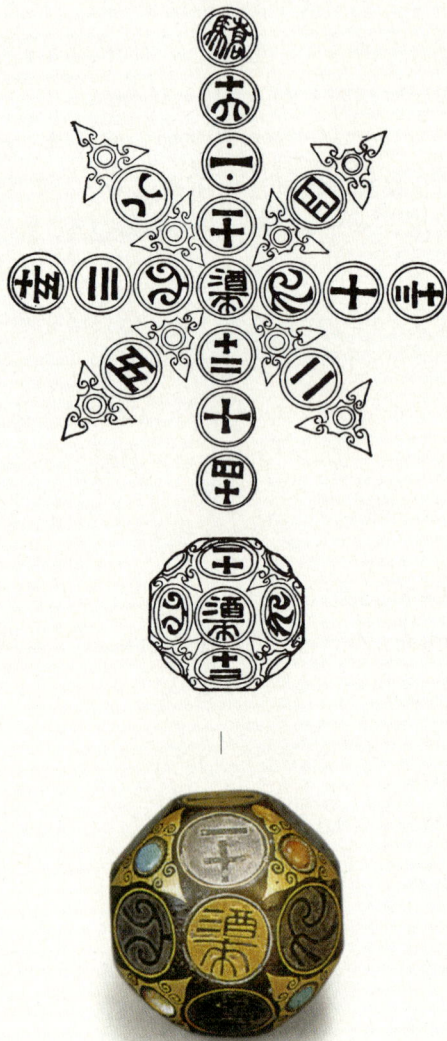

图1　满城汉墓出土的铜骰及线图

# 说骰
## ——从满城汉墓出土的酒骰和
## "宫中行乐钱"说起

骰子是赌具，古今中外，样子都差不多。[1] 古人呼为骰子者，宋以来也叫色子。色子是取其用不同点色标志骰子的各面，如六面体以红一对黑六，黑二对黑五，黑三对红四；骰子则取其投掷之义，赌博时，以骰子投于骰盆，视其点色定彩头。

这种赌具，有四面体（每面为三角形）、六面体（每面为正方形）和增加切削面因而近似球形的多面体。四面体少见，六面体最多。出土发现，战国秦汉的骰子多作十四面体或二十六面体，属球形多面体。增加切削面，目的是增加选择的机遇。

出土骰子，按用途分，可以分为两类：一类是博茕，用于博塞（六博棋和塞棋）类的棋戏；一类是酒骰，用于喝酒行令。

1968年，满城汉墓2号墓（窦绾墓）出土过一件迄今所见最漂亮的骰子 [图1]和40枚带铭文的"宫中行乐钱" [图2]。[2] 两者是什么关系，耐人寻味。

我们先说墓中出土的骰子，然后再讲同出的"宫中行乐钱"。

---

〔1〕 Colin Mackenzie and Irving Finkel (ed.)，*Asian Games: The Art of Contest*, Asian Society, 2004.

〔2〕 中国社会科学院考古研究所、河北省文物管理处《满城汉墓发掘报告》，北京：文物出版社，1980 年，271—273 页。

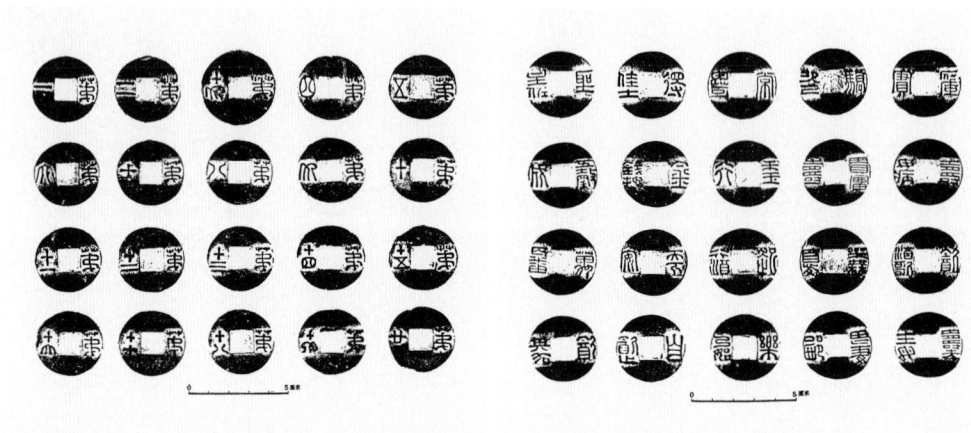

图 2 满城汉墓出土的"宫中行乐钱"拓本（从上到下横读）

## （一）酒骰

出土报告的描述是：

铜骰　1件(2:3064)，与"宫中行乐钱"同出。通体错金银。共十八面，分别错出篆书或隶书"一"至"十六"以及"酒来"和"骄"字（后二面对称）。"一、三、七、十、骄、酒来"等六面为错金地错银一周，另十二面为嵌银地错金一周。在各面孔隙间，用金丝错出三角卷云纹，中心镶嵌绿松石或红玛瑙。骰径 2.2 厘米（图一八五；图版一八六，2）。

骰子见于著录和出土还有五件，既有铜制的，也有木制的。[1] 这

<hr>

[1] 同前页注释 1。

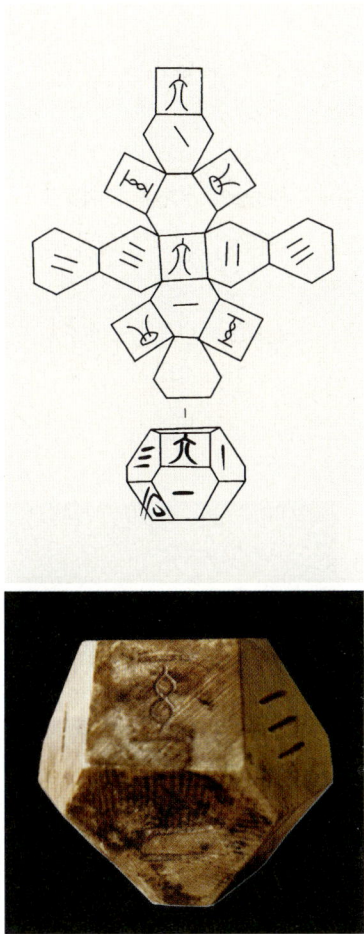

图 3　西辛大墓出土的骨骰及线图

件铜骰可能是和"宫中行乐钱"配合使用的，应是一套行酒令的玩物。[1]

这里举六个例子，做一点比较。

1．西辛大墓出土战国骨骰 [图3][2]

2004年，山东青州西辛战国大墓出土。这件骨骰（P2:5），简报说是牙质。它有14个切削面。顶、底两面为六边形，无字。腹部十二面分两层，六个六边形，六个正方形，两两相错，分别标注两套数字"一"至"六"。同出有所谓"博具"21件（P2:6），作方形小木块，每件上面有数字。[3]这件骨骰，可能是一件博芫。两套数字可能与六博十二棋黑白各六相应。

---

〔1〕这五件骰子见报告273页注①。它们是：（1）《陶斋吉金录》卷七第十一页著录的铜骰；（2）《奇觚室吉金文述》卷十一第二十八页至二十九页著录的铜骰；（3）1948年西汉汉城遗址内出土的骰子（见陈直《两汉经济史料论丛》140页）；（4）1973年江陵凤凰山十号墓出土的木骰；（5）1973年长沙马王堆3号墓出土的木骰。案：报告所说铭文应属篆书。福开森《历代吉金著录目》（北京：中国书店，1991年）1169页著录过四件这类器物，除《陶斋吉金录》和《奇觚室吉金文述》著录的两件，还有《小校经阁金文》卷十三第三十七页和《汉金文录》卷四第二十五页著录的两件，或称弹丸，或称鞠，或称博局，并且江陵凤凰山8号墓也出土过这种器物。

〔2〕山东省文物考古研究所、青州市博物馆《山东青州西辛战国墓发掘简报》，《文物》2014年9期，4–32页，27页：图五八，29页：图六七。

〔3〕承青州市博物馆王瑞霞馆长提供照片，这些小木块，三枚标数字"一"，两枚标数字"二"，四枚标数字"六"，三枚标数字"八"，五枚标数字"十"，还有四枚无字。

2．秦始皇陵园出土秦代石骰[图4][1]

1977年，秦始皇陵园北秦建筑遗址内出土，系用青灰色砂石雕刻打磨而成，和前者类似，也是十四面体，只不过把刻写铭文的十二面一律改造成略凹的圆形。摹本上的文字，是由"骄"、"男妻"和数字"一"至"十二"组成。这件石骰，估计也是一件博荚。数字十二等于两套六。

3．临淄大武齐王墓随葬坑出土西汉铜骰[图5][2]

1978年，山东淄博市临淄区大武乡窝托村齐王墓随葬坑5号坑出土，两件，简报发表的线图是其中一件（5:27）。器物中空，有二十六个切削面。上下各有两个圆形面。腹部二十四面分三层，每层各八面。上下两层分别由四个圆形面和四个三角形面构成，中间一层由八个圆形面构成。圆形面是由方形面改制。学者把这种形制称为十八面体。所谓十八面体仅指带字的圆形面，没算不带字的三角形面。若加上三角形面，其实是二十六面体。带字的十八面，顶铭"骄"，底铭"畏妻"，腹部十六面分别标数字"一"至"十六"。无字的三角形面铸Y形镂孔。

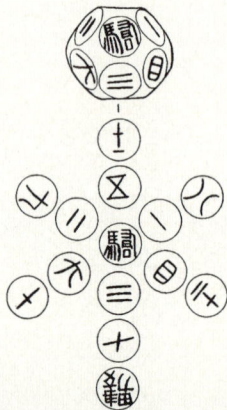

图4　秦始皇陵园出土的石骰及线图

〔1〕程学华《秦始皇陵园发现的"明琼"》，《文博》1986年2期，66页。案：最近，秦始皇帝陵博物院的杨欢同志对这件博荚的制作工艺进行了分析，写成《秦始皇帝陵园出土石博荚制作工艺之蠡测》（作者所赠待刊电子文稿）。

〔2〕山东省淄博市博物馆《西汉齐王墓随葬器物坑》，《考古学报》1985年2期，223-266页，线图见241页，图一七。

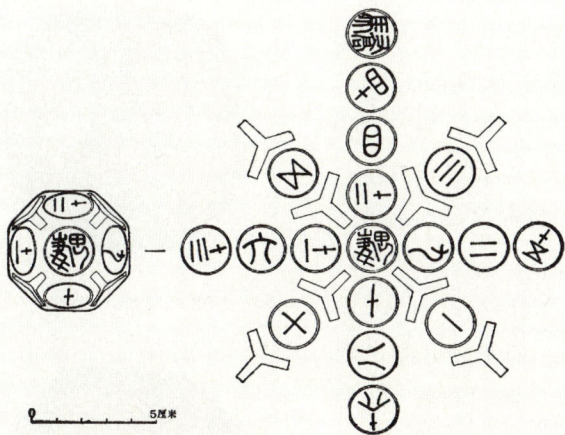

图 5　大武齐王墓出土的铜骰及线图

图 6　山东省博物馆藏铜骰

图 7　海外收藏的铜骰

4．山东省博物馆藏西汉铜骰 [图6][1]

此器为陈介祺旧藏，[2] 亦中空，二十六面，形制与上同。唯一不同，是把三角形面的三个角各镂一孔。铭文也大体相同，只是数字排列不尽相同。

5．海外收藏的错金银西汉铜骰 [图7][3]

与满城汉墓所出最相似，也是二十六面，也是错金银、镶嵌宝石，顶铭也是"骄"，底铭也是"酒来"。但有一点不同，它除了在三角形面的中央镶嵌一粒红宝石，还在它的三个角，即例4镂空处，各镶一粒绿松石。

[1] 承山东省博物馆卫松涛同志提供材料和信息。

[2] 此器即上《奇觚室吉金文述》所著录。

[3] 注 1 引 书 p. 43, fig.2:8, a–b; 2:9。

6. 马王堆3号汉墓出土西汉漆木骰 [图8]

出于一件漆木盒内，盒内还有博局一，直食棋20枚，博棋黑白各6枚，博筹42枚，象牙削和裁刀各一，可见这是一枚博茕。其"畏妻"二字，"畏"字的写法类似"男"。

二十六面体怎样切削，可参看"独孤信二十六面体煤精石组印" [图9]。[1]

上述各例，数字排列不尽相同，似乎没有固定规律。铭文可分两个系统，凡带"骄"字和"酒来"者显然是酒骰，带"骄"字和"畏妻"者有两种可能，既可能是博茕，也可能是酒骰，如下"宫中行乐钱"有"畏妻"，就是属于酒令中的话，而例6与博具同出，则显然是博茕。"畏妻"，秦始皇陵园所出，摹本作"男妻"，比较奇怪，我请秦始皇帝陵博物院的杨欢同志替我到库房核验，这两个字已看不清。我怀疑，摹本失真，原本作"畏妻"。观图8可知，"畏"字比较草率的写法，确实与"男"相似。

图8 马王堆3号墓出土的漆木骰

图9 独孤信煤精石组印

(二) "宫中行乐钱"

报告的描述是：

"宫中行乐钱" 共40枚（2:3023）。出于中室南区中部。方孔无廓，

--------

[1] 旬阳县博物馆《旬阳出土的独孤信多面体煤精组印》，《文博》1985年2期，95—96页。

460

正面铸篆体阳文,背面平。直径3.3厘米。其中二十枚分别铸"第一"至"廿"字样(缺"第三",但多一枚"第十九",钱样较大,直径3.7厘米,用以补"第三"之缺,可见当时此类铜钱不只一套);另二十枚,铸韵语一首,二十句,每钱铸一句,句三字或四字(图一八三、一八四;图版一八六,1)。出土时已经散乱,依韵脚和文意整理,录文如下:

第一,圣主佐,第二,得佳士,第三,常毋苛,第四,骄次己,第五,府库实,第六,五谷成,第七,金钱扡,第八,珠玉行,第九,贵富寿,第十,寿毋病,第十一,万民番,第十二,天下安,第十三,起行酒,第十四,乐毋忧,第十五,饮酒歌,第十六,饮其加,第十七,自饮止,第十八,乐乃始,第十九,田田妻鄙,第廿,寿夫王母("骄次己"疑读骄次己,"扡"疑读为施,"番"假为"蕃","乐乃始"谓奏乐开始,"妻鄙"犹言妻党、妻族,"田田"蕃盛貌)。

这40枚铜钱的前一半是数字,释文准确;后一半是酒令,释文不够准确,特别是排列顺序有问题,我请梁鉴同志代为摄影[图10],重新排序(从上到下、从右到左读),今据新排顺序,把酒令部分改释如下:

骄次(恣)己(忌),常毋苛。

得佳士,圣主佐。

五谷成,万民番(蕃)。

府库实,天下安。

朱(珠)玉行,金钱扡(施)。

贵富寿,饮酒歌。

寿毋病,饮其加。

起行酒,乐乃始。

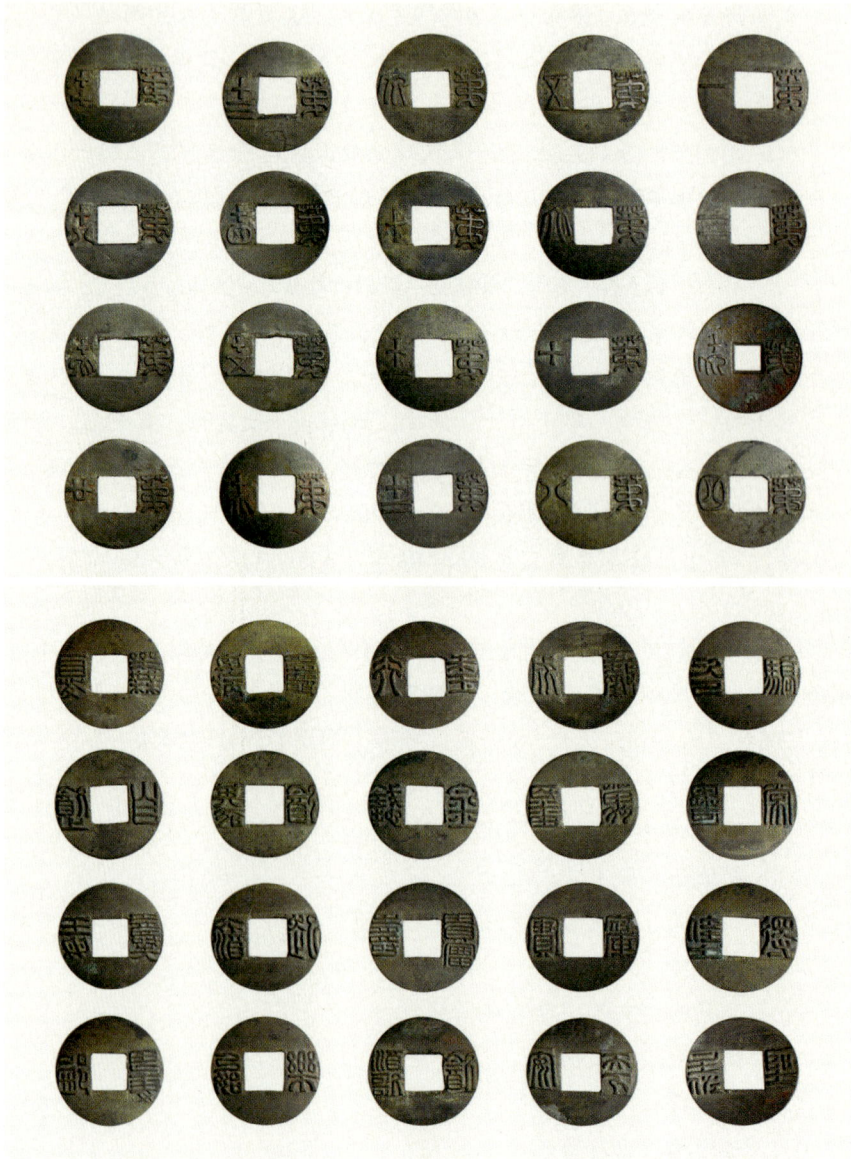

图10　满城汉墓出土的"宫中行乐钱"（梁鉴摄）

乐毋忧，自饮止。

寿夫王母畏妻鄙（副）。

这篇铭文是行酒的酒令，前十八句皆三字句，只有尾句是七字句。[1]
现在的排列是参考了韵脚，苛、佐是歌部，蕃、安是元部，施、歌是歌
部、始、止、鄙是之部。

铭文前一半讲盛世，后一半讲喝酒，意思大体清楚。"骄恣忌，常毋
苛"云云，是说圣明的君主切忌傲慢放纵，毋施苛政于下，这样才能得
良士为佐，五谷丰登，万民蕃息，府库充盈，天下安定，财货流通。"贵
富寿，饮酒歌"云云，是说对酒当歌，彼此祝福，祝大富大贵，祝长寿无
病，喝酒是行乐，但不要乐极生悲，要自知酒量，有所节制。最后一句，
比较难懂，可能是祝自己的妻子寿比王母。"寿夫王母"犹"寿彼王母"。
"畏妻"不一定是可怕的老婆，而是可敬的太太。"鄙"疑读副，意思是
相称。鄙是帮母之部字，副是滂母职部字，古音相近可通假。过去，李学
勤先生把"畏妻"当一个字，以为相当"媿"字，与"骄"字相反，[2]但
从钱铭看，显然是两个字。

我理解，上述钱铭，头两句以"骄"字开头，是对应于酒骰的"骄"
字；最后一句的"畏妻"二字，是对应于酒骰的"畏妻"；中间16句，是
对应于酒骰的16个数字。

这也就是说，上述酒骰和酒令是配套使用。

2015 年 11 月 5 日写于北京蓝旗营寓所

〔1〕西汉韵语流行三字句、四字句和七字句，五字句流行比较晚。
〔2〕熊传新《谈马王堆三号汉墓出土的陆博》（《文物》1979 年 4 期，35—39 页）引李学勤说。

山丹艾黎博物馆藏胡腾舞铜俑

# 万变

转

使劲儿转

没准你会看到自己的后脑勺

我爱艺术，打小就爱，不是像专家那样爱，而是像普通人那样爱。可惜人生太曲折，一不留神，进了考古的门。进了这个门也待不住，索性破门而出。时间长了，我都不知道自己归哪一行。我对任何专业都缺乏"老王卖瓜"的自豪感，觉得业余一点儿也不寒碜，不但不寒碜，还是人之本色。普通人没职业病，远比专家心理健康。

读艺术史，考古和艺术是什么关系，我一直在想。这个问题，搞艺术的甬提多热心，搞考古的反而很麻木。最近郑岩有讨论。

西方美术打哪儿来？大家马上想到的是文艺复兴。文艺复兴时期的艺术是复古艺术。复古的灵感来自罗马。罗马的东边是希腊。希腊人是岛民，他们在波斯帝国西边建了上千个城邦，古典说法是池塘边上蹲一圈儿蛤蟆（见《斐多篇》），不在岸上叫，就往水里跳，这个比喻很形象。

文艺复兴是个梦。欧洲人认祖归宗，希腊罗马是个头，但头的前面还有头。他们从艺术进入考古，从古典学进入东方学，一路寻梦。路的尽头是什么？是遥远的东方。近东之东有中东，中东之东有远东，山外有山，天外有天。

我是从中国看西方，从考古看艺术。想不到，多少年后，居然在美院讲座，在艺术系教书，"众里寻他千百度，蓦然回首，那人却在，灯火阑珊处"。

2009年，译林出版社出过一套《剑桥艺术史》，邀我座谈。这套书一共八本，古希腊罗马一本，中世纪一本，文艺复兴一本，17、18、19、20世纪各一本，绘画观赏一本。讲到最后，才进入现代艺术。

轮我发言，我说，我是外行，我看现代艺术馆，像穿堂风，什么颜色块儿呀，废铜烂铁呀，扫一眼就得了，刚从这头进去，就从那边出来。

"现代艺术"当然是"现代人"的艺术了。"现代"二字在中国很神圣。不懂"现代艺术"，还配作"现代人"吗？

我身边一位专吃这碗饭的学者一脸不悦。他说，能不能欣赏现代艺术，这是衡量一个国家的国民素质是否达到先进的重要指标。

你看，这就是业余和专业的不同。

业余爱好就是业余爱好，想爱爱，不想爱不爱，犯不着从一而终，更不必谁都孝敬。年纪大了，时睡时醒，半睡半醒，不感兴趣，一律屏蔽。你没看见猫吗？它听觉太灵敏，地上掉根针都跟打雷似的，不屏蔽，没法休息。

说点外行的感想吧。

欧洲绘画，年代早一点儿的，室内的景儿好像秉烛夜游，背景黑咕隆咚，人像戳在高光里，跟话剧舞台似的（谁让那阵儿屋子没大玻璃窗，夜里没电灯呢）。室外的景儿经常是密云畜雨，一道强光穿透云层，好像舞美灯光，投在脚下。主题呢，也多是宗教，不是圣母圣子、基督受难，就是圣徒的故事，就跟咱们的石窟寺艺术一样，不仔细瞧，千人一面。他们的帝王图，一手拿把剑，一手端个地球。卓别林的《大独裁者》，希特勒转地球，恐怕就是从这种画学的。

啥叫现代艺术？我至今搞不清。我只觉得，它是跟老一套拧着来，有点成心作对。你不是黑咕隆咚吗，那我就阳光灿烂；你不是色彩单调吗，那我就五彩缤纷；你画圣母耶稣，我画肉眼凡胎；你爱古典柱廊，我爱钢筋水泥玻璃墙；你玩大理石雕像，专在人体曲线和衣服褶子上下功夫，我呢，废铜烂铁，什么材料都不拘，或大刀阔斧，或纷乱如麻，或快刀斩乱麻，大象无形，让你随便猜……

欧洲视觉艺术，建筑是爹，雕刻、绘画，本来只是建筑的一部分。中国艺术，本来也如此，可惜我们的建筑都是土木建筑、梁架结构，一旦倾圮，土崩瓦解，荡然无存。我们还能看到的雕刻，不是墓前的神道石刻，就是佛道造像。绘画，也是墓葬和寺庙中的壁画。文人抖机灵，桌上铺张纸，挥毫泼墨，玩什么诗书画印一体，把爬高上低的匠人撇一边，那都是后来的事。

研究古建，那得去山西。有人说，中国古建70%在山西，山西古建50%在长治，长治古建50%在平顺。我们村就是从北朝寺庙发展而来。

中国，城是方的，街道棋盘式；屋子也是方的，坐北朝南讲方向。欧洲不一样，他们可以把城修成圆的，街道呈放射状。建筑也可以是圆的（如罗马斗兽场、现代体育场），或像切蛋糕，只切一角。屋子随便摆，从飞机上看，好像一堆乱脚印。我们，只有南方土楼才做成多纳圈的样子。

我印象中的北京建筑有好几茬。明清或民国时期的就不说了。解放后，梁思成的大屋顶是一批，十大建筑是一批，有人叫新古典主义。古典不古典，总得中规中矩，不是方，就是圆。

北京奥运会盖的新建筑，一反常态。圆不能太圆，方不能太方。太正了也不顺眼，得让它歪着斜着，扭着捩着。于是我想，何不把建筑做成鸡蛋形，让它大头朝上，或把这些"鸡蛋"摞起来，让人提心吊胆（古人叫"危若累卵"）。

那多有力学结构呀。


波士顿美术馆展出过一幅裸体画，画面上的成年男子，成熟到臃肿肥胖，据说这是他女朋友画的，故意画给大家看。旁边墙上，一块小白纱接一块小白纱，排成一溜儿。你把小白纱挨个撩起，竟是一组变性手术的分镜头。到底男变女还是女变男，我有点记不清，反正最后是变了。

有一阵儿，尹吉男老约我到城里看美展。我记得，姜杰办了个雕塑展，头上悬一堆塑料娃娃，用细丝吊着，地上也搁一堆塑料娃娃，表示从天而降。它象征着无数小生命正在来到人间。这个主题好像跟计划生育或不计划生育有关，老乡的说法是"造小人"。现在到娘娘庙求子的，庙墙外埋的全是塑料娃娃。

怪了，它旁边的墙上也有一溜小图，表现十月怀胎，从豆芽式的胚胎到临盆欲产，让我想起那溜小白纱。

从前，我们开展交通安全教育，办法是在大街上摆展板，照片上全是血淋呼啦的事故现场，后来一打听，外国不允许，咱们才取消，现在已经看不到。

有一回，我在华盛顿大街上也见一展板，远瞧也是血淋呼啦。凑近一看，却是怀胎十月的分镜头，正与姜杰的作品相似，原来这是反堕胎者在宣传：堕胎就是杀人。

华盛顿的mall，周围一大圈，全是博物馆，它们的总称是史密森学会（Smithsonian Institution）。这批博物馆是国家博物馆，归联邦政府管，随便进，不花钱。

有个妇女博物馆，不在这一圈，很少有人知道，路上跟人打听，他们拿手一指，大呼fantastic，说太值得一看。

这座博物馆，果然怪诞。比如浑身是手的布艺人，浑身是乳房的气球人，五颜六色，光怪陆离。

它有个摇篮，上面趴着毒蛇、毒蛾、蟾蜍、蜥蜴，跟咱们农村拿"五毒"辟邪一个样。

临了有个录像，乍看是小人跳舞，细瞧是一只男人的手。两根手指，伴着音乐，在一个女人的身体上翩翩起舞。有个老美一直坐那儿看，笑得前仰后合。我心想，这不就是老乡唱的"十八摸"吗？

上个世纪末，有一阵儿，我跟几个汉学家在挪威科学院做研究。没事就跟罗泰（Lothar von Falkenhausen）寻幽访胜。

蒙克的画，同一主题，他会画很多遍，比如《呐喊》，比如《吸血鬼》。我问罗泰，蒙克的画为啥老愁云惨淡？男女交欢，此非"天地阴阳大乐"乎？他干吗把女人画成那样？罗泰说，难道你没听说过吗？性高潮之后，人不一定有幸福感，也许反而陷入失落、羞耻和罪恶感。不能自拔的主儿，甚至想自杀。现在我有点明白了，有些地位太高，一跺脚山摇地动的人，为什么会毅然决然，纵身一跃，从高楼往下跳。

北欧，冬天太冷，那里的居民，浑身上下，不但捂着厚厚的冬衣，还裹着长夜难明的黑暗，要是能上热地方，光着身子在海边晒太阳，那是一种解放。

维格兰雕塑公园是古斯塔夫·维格兰（Gustaf Vigeland）的名世之作，奥斯陆的著名旅游景点，游者必至。他用一大堆赤身裸体的人，男男女女，老老少少，手牵手，人摞人，组成生命柱，组成死亡球，表现人的生命历程，好像一个绵延不绝的链条（这种设计，现在仍有人学）。他有个小弟也玩雕塑，叫伊曼努尔·维格兰（Emanual Vigeland），没他有名。他给自个儿修个坟，很别致。罗泰在旅游手册上发现这个地点，约我一同去看。

这座坟墓，外表像教堂，小门很矮，钻进去，一片漆黑。瞳孔放大后，渐渐看出，头顶上方是繁星密布的天空，好像在天文馆观象厅。四下有几组雕像，立在天际线上。回头一看，骨灰瓮就搁在门楣的上方。

这两个作品，一黑一白，一生一死，既是对比，也是连续。


巴黎，老魏（Françios Wildt）陪我逛博物馆和美术馆。

卢浮宫，《蒙娜丽莎》，游人围得水泄不通，凑不到跟前儿。《胜利女神》好多了。这位女神，一次大战后是"公理战胜"的象征。以前在图片上见过，我从未注意，她脚底下还踩条船，现在看得真真儿的。我发现，美国影片《泰坦尼克号》，女主角立船头，就是摆出这么一副模样。

奥赛，《世界的起源》特别扎眼。它让我想起《老子》，想起《老子》把"大道"叫"玄牝"。"玄牝"是什么？就是一黑咕隆咚、深不见底、天地万物所从出的"众妙之门"。你从哪里来，答案也在这里。这幅画，早先藏在一幅风景画的背后，前后易手，背后有一大堆故事。1995年，这幅"天地大春宫"才第一次和世人见面。

现在的前卫艺术往往拿"革命"卖钱、"反抗"作秀，但库尔贝是真正的革命家。他参加过巴黎公社，革命后下大狱，罪名是他下令推倒了旺多姆铜柱，叫他赔30万法郎。这个铜柱是模仿图拉真石柱。图拉真石柱是炫耀战功，旺多姆铜柱也是。它是拿破仑用他从奥斯特里茨战役缴获的1250门大炮熔铸成铜版，用战争画面作装饰，跟秦始皇收天下兵器铸12金人相似，在革命中被"破四旧"。库尔贝是写实派，不是抽象派，没有的东西不画，画就要逼真。他好画女人，玉体横陈，摆各种姿势，但没一幅像这幅，如此惊世骇俗。你说他画什么不好，专画女人的敏感部位。革命怎么能这么革，中国人很难理解。但1968年的革命，从法国到美国，全这么革，他们的革命有这一路。

毕加索喜欢画公牛，特有西班牙特色。我在巴黎那阵儿，碰巧有他的色情艺术展，里面尽是公牛骑女人。有些妇女在交头接耳。老魏说，你猜她们说什么？她们说，怪不得他一辈子这么花，老毕就是个老公牛呀。

看罗丹博物馆。我说我记得，罗丹好像说过，砍去多余，剩下就是美丽。老魏说，他看不出罗丹做到这一点。


我和几个朋友商量，从中国各大博物馆调文物，办复古艺术展，始终没办成。其实复古艺术，满地都是。现在的中国，到处都是炎黄、孔老、巨龙、大鼎，各种假古迹。

郑州有炎黄二帝像，地点在黄河岸边、向阳山上，光俩大脑袋。山高55米，像高51米，通高106米，比美国自由女神像高8米，比俄罗斯母亲像高2米。二帝眼长3米，鼻长8米，两张脸加起来有1000多平方米，沉甸甸的数字需要钱，耗资1.8亿元，不贵。我国传统，人像一般是全身，胸像很少，光有脑袋可不吉利，那叫首级。

炎黄巨像，旁边是炎黄广场，广场上有祭坛、九鼎、钟鼓、中华名人像（100尊）、炎黄子孙姓氏源流馆和炎黄子孙在海外馆，象征祖国统一、民族团结，炎黄子孙自强不息……表面看全是中国元素、中国主题，其实是学美国。

美国历史太短，没这种老祖宗。他们的开国元勋是四大总统。拉什莫尔山（Mount Rushmore）有四大总统像，就是四个大脑袋。炎黄巨像，既学美国，又超美国。美国大脑袋，每个才18米高，中国大脑袋比它高两三倍。

2007年4月18日，许嘉璐委员长郑重宣布，炎黄巨像和炎黄广场落成，千人齐颂《炎黄赋》（范曾作）。这两个大脑袋，里面怎么开发，众说纷纭，有说建酒店，有说建展厅，下文如何，未闻其详。

北京昌平小汤山有个度假村，叫龙脉温泉，那里有条298米长的巨龙，据说上过吉尼斯纪录。龙口是个大厅，前面摆个八卦盘，可以算命。大厅顶上绘有《女娲补天图》，女娲赤裸上身。游客买了票，可以进龙肚子参观。龙的嗓子眼儿是门口，门口坐一老汉，泥塑，光围树叶裙，什么都不穿，好像收门票的，据说是人文始祖，伏羲先生。龙肚子里什么样，是不是像世纪坛，中华五千年，最后有邓小平同志向大家招手，我没进去看。前些年维修，龙体断裂，砸死过人。

人家新郑有个水泥龙，更长，21公里，未经审批就动工，被上面叫停，不然又是破纪录。

后来还有个中华文化标志城，属于华纽工程（全称是"华夏文化纽带工程"），据说建成后，将是中国副都，规模空前，300亿都打不住。某要人倡之于前，某要人煽之于后，来头很大。我的老同学安家瑶头一个站出来反对，引起两会代表一片声讨。

这些复古艺术，其实都是现代艺术。


中国的真古迹怎么样？常常没钱保护，也没人保护。

近三十年，中国经济大发展，中国文物大破坏。盗掘古墓，遍地开花。地上文物，地下文物，全遭地毯式洗劫。我们村的北齐造像，遭斩首行动；元代的琉璃屋脊，被人一节节偷走。

中国的博物馆，因与政绩挂钩，备受各级领导关怀（中央领导都特爱看博物馆），更新速度极快，刚盖个新馆，没两天就废了，又盖一新的。这些新馆，你追我赶，几乎是同一模式，废自然光，改用射灯，四周黑咕隆咚。刚进去，原始社会像狮虎山，后面的展柜像水族箱。

798，中国最大的现代艺术集散地。有人说，何止中国最大，就是搁世界上也是独占鳌头，外国人特迷这个地方。

黄永砅有个展览在798，费大为请我去讲方术，说是有关。我知道，"古"也是现代艺术的元素，但到那儿一瞧，还是有点想不到。这里要啥有啥，不光有神秘兮兮跟算命有关的传统文化（《占卜者之屋》），还有各种反殖民主义、反帝国主义的前卫设计。有个狗跷着后腿在墙边撒尿，撒出的尿，顺墙根往下流，在地上流成一大摊，恰好构成美国地图。还有个笼子，里面都是毒虫，有些已经蔫儿了，费大为说得赶紧到花鸟市买新的。撞机事件，黄永砅做一仿制品，大卸八块（《蝙蝠计划》），恶心美国，法国人毛了，不履行合同，整个事件成了行为艺术。

现代艺术的特点是怪加叛。徐冰说，毛泽东比西方最前卫的艺术家还前卫，他是毛泽东教出来的（《愚昧作为一种养料》）。

有人约我看某艺术家的画室，我看像工厂。798就是工厂改的。

改革的春风吹进千家万户。工厂加市场，在哪儿都是康庄大道。学校改到底什么样，艺术改到底什么样，咱们全都看到了。普天之下，人就三种，不是老板，就是打工仔，就是失业者，放之四海而皆准，这叫普世价值。

谁说现代艺术都是个性化的自由创作。艺术最讲时尚。时尚的意思是潮流，顺者昌，逆者亡。人都是没头苍蝇，不由自主跟潮流走，说是反潮流，马上又成潮流。自由的意思是什么？是自觉自愿，没人强迫你。

我发你一小喇叭，我拿一大喇叭，咱们一块儿吹，人家听得见我的声音，听不见你的声音，这就叫自由。

北京大学有个趁钱的学院，光华管理学院。新楼落成，门口摆俩雕塑。右边的老头是老子，干黄枯瘦，小矮个儿，满脸褶子，龇俩门牙，口吐长舌，出典是老子（或老莱子）教训孔子的舌齿之喻（见《战国策》

《孔子家语》和《高士传》)，作者田世信，2003年创作，题目是《刚柔之道——老子像》。右边的莽汉，赤身裸体，雄赳赳，作者申红飙，题目是《蒙古人——站》，2008年创作。两人一弱一强，一柔一刚，脸对脸。有人戏称"老子英雄儿好汉"。

田世信《刚柔之道——老子像》

后来，情况发生变化。

蒙古人，那话儿被人摸得锃亮，不雅，突然消失。人哪儿去了？你得回头看，原来挪了地方，躲在不远处的树荫儿底下（在禹贡学会旧址，那个属于法学院的四合院后面），路人不留心，根本看不见。再后来，老子也没了，让人好生奇怪。他老先生哪儿去了？一打听才知道，原来南下去了苏州，立在金鸡湖畔。逃到苏州也不行。有人说，这是侮辱圣贤，破坏传统文化，又是一通闹。

看来，老子比裸体还敏感，田先生的运气真不好。

老子出走，不能往南走，要走也得往西走。

古人说，他在洛阳当差，预见天下大乱，出函谷关，奔陕西，骑青牛而去。鲁迅《出关》就是讲这个故事。他沿渭水，一路西行，有很多传说。比如华阴西岳庙，原来有棵树（唐代就有），早就死了，号称老子拴牛处。后来，他老人家又去了周至楼观台。最后上哪儿，谁也不知道，司马迁说"莫知其所终"，大家朝西边猜，不是去了中亚，就是去了印度。所有这些，当然全是故事。

我去函谷关，见一怪事，关门摆一牛，假装是老子骑过的牛，收钱。但实际上呢，它是模仿美国训练牛仔的那种电动牛，一按电钮就七上八下。我想，假如老子骑这种牛，当场就得摔死。

南京机场有一组雕塑，作者吴为山，题目是《问道》，两个老头相向

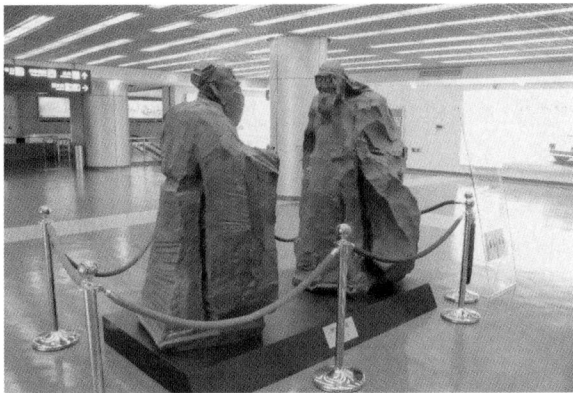
吴为山《问道》

而立，左边的老头宽脸膛，那是孔子；右边的老头尖下巴，那是老子，两人都一脸沧桑。"问道"是孔子向老子问。孔子见老子，听老子训话，这是《庄子》的宣传，后来成了汉代的流行故事。司马迁《老子韩非列传》重复了这类传说。汉画像石有《孔子见老子图》，俩老头打躬作揖，身后各跟一帮学生，中间有个小孩（项橐），手里拖个玩具（鸠车），故意臊孔子。吴为山再现的就是这个故事，只不过省去小孩和学生。

他的这组塑像，两人拆开来，各有各的用。

国家博物馆，新任馆长在国博北门外立个孔子像。此像即《问道》中孔子像的放大版，剪彩后骂声一片，已经被勒令拆除。

吴为山的老子像可不一样。他的《天人合一——老子像》，居然出国走红，据说得了什么大奖。此像与他的组像相比，最大不同是肚子。老子穿的袍子，前边太臃肿，干脆扯掉，里面的肚子，彻底掏空。掏空的肚子好像炉膛，里面写着《道德经》。《老子》说"虚其心，实其腹"，此像却是"嘴尖皮厚腹中空"。

如今这年头，什么都讲"创意"。如果"文化"二字，前边不加"创意"，后边不加"产业"，就跟不穿衣服上大街一样。

我记得有一回，老魏跟我讲，法国思想都是小圈子里的玩意儿，就跟《世说新语》差不多，没准两人在厕所聊天，就能蹦出一思想。二次大战前，有人冷不丁说句话，把大家全震了，但战争中，这哥们儿死在集中营，等战争结束，大家早把他忘了。这时，有谁再把这话拾起，重复一遍，大家就会惊呼，太有创意。

鸟叔有创意吗？什么江南style？我们都是"文革"过来人，哪个宣传队不会跳这玩意儿，只不过从前没这个名。

艺术是个最忌重复又最爱重复的活动。即使刻意求新的现代艺术也在所难免。

雷德侯（Lothar Ledderose）说，中国艺术的特点是利用模件（Module），重复制作，大规模生产，早先登峰造极，无与伦比。他说，即使最少重复的自由创作，最接近现代艺术的文人画，也难免主题重复，手法重复，比如徐悲鸿画马，齐白石画虾，就是很好的例子（《万物》）。

西方的艺术就能钻出这个怪圈吗？照样不行。一个艺术家，再有训练，再有法度，最后追求什么？不也是"一定基础上的胡来"吗。

去年在上海开会，茶歇时，罗泰拿张餐巾纸，在上面写字。他说，中文真有意思，什么叫"万"？那就是ten thousand = one。

其实"变"也有两个意思，苏东坡说，"自其变者而观之，则天地曾不能以一瞬；自其不变而观之，则物与我皆无尽也"（《前赤壁赋》）。

变，可以快如闪电，天旋地转，来不及眨眼；不变，你没完，我没了，玩来玩去，老狗熊玩不出新花样。

归拢一句话，新则新矣，万变不离其宗。

2013 年 2 月 24 日写于北京蓝旗营寓所

（原刊黄纪苏主编《艺术手册》，石家庄：河北教育出版社，2013 年 7 月，41—51 页）

476

附记一：

最近，有个中国孔子基金会的人送我三本他们办的《儒风大家》。其中2011年第2期有专题采访，题目是《深度解读孔子像亮相天安门地区》，嘉宾是成中英、陈来和袁伟时，各种尊孔先锋纷纷出来表态，附在采访后边。此刊是季刊，推测是在立像之后不久，应当载入史册。

成氏说，孔子是中国的"文化符号"、"道德符号"、"精神地标"，过去打倒，现在总算站起来了（注意：该刊编者案说，像是立在过去的"革命中心"）。"台湾以复兴中华传统文化为己任"（案："中华文化复兴运动"是蒋介石倡之于先），"大陆终于开始有了这种认同的象征"。

陈氏说，"塑像的消息一出，台湾立即有反应"，人家马主席"提出要以中国文化统一中国、打中国牌"，咱们也不含糊，"推动传统文化复兴的主导力量还是大陆"。

袁氏异之，强调的是公民自由，反对"文化大一统"，说"九五之尊，不值一哂"。

前一阵儿，我去国博看展览，特意从北门进来，转到茶座旁边睃一眼。隔着玻璃窗，吴为山的孔子像被圈在国博一隅已经两年多。他老人家，原来脸朝北，现在脸朝南，我终于恍然大悟，9.5米的高度，大有深意存焉。

国家博物馆的孔子像

附记二：

2014年6月13日，我在巴黎先贤祠附近的大街上见到《蒙古人——站》的另一复制品。此像可与汉代出土的铜人比较。

卢浮宫胜利女神像

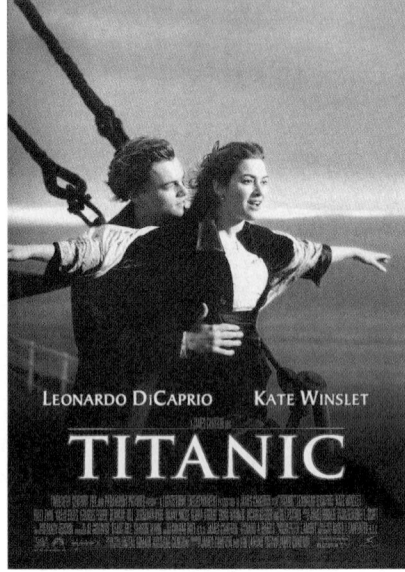

电影《泰坦尼克》

拉什莫尔山：美国四大总统像

郑州炎黄二帝像

大云山汉墓出土汉代铜人

申红飙《蒙古人——站》

艾黎博物馆胡腾舞像

长沙酒鬼酒雕塑